单元教学模式下的
初中数学新思维

吕　萍◎主编

东北师范大学出版社

长　春

图书在版编目（CIP）数据

单元教学模式下的初中数学新思维 / 吕萍主编. —
长春：东北师范大学出版社，2020.11
ISBN 978-7-5681-7332-2

Ⅰ.①单… Ⅱ.①吕… Ⅲ.①中学数学课—教学研究
—初中 Ⅳ.①G633.602

中国版本图书馆CIP数据核字（2020）第236529号

□责任编辑：张　烙　　　　　□封面设计：张　然
□责任校对：刘彦妮　张小娅　□责任印制：许　冰

东北师范大学出版社出版发行

长春净月经济开发区金宝街 118 号（邮政编码：130117）

电话：0431-84568115

网址：http://www.nenup.com

北京言之凿文化发展有限公司设计部制版

北京政采印刷服务有限公司印装

北京市中关村科技园区通州园金桥科技产业基地环科中路 17 号（邮编：101102）

2022年6月第1版　2022年6月第1次印刷

幅面尺寸：170mm×240mm　印张：17.5　字数：313千

定价：45.00元

编 委 会

　　《义务教育数学课程标准(2011 年版)》(以下简称《课程标准》)中明确指出：数学是人类文化的重要组成部分，数学素养是现代社会每一个公民应该具备的基本素养．数学教师有责任和义务通过数学教学，不仅使学生能够掌握现代生活和学习中所需要的数学知识与技能，更要在培养学生的思维能力、创新能力和立德树人等方面发挥好数学的育人作用．

　　随着课程改革的不断深入，数学教育在课程性质、课程基本理念、课程设计思路、课程目标、课程内容及课程实施等各个方面都发生了巨大变化，这就要求广大教师在实施数学教学时，在教学理念、教学目标、教学内容、教学设计及教学方式方法等方面也应做相应的调整和改变，以适应社会发展的需要．综观当前初中数学教师的课堂教学，虽有部分教师的课堂教学在教学理念及教学方式方法方面做出了一些改变，但改变的力度并不大，真正创新的地方并不多，而更多的教师仍然采取的是根据教材的编写体例及教材提供的素材按照知识点逐个落实的传统方式，课堂教学缺少创新和质的改变，教师们靠增加课时来完成教学任务和提升教学质量，这样既增大了教师的教学负担，也相应加重了学生的学习负担，教学质量也欠佳．按照现有教材的编写体例和教师用书提供的课时划分实施教学，虽然有利于单个知识点的学习和掌握，对基础较薄弱的少数学生来说有一定的效果，但这样的教学存在的问题也很突出：一是所需教学时间多，课堂效率较低；二是课堂教学内容少，知识碎片化，教学效益较低；三是知识之间彼此割裂，缺乏联系和整体建构，教学质量较低等．这样的教学不利于学生思维能力的提升，也不利于发展学生的数学素养．

　　《普通高中数学课程标准(2017 年版)》明确提出，数学教学应树立整体教学观，主张主题教学与单元教学，倡导通过教学团队的合作对教材内容进行统筹重组和优化，以促进学生数学学科核心素养的发展．华东师范大学课程与教学研究所所长崔允漷教授倡导教师提升教学设计的站位，从关注单一的知识点、课时转变为大单元设计，改变学科知识点的碎片化教学，真正实现教学设计与素养目标的有效对接. 为使初中数学教学与高中课改更好地接轨, 改变目前初中数学碎片化教学的现状, 更好地促进学生数学思维和数学素养的发展, 有效提高课堂教学的效益和提升教学质量, 主编组织吕萍工作室全体成员开展了"初中数学单元教学实践与探索"的研究, 并成功申报了重庆市教育科学"十三五"规划 2018 年度课题"基于核心素养的初中数学学材建构实践研究"(课题编号 2018 - 04 - 504), 为进一步实现初中数学"单元教学"奠定了基础. 在课题研究的过程中, 主编曾组织团队成员连续三期参加了由中国教育学会数学教学专业委员会主办的首届基础教育国家级教学成果一等奖"初中数学'自学·议论·引导'教学法"的研修与推广活动, 对全国名师李庾南所倡导的"学材再建构"和"重组教材内容, 实施单元教学"等理论及操作方法有了深入的认识. 同时编写组对《课程标准》和人教版七至九年级上册数学教科书进行了反复的研读和研究, 在确保《课程标准》的要求和教科书单元内容不变的情况下, 对教科书各单元内容中编排不尽合理或分类欠科学的部分内容进行了调整重组, 将单元内容重新建构, 划分为单元教学模块, 并给出了各模块教学内容解析、模块教学目标、模块教学建议和模块教学案例. 基于大量的理论学习研究和实践探索, 编写组形成了本成果. 该成果着力为广大一线初中数学教师实施课堂教学改革, 不断创新教学, 有效提高课堂教学效益, 提升教学质量, 更好地落实发展学生数学核心素养提供借鉴和参考; 着力为唤醒更多的数学教师在教学中树立课程意识, 并勇于对专家编写的教材进行重组和再开发, 从而形成更多有创新的教师课程, 以促进学生更优、更好地发展.

一、本书的内容特点

1. 立意新颖, 切合新课程改革理念

本书编者从中国学生发展核心素养出发, 并结合初中数学实际的教学内容, 将核心素养系统地分解到各学段的单元教学及教学设计中, 让学生的数学核心素养的发展不再停留在宏观的教学建议层面, 而是落实到微观的教学之中, 切实从学科素养角度为培养"全面发展的人"这一根本目标奠定基础. 本书倡导的"模块"教学是落实"单元教学"思想的最有效、最直接的方式, 能较好地反映学科知识之间的内在联系, 建构完整的初中数学学科知识体系.

2. 实用性强, 切实做到减负提质

本书所给出的教学内容分析、教学建议、教学案例等内容源于编写组教师的课题研究和教学实践, 部分课例在市、区教学研讨活动或优质课比赛中已进

行展示，教学效果良好．模块教学案例中所给出的达标反馈练习题和单元自主评估试题，在数量上进行严格的控制，在质量上提出较高的要求，以切实达到精选精练、有效评估的目的．本书对原教材编排课时进行重构和整合，不仅整体减少了教学课时，还提高了课堂教学效率和效益，从而切实达到减负提质的目的．

3. 内容丰富，知识体系完整

本书包含了义务教育教科书(人教版)七至九年级上册数学各章(每章作为一个单元)的内容，学段分步均衡，知识内容丰富，涵盖了"数与代数""图形与几何""统计与概率"等课程内容，为教师的教学提供了全方位的参考．在单元总体构思和单元教学实施中分别给出了单元知识结构图和模块知识线索图，这些知识结构的编制均源于编者的教学实践探索和教学思考，其结构完整、逻辑严谨、脉络清晰，不仅为教师的教学实施提供参考，同时为学生的自主学习提供线索和帮助．

二、本书的编写体例说明

全书共有 14 个单元内容，每个单元包括单元总体构思、单元教学实施和单元自主评估三个部分．其中单元总体构思包含单元内容说明、单元课标要求、核心素养要求和单元教学设想等内容；单元教学实施采用分模块进行的方式，主要包含模块内容解析、模块教学目标、模块教学建议和模块教学案例等内容；单元自主评估包含本单元的自主评估试题及自主评估说明．本书的体例结构如下图所示．

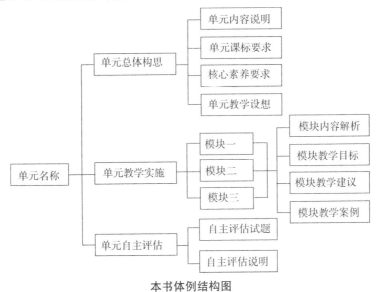

本书体例结构图

1. 单元总体构思

单元内容说明：明确单元教学内容，阐明单元内容在《课程标准》中的地位和在数学学科以及相关学科学习中的作用.

单元课标要求：根据《课程标准》的要求，阐述本单元应达到的总体教学目标.

核心素养要求：依据单元知识特点，结合初中数学核心素养发展要求，提出本单元应着重培养和发展的学科核心素养.

单元教学设想：从单元教学和学材建构的角度分析教材的编排特点，结合单元课标要求和核心素养要求重构教材内容，将单元内容划分为若干模块，并给出单元知识框架图和单元教学课时安排与人教版教参教学课时安排的对照表，便于教师合理安排教学.

2. 单元教学实施

根据本单元教学内容及知识内在联系，将每个单元划分为 2 至 3 个模块进行教学，每个模块结构相同，具体包括以下内容：

模块内容解析：列举模块知识内容，分析模块知识展开顺序及重难点内容，阐述该模块在本单元学习中的地位与作用，构建本模块知识线索图，为教师整体把握教材，实施单元教学提供指导，为学生自主学习提供帮助.

模块教学目标：依据单元教学目标要求制定出模块教学目标，并根据单元核心素养要求提出本模块应达到的核心素养发展目标.

模块教学建议：模块教学建议包括三部分：一是根据教学内容提出课时安排建议；二是根据模块目标提出具体的教学建议；三是根据学情状况提出教学难度要求和重难点处理建议.

模块教学案例：根据全国名师李庾南的"自学议论引导"教学法思想，每个教学案例均设置了"自主学习、交流分享、引导提升、归纳总结、达标反馈"等教学环节，详细阐述了各环节的教学过程，并给出了每个环节的设计意图，把发展数学核心素养落实到教学各环节中. 所给出的教学案例大多数都经过了编写组教师的教学实践，可操作性强，为教师进行教学设计和教学实施提供参考.

3. 单元自主评估

每个单元的最后给出了单元自主评估试题，试题包含选择题、填空题和解答题三种题型，着重检测学生对本单元知识的掌握情况. 试题满分 100 分，建议完成时间 45 分钟，教师可根据章节特点和学生的实际情况适当调整作答时间. 试题的最后附有自主评估说明，建议学生在教师的引导下与同伴相互批阅，并对照评估结果自主规划和安排下一阶段的学习.

三、本书推广价值及其他说明

本书是渝中名师吕萍工作室成员在初中数学单元教学实践探索中的思考和收获，展示了各成员在课程改革中的尝试和创新，也是重庆市教学科学"十三五"规划 2018 年度课题"基于核心素养的初中数学学材建构实践研究"的阶段性成果. 本书可为广大初中数学教师整体把握课程内容，实施单元教学提供借鉴和参考，为学生实现自主学习提供思路和方法，为区域数学教研工作者提供可借鉴的课程改革模式，为课程专家编写教材提供参考. 本书对促进和深化初中数学课堂教学改革具有一定的指导意义.

本书选材范围目前只限于人教版七至九年级上册数学教材内容，至于各年级下册及其他版本的教材内容可由教师参照本书体例自行处理. 另外，鉴于篇幅限制，本书所选题目均未预留作答空间，也未给出参考解析，敬请谅解.

由于时间仓促，编者水平有限，本书在对数学教育理念和新课标理念的实践尝试中必定会存在不足之处，我们真诚希望广大数学教师、学生和相关人士为本书提出宝贵的建议和意见，共同努力为创新初中数学教学、全面落实立德树人和发展学生的数学核心素养添砖加瓦.

编写组

2019 年 6 月 18 日

第一章　有理数

第二章　整式的加减

第三章　一元一次方程

第七章　轴对称

第八章　整式的乘法与因式分解

第九章　分式

第十章　一元二次方程

第十一章　二次函数

第十二章　旋转

第十三章 圆

第十四章 概率初步

有理数

第一节 有理数总体构思

【单元内容说明】

本单元主要包括正数、负数、有理数、数轴、相反数、绝对值等概念，有理数的加、减、乘、除、乘方等运算，以及科学记数法、近似数等内容.

本单元属于《课程标准》中"数与代数"的课程内容，是中学代数的起始课程，它是学生在小学学习自然数集基础上的进一步学习，也是后续学习实数集、复数集的基础. 有理数及其运算掌握得好与不好，将直接影响后续整式、方程等知识的学习，还将影响初高中物理、化学等其他学科知识的学习，同时影响学生数学运算素养的发展. 因此，本单元内容在中学数学学习中起着承上启下的作用，在义务教育阶段占有极其重要的地位.

本单元的重点是有理数的有关概念及有理数的运算，难点是对有理数运算法则的理解，特别是对乘法运算法则的理解.

【单元课标要求】

1. 理解有理数的意义，能用数轴上的点表示有理数，能比较有理数的大小.

2. 借助数轴理解相反数和绝对值的意义，掌握求有理数的相反数与绝对值的方法，知道 $|a|$ 的含义(这里的 a 表示有理数).

3. 理解乘方的意义，掌握有理数的加、减、乘、除、乘方及简单的混合运算(以三步以内为主).

4. 理解有理数的运算律，能运用运算律简化运算.

5. 能运用有理数的运算解决简单的问题.

6. 了解近似数, 在解决实际问题中能用计算器进行近似计算, 并会按问题的要求对结果取近似值.

7. 会用科学记数法表示数(包括在计算器上表示).

【核心素养要求】

1. 数学抽象: 通过对有理数、相反数、绝对值等概念的学习及符号表示, 强化学生的符号意识, 发展学生数学抽象的素养.

2. 数学运算: 通过对有理数的加、减、乘、除、乘方等运算法则及运算律的探究学习, 培养、发展学生数学运算的素养.

3. 应用意识: 通过运用有理数的有关知识解决生活中的实际问题, 培养、发展学生的应用意识.

【单元教学设想】

人教版数学七年级上册教科书将本单元划分为五节: 第一节正数和负数; 第二节有理数(含数轴、相反数、绝对值); 第三节有理数的加减法; 第四节有理数的乘除法; 第五节有理数的乘方(含科学记数法、近似数). 根据本单元的知识结构特点和学生的认知特点, 以及教学实际, 我们在保持课程内容不变的情况下, 设想将原教材的五节内容进行适度的整合, 重新建构为如下三个模块:

模块一 有理数的认识

模块二 有理数的运算

模块三 科学记数法与近似数

本单元知识框架图, 如图 1 - 1 - 1 所示.

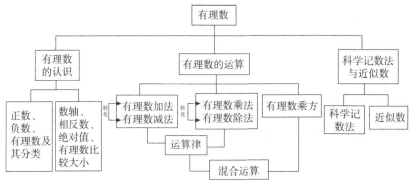

图 1 - 1 - 1 有理数知识框架图

附：

表 1-1-1　人教版《教师教学用书》教学课时安排与单元教学课时安排对比表

人教版《教师教学用书》教学课时安排	单元教学课时安排
1.1　正数和负数(2课时)	模块一　有理数的认识(5课时)
1.2　有理数(4课时)	
1.3　有理数的加减法(4课时)	模块二　有理数的运算(9课时)
1.4　有理数的乘除法(4课时)	模块三　科学记数法与近似数(1课时)
1.5　有理数的乘方(3课时)	
合计：17课时	合计：15课时

第二节　有理数教学实施

模块一　有理数的认识

一、模块内容解析

本模块主要包括正数、负数、有理数、数轴、相反数、绝对值和有理数的大小比较等内容.

本模块首先通过列举现实生活中"具有相反意义的量"，并用正数和负数来表示，引导学生在实际背景中理解正数和负数的意义，建立正数和负数的数感，体会引入负数的必要性，进而将数扩充到有理数的范围，并将有理数进行分类.然后在此基础上学习数轴、相反数、绝对值等概念，并正确认识和理解这些概念，这是学习本模块的关键.最后借助数轴和绝对值等知识学习有理数的大小比较.数轴是本模块学习的重点，也是本单元学习的重点和核心内容，数轴把数和形有机地统一起来，使抽象的"数"直观化，使数与数轴上的点之间建立了对应关系，阐明了数与形的内在联系，由此形成数形结合和对应的数学思想，而相反数和绝对值的概念，以及有理数的大小比较都可以借助数轴来认识理解，因此数轴不仅是重要的数学概念，也是非常重要的数学工具.

本模块内容的学习不仅能发展学生原有的认知结构，形成新的知识体系，而且能让学生增强数感，感受数的应用价值，并从中领悟分类和数形结合等数学思想方法，因此，本模块在中学数学学习中具有十分重要的地位和作用.

模块知识线索图，如图 1-2-1 所示.

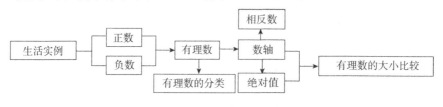

图 1-2-1　模块知识线索图

二、模块教学目标

1. 经历从生活实例抽象出正数、负数等数学符号的过程，了解引入负数的必要性.

2. 理解正数、负数、有理数的概念，并能按一定的标准将有理数进行分类.

3. 了解数轴的概念，能用数轴上的点表示有理数，能借助数轴理解相反数和绝对值的意义，掌握求有理数的相反数与绝对值的方法，知道 $|a|$ 的含义（这里的 a 表示任意有理数）.

4. 会比较有理数的大小，初步体会数形结合思想和一一对应的思想.

5. 通过对有理数、相反数、绝对值等概念的学习及符号表示，强化符号意识，培养、发展数学抽象的核心素养.

三、模块教学建议

1. 课时安排建议

本模块的教学，建议安排 5 课时完成. 其中第 1 课时学习正数、负数、有理数及其分类等知识；第 2 课时学习数轴、相反数、绝对值等有关概念；第 3 课时学习有理数的大小比较；第 4 课时进行综合练习；第 5 课时对本模块的内容进行综合复习.

2. 内容教学建议

对于有理数的教学，要注意引导学生弄清有理数与小学时所学的数的联系与区别，特别是在引入负数进行有理数概念的教学时，应强调两点：①为什么要引入负数进行数的概念的扩充(即数扩充的必要性)? 比如：从相反意义的量来引入负数，让学生明白生活中存在大量具有相反意义的量，且用已学过的数无法表示，为此需要学习一种新的数，说明引入新数(即负数)是解决实际问题的需要. ②新旧概念有何区别? 比如，引入负数后，数的概念变为了有理数，实现了数的第三次扩充(前两次数的扩充分别是自然数集和非负有理数集)，但这次扩充与前两次扩充相比，要困难得多. 其原因有二：一是负数的应用与学生日常生活的联系并不十分密切. 例如：零上 5 摄氏度与零下 5 摄氏度，表示为" + 5 ℃"" – 5 ℃"，学生对这种表示不习惯；再如，利用正负数把"收入"和"支出"统一说成"收入"，把"上升"和"下降"统一说成"上升"等，这与学生的常识是不一致的. 二是扩充后的有理数的大小比较和四则运算，最后都要归结为非负数(即绝对值)的运算，且都需要依赖于"数轴""相反数"和"绝对值"等概念，而这些概念对学生来说又是陌生的，是容易混淆的. 因此负数的引入教学，既是重点，也是难点，突破它的关键是要让学生认识到一个有理数由两个方面来确定：一是它的符号，二是它的绝对值，即有理数的本质特征实际上是符号与数的统一.

对于数轴、相反数和绝对值等概念的教学，首先要引导学生正确认识它们的意义，然后注意强调它们的区别及联系. 其中"数轴"是本模块学习的重点，因为它是数形结合的产物，也是数形结合的基础(即由数找点，由点到数)，利用数轴可以研究相反数(即关于原点对称的点所表示的数)和绝对值的知识，可以直观地比较有理数的大小. 数轴具有原则性(即三要素缺一不可)和灵活性(单位长度可自定)，教学时，教师要给学生充分使用数轴的机会，体会数形结合思想，有效发挥其工具作用. 而"相反数"和"绝对值"都要借助"数轴"这个工具来研究，要从代数意义和图形意义两个方面进行解析，这样学生理解起来才不会太困难.

对于有理数的大小比较的教学，一要引导学生学会借助数轴或绝对值进行有理数的大小比较，重点是两个负数的大小比较；二要体现对学生推理能力的培养，因为利用绝对值法比较两个负数大小，实际上是一个完整的简单推理过程. 教师在教学时，既要复习巩固绝对值的概念，又要利用绝对值的法则进行简单的推理训练，使学生进一步掌握比较有理数大小的方法，养成说理的习惯.

3. 难度要求建议

在本模块的教学中，要特别注意对"绝对值"教学的"度"的把握，不要过早出现关于 $|x|$ 的分类讨论题目. 比如，当 $1 < x < 2$ 时，求 $|x-1|$ 和 $|x-2|$ 的值.

因为学生还没有学习不等式的知识,对 $1 < x < 2$ 表示什么并不清楚,而 $x-1$,$x-2$ 是代数式,学生也还没有学习,如果根据绝对值的概念进行推理,那么会涉及不等式 $x-1 > 0$,$x-2 < 0$,学生也没有学过,所以在本模块的教学中,最好不要设置这样的问题,以免增加学生的学习负担,挫伤学生学习数学的积极性.

四、模块教学案例

数轴、相反数、绝对值

一、教学目标

1. 经历从生活中的温度计抽象出数轴的过程,知道数轴有原点、正方向和单位长度三要素,发展学生数学抽象的素养.

2. 能在数轴上表示有理数,并能借助数轴理解相反数和绝对值的意义,领悟一一对应和数形结合的思想方法.

3. 会求一个有理数的相反数和绝对值(绝对值符号内不含字母),发展学生的符号意识.

二、教学重难点

1. 教学重点:数轴的概念,借助数轴理解相反数和绝对值的意义.

2. 教学难点:绝对值的意义.

三、教学过程

(一)自主学习

1. 回想小学学习数学时怎么用直线上的点来表示自然数的.

2. 观察图 1-2-2 所示的温度计及其刻度,你能仿照温度计用图形表示 -1,0,2 等有理数吗?

3. 阅读人教版教材数学七年级上册第 7~11 页,学习研究数轴、相反数、绝对值.

要求:初步了解数轴、相反数和绝对值的意义,并尝试画出数轴.

(设计意图:通过引导学生回忆小学用直线上的点表示自然数的方法,为学习数轴做好准备;借助温度计自然地引出数轴,既体现数学与生活的联系,又使学生体会类比的学习方法;通过阅读教材,培养学生自主学习能力)

图 1-2-2

（二）交流分享

1. 什么是数轴？请画出数轴，并在数轴上画出表示有理数 3，－2，－3.5，0，$1\frac{1}{2}$ 的点.

2. 如图 1－2－3 所示，说出数轴上的点 A，B，C，D 分别表示的有理数，由此你发现数轴上的点与有理数之间有何关系？

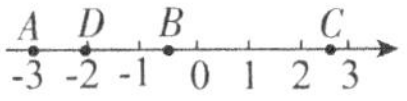

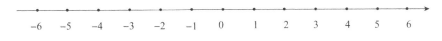

图 1－2－3

3. 如图 1－2－4 所示，请在数轴上画出表示 5 和 －5 的点，观察这两个数有何异同？它们在数轴上的对应点有何特点？若换为 3.5 和 －3.5 呢？

图 1－2－4

由此说明，什么是相反数？什么是绝对值？你能用符号表示一个有理数的相反数和绝对值吗？

（设计意图：通过对上述问题的交流分享，使学生理解数轴、相反数和绝对值的概念，会画数轴，会在数轴上画出表示已知有理数的点，同时，能写出数轴上的点所表示的有理数，从而发展学生数学抽象和数学建模的核心素养）

（三）引导提升

1. 请任意写出三个不同的有理数(要求既有正数又有负数)，然后将它们表示在数轴上，并求出这三个有理数的相反数和绝对值.

2. 计算.

(1) $|+4|=$ _____；　$|+0.5|=$ _____；　$\left|+\dfrac{2}{3}\right|=$ _____.

(2) $|0|=$ _____.

(3) $|-4|=$ _____；　$|-0.5|=$ _____；　$\left|-\dfrac{2}{3}\right|=$ _____.

反思：通过上述计算，你从中发现有理数的绝对值有什么规律？

3. 化简下列各数.

(1) $-(-7)$；　　　(2) $+(-23)$；　　　(3) $-(+1.8)$；

(4) $-|-5|$；　　　(5) $+\left|-\dfrac{1}{2}\right|$；　　　(6) $-|+7.9|$.

（设计意图：通过对上述问题的解答，使学生进一步巩固数轴、相反数和绝对值的概念，会将有理数表示在数轴上，会求有理数的相反数和绝对值，并从中归纳出求有理数的绝对值的法则，体会分类的数学思想；使学生学会简化与相反数和绝对值有关的数，进一步发展数学抽象和数学运算的核心素养）

（四）归纳总结

1. 通过本节课的学习，你知道数轴具有哪些要素吗？数轴与有理数之间有何关系？

2. 什么是相反数和绝对值？若 a 为有理数，则它的相反数和绝对值为多少？

3. 在学习过程中，你领悟到哪些数学思想方法？解题时需要注意哪些问题？

（五）达标反馈

1. 下列各选项表示的数轴正确的是（　　　）

2. 下列说法正确的是（　　　）

A. 符号相反的两个数互为相反数

B. 一个数的相反数不可能等于它本身

C. 一个正数的绝对值与它本身相等

D. 有理数的绝对值一定是正数

3. 如图 $1-2-5$ 所示，数轴上的点 A，B，C，D，E 所表示的有理数分别是多少？

图 $1-2-5$

4. 若一个数的绝对值为 7，则这个数为多少？有没有绝对值为 -1 的数？

5. 化简.

(1) $-(-12)$；　　　　　　　　　　(2) $-(+28)$；

$(3) - |-3.2|;$ $(4) \left| -\left(-2\dfrac{3}{5} \right) \right|.$

一、模块内容解析

本模块主要包括有理数的加、减、乘、除、乘方的运算法则与运算律，以及它们的混合运算等内容.

在小学时，学生已学过非负有理数的加、减、乘、除四则运算及运算律等知识，在此基础上进一步扩充学习有理数的运算和运算律. 在有理数的各种运算中，加法和减法可以统一成加法，乘法和除法可以统一成乘法，乘方可以看作特殊的乘法，因此有理数的加法和乘法是本模块学习的重点，特别是有理数的加法运算，它既是学习有理数减法运算的基础，也是学习乘法运算的基础，还是后续学习实数运算、整式运算、分式运算、方程与不等式的变形、函数等的基础，可以说有理数的加法运算是一切运算的基础，学生能否接受和形成在有理数范围内进行的各种运算的思考方式（即确定运算结果的符号和绝对值），关键就在于有理数加法运算的学习. 在有理数的各种运算学习中，关键是弄清楚各运算的法则和确定各运算的符号，难点是有理数的乘方运算和混合运算.

有理数的运算是初等数学中的基本运算，也是后续学习代数内容的重要基础，它对减少两极分化、增强学生学习数学的信心具有十分重要的意义，所以本模块内容既是本单元学习的重点，又是后继代数学习的基础，它起着承前启后、铺路架桥的作用.

模块知识线索图，如图 1 - 2 - 6 所示.

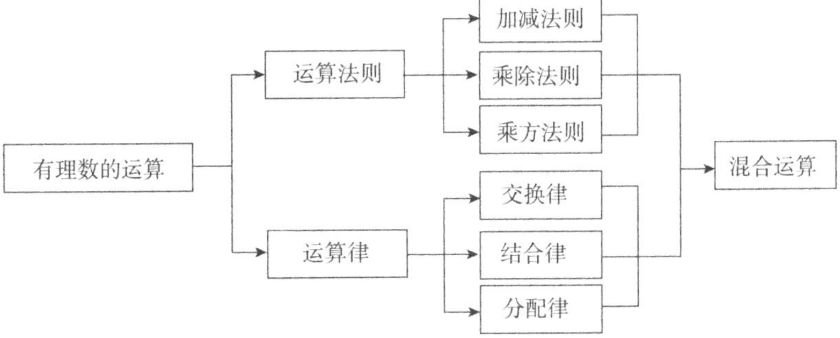

图 1 - 2 - 6　模块知识线索图

二、模块教学目标

1. 经历从具体实例中归纳出有理数的加、减、乘、除、乘方的运算法则的过程，了解运算法则的合理性.

2. 会用运算法则进行有理数的加、减、乘、除、乘方运算及其混合运算，并会运用运算律简化运算(以三步以内运算为主).

3. 在有理数的运算学习过程中，体会分类、转化和数形结合等思想方法，培养观察、抽象和归纳的能力，发展数学抽象和数学运算的核心素养.

三、模块教学建议

1. 课时安排建议

本模块的教学，建议安排 9 课时完成. 其中第 1 课时学习有理数的加减法则；第 2 课时学习有理数的加法运算律及其应用；第 3 课时进行有理数的加减法则及运算律的巩固练习；第 4 课时学习有理数的乘除法则；第 5 课时学习有理数的乘法运算律；第 6 课时进行有理数的乘除法则及运算律的巩固练习；第 7 课时学习有理数的乘方；第 8 课时学习有理数的混合运算；第 9 课时对本模块内容进行综合复习.

2. 内容教学建议

在小学时，学生已经学习了计算非负有理数的加、减、乘、除四则运算及运算律等知识，掌握了相关的计算方法，只不过涉及的数都是正整数、正分数和零. 在学习有理数的运算时，学生可能会用小学的思维去认知、理解有理数的运算，因此教学时需要特别重视有理数加法运算的教学，因为它是有理数的第一种运算，要让学生经历有理数加法法则的探索过程，引导学生理解有理数与小学所学的数的区别，知道数扩充到有理数后，出现了负数，并且借助已学的数轴和绝对值等知识，探索发现有理数的加法运算可能出现正数加正数、负数加负数、正数加负数、负数加正数、一个数和零相加等多种情况，通过列举各种情况的实际例子，观察其运算特点，最后归纳得出有理数的加法运算可归结为同号两数相加、异号两数相加和一个有理数与零相加的情况，并且知道要求两个有理数的和，需要分两步进行，一是确定和的符号，二是确定和的绝对值大小，进而总结得出有理数的加法法则. 在总结得出加法的运算法则后，要及时进行适当的练习加以巩固. 练习时要严格按照法则进行计算，养成步步有据的良好习惯. 通过有理数加法法则的探索学习，学生逐步体会分类和转化的数学思想，为有理数其他运算的学习打好基础．

由于减法是加法的逆运算，因此在教学时，可采用整体思想，把减法与加法安排在一课时进行，在探索得出加法法则的基础上，引导学生根据逆运算归纳得出有理数的减法法则，即 $a-b=a+(-b)$．由于减法可转化为加法，因此有理数的加减运算，可统一为加法运算．这样安排教学，既凸显了加法与减法的区别与联系，又体现了它们的统一性，还充分体现了转化的数学思想．由于有理数的加减运算是最重要、最基本的运算，因此教学时要适当安排加减及其混合运算的练习课，以达到掌握法则、巩固知识、提高运算技能的目标．

在对有理数的乘法运算进行教学时，建议根据乘法的意义"求几个相同加数的和的简便运算"引入教学，并引导学生类比有理数加法法则的归纳方法进行分类讨论，同时与小学的乘法进行对比，找出异同点，让学生建构起对"有理数的乘法"的认知结构．这样教学既充分体现了乘法与加法的联系和区别，又体现了由特殊到一般、由具体到抽象的教学原则，让学生在比较和联系中得出新知识——有理数的乘法法则．由于除法是乘法的逆运算，因此同样建议教学时采用整体思想，把除法与乘法安排在一课时进行教学，然后适当安排练习课，以强化巩固知识．

有理数的乘方教学是本模块的一个难点．一方面，乘方运算不像前几种运算那样有具体的运算符号，它是通过位置来体现运算的（如 a^n），学生理解起来较困难；另一方面，学生对乘方运算较陌生，极容易将乘方运算与前面所学的乘法运算混淆而产生错误，比如将 $(-3)^2$ 错误地计算为 $(-3)\times2$．因此，教学时要让学生充分地经历乘方法则的探索过程，让他们自己建构得出有理数的乘方的意义及其运算法则，并及时通过适量的变式练习，强化对乘方的理解．同时，要强调书写的规范，使学生养成认真书写的良好习惯．

本模块的教学，既要注重"知识过程"和"数学思想方法"的教学，不能急于告诉学生各种运算法则的结果，也要引导学生理解各种运算法则实际上都是一种规定，同时还要让学生领悟这些运算法则的"规定"的合理性，只有了解了它们的合理性才能有利于学生记住这些法则，并进一步通过练习逐步熟悉它们、掌握它们．

3. 难度要求建议

对于有理数的混合运算，《课程标准》中明确提出"以三步以内为主"，因此，在有理数的运算教学时，重要的是能熟练运用各运算法则和运算律准确地进行计算从而达到教学的目的，不宜在数字的复杂性、运算的技巧性等方面提出过高的要求，尽可能以运用运算法则和运算律进行基本运算和解决简单的实际问题的训练题为主，以增强学生学好数学的信心.

四、模块教学案例

有理数的乘除法

一、教学目标

1. 经历有理数的乘法法则和除法法则的探索过程，理解乘法法则和除法法则规定的合理性，发展学生数学抽象的素养.

2. 能将乘、除运算统一成乘法运算，体会转化的数学思想.

3. 会运用有理数的乘法法则和除法法则进行简单的乘除运算，发展学生数学运算的素养.

二、教学重难点

1. 教学重点：有理数的乘法法则和除法法则.

2. 教学难点：两个负数相乘，积的符号的确定.

三、教学过程

(一)自主学习

1. 在小学学习数的运算时，乘法是怎么定义的？试举例说明.

2. 请先用简便方法表示下列算式，再计算出结果.

$(+2)+(+2)+(+2)+(+2)$ 可简便表示为_____，计算结果为_____；

$(-2)+(-2)+(-2)+(-2)$ 可简便表示为_____，计算结果为_____；

$(-4)+(-4)$ 可简便表示为_____，计算结果为_____.

观察用简便方法所表示的各算式以及它们的计算结果，你发现有什么特点？

3. 阅读人教版教材数学七年级上册第 28~29 页，学习研究"有理数的乘法法则".

要求：(1)弄清楚教材中提出的三个思考问题，探究其变化规律，尝试归纳出有理数的乘法法则，并把乘法法则勾画出来；(2)初步理解有理数的乘法法则.

(设计意图：通过回顾旧知，唤醒学生对已有乘法知识的回忆，为有理数乘法的学习做好铺垫，并引导学生阅读教材，养成自主学习研究的好习惯)

(二)交流分享

1. 研究有理数的乘法法则.

(1)教材是怎样引入有理数的乘法法则的？你能用自己的语言叙述引入乘

法法则的过程和方法吗？试一试.

（2）有理数的乘法运算分为几种类型？请举例说明.

2. 请运用乘法法则计算下列各式.

（1）$(+2) \times (+6)$；

（2）$(-2) \times (-6)$；

（3）$(-2) \times (+6)$；

（4）$(+2) \times (-6)$；

（5）$(-2) \times 0$.

3. 探究有理数的除法法则.

（1）根据除法是乘法的逆运算，计算下列各式.

$(+12) \div (+2)$；

$(+12) \div (-2)$；

$(-12) \div (+2)$；

$(-12) \div (-2)$；

$0 \div (-2)$.

（2）根据乘法法则计算下列各式.

$(+12) \times \left(+\dfrac{1}{2}\right)$；

$(+12) \times \left(-\dfrac{1}{2}\right)$；

$(-12) \times \left(+\dfrac{1}{2}\right)$；

$(-12) \times \left(-\dfrac{1}{2}\right)$；

$0 \times \left(-\dfrac{1}{2}\right)$；

观察（1）（2）中的计算式子及结果，你能探索并猜想得出有理数的除法法则吗？

（3）阅读人教版教材数学七年级上册第 34 页，检验自己的猜想，然后用自己的语言叙述教材引入除法法则的过程和方法.

（设计意图：通过对上述三个问题的交流分享，使学生认识有理数的乘法运算和除法运算都需要分同号和异号两种情况，突出符号规定的合理性，引导学生理解有理数的乘法法则和除法法则，并能运用法则进行简单的有理数乘法和除法运算. 培养学生分析和概括能力，发展数学抽象和数学运算的核心素养）

（三）引导提升

1. 计算.

（1）$(+4) \times (+7)$；

（2）$(+6) \times (-8)$；

（3）$\left(-\dfrac{2}{3}\right) \times (-9)$；

（4）$\left(-\dfrac{1}{2}\right) \times \left(+\dfrac{4}{3}\right)$.

2. 计算.

(1) $(+20) \div (+5)$;　　　　　　　(2) $(+21) \div (-3)$;

(3) $(-36) \div (+6)$;　　　　　　　(4) $(-2) \div \left(-\dfrac{1}{2}\right)$.

反思：通过上述计算，你从中发现有理数的除法与乘法有何关系？

3. 你能分别写出两个有理数的乘、除法算式，使它的运算结果等于 $-\dfrac{2}{5}$ 吗？

（设计意图：通过上述问题，使学生进一步巩固乘法法则和除法法则，会运用乘法法则和除法法则进行有理数的乘除运算，从中领悟有理数的除法可转化为乘法，从而使有理数的乘除法统一为乘法运算，领悟化归的数学思想. 通过问题3，培养学生提出、分析和解决问题的能力，发展数学运算的核心素养）

（四）归纳总结

1. 通过本节课的学习，你能叙述有理数的乘法法则和除法法则吗？

2. 在有理数乘除法运算中，你体会到哪些数学思想方法？应注意哪些问题？

（五）达标反馈

1. 计算.

(1) $(+7) \times (-8)$;　　　　　　　(2) $(-12) \times (-5)$;

(3) $\left(-\dfrac{3}{4}\right) \times \left(+\dfrac{4}{3}\right)$;　　　　　(4) $(-32) \div (-4)$;

(5) $1 \div \left(-\dfrac{1}{2}\right)$;　　　　　　　(6) $0 \div (-5)$.

2. 如果两个有理数的积是正数，那么这两个数（　　　）

A. 一定都是正数　　　　　　　B. 一定都是负数

C. 至少有一个是正数　　　　　D. 一定同号

3. 有理数 a，b 在数轴上的位置如图 1-2-7 所示，那么 $\dfrac{a+b}{a}$ 的值为（　　　）

图 1-2-7

A. 正数　　　　B. 0　　　　　　C. 负数　　　　D. 正数或 0

4. 在 -4，5，-6，3 中任取两个数相乘，得到的最大的数是_____，得到的最小的数是_____.

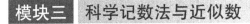

一、模块内容解析

本模块主要包括科学记数法与近似数等内容.

科学记数法是在学习有理数的乘方运算之后，运用乘方运算知识解决与现实世界中的数据(尤其是大数)相关的数学问题. 首先，让学生感受现实的宏观世界中存在着大量较大的数，培养学生的数感；其次，通过对生活或科研中较大的数学信息做出合理的解释和推断，学会用科学、简便的方法表示大数，同时为今后用科学记数法表示微观世界中较小的数据奠定基础；再次，引导学生了解生活中既有精确数，也有近似数，了解产生近似数的原因，分清准确数和近似数，逐步渗透精确与近似的辩证关系. 由于科学记数法是表示数的一种重要工具，因此科学记数法是本模块学习的重点.

模块知识线索图，如图 1 - 2 - 8 所示.

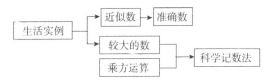

图 1 - 2 - 8 模块知识线索图

二、模块教学目标

1. 通过实例感受生活中存在较大的数，会用科学记数法表示数(包括在计算器上表示).

2. 了解近似数的概念，初步了解精确与近似的辩证关系.

3. 通过科学记数法和近似数的学习，渗透精确与近似的辩证思想，发展数感.

三、模块教学建议

1. 课时安排建议

本模块的教学，建议安排 1 课时完成.

2. 内容教学建议

在实施科学记数法的教学时，一方面，要让学生了解生活中存在着大量的

较大的数，这些数给读、写带来麻烦，为解决这一问题，需要引入新的记数方法——科学记数法，以此体现学习新知的必要性和价值；另一方面，通过适度的练习让学生熟练地掌握用科学记数法表示较大数的方法及其形如 $a \times 10^n$（其中 $1 \leqslant |a| < 10$，n 为正整数）的模型. 在进行近似数的教学时，要让学生了解实际生产与生活中存在着大量的数，有的是精确的，有的是近似的，且有时只能测得近似数，从中了解产生近似数的原因，分清准确数和近似数的概念，并掌握用四舍五入法取一个数的近似值的方法，逐步渗透准确与近似的辩证思想. 有条件的学校，可引导学生用计算器来辅助教学.

3. 难度要求建议

《课程标准》要求会用科学记数法表示数(包括在计算器上表示)，因此教学时重要的是让学生掌握记数的方法，而不要过多列举繁难的大数去做大量训练. 对于近似数的学习，《课程标准》只要求达到了解程度，所以不要无限地加深难度.

四、模块教学案例

科学记数法与近似数

一、教学目标

1. 在生活情景中感受大数的存在，能尝试用简便的方法表示大数，并结合乘方运算引出科学记数法的概念.

2. 能用科学记数法表示绝对值较大的数.

3. 结合具体情景，体会生活中的准确数和近似数，初步理解近似数的概念，能对给出的数根据所要求的精确度取近似数.

4. 通过科学记数法和近似数的学习，渗透精确与近似的辩证思想，发展学生的数感和数学建模的核心素养.

二、教学重难点

1. 教学重点：科学记数法.

2. 教学难点：对给出的数按要求的精确度取近似数.

三、教学过程

(一)自主学习

1. 回顾：什么叫乘方？试举例说明.

2. 你能用简便方法表示 1000 和 1000000 吗？

3. 阅读人教版教材数学七年级上册第 44～46 页，学习研究科学记数法与近似数.

要求：初步了解科学记数法、准确数和近似数的有关概念.

（设计意图：通过回顾乘方的知识，为科学记数法的学习做好知识准备；通过列举一些大数，让学生感知生活中存在大数，感悟大数在读、写时给我们带来的困难和麻烦，激发学生寻求简便表示的方法，从而养成自主学习的习惯）

（二）交流分享

1. 什么是科学记数法？它由几部分组成？试举例说明.

2. 请列举出生活中的大数，并用科学记数法表示.

3. 什么是近似数？什么是准确数？结合生活中的实例进行说明.

4. 圆周率 $\pi = 3.141592653\cdots$，若要求精确到百分位，则结果为多少？若要求精确到千分位，则结果为多少？

（设计意图：通过对上述四个问题的交流分享，使学生理解科学记数法和近似数的概念，会将一个绝对值较大的数用科学记数法表示为 $a \times 10^n$（其中 $1 \leqslant |a| < 10$，n 为正整数）的形式，同时能按要求取一个数的近似值，以此发展学生数学抽象和数学建模的素养）

（三）引导提升

1. 请任意写出三个绝对值较大的数（要求既有正数又有负数），然后将它们用科学记数法表示出来.

2. 写出下列科学记数法表示的数的原数.

（1）$7.5 \times 10^6 = $ _____；　　　　　（2）$2.09 \times 10^4 = $ _____.

解后反思：你发现用科学记数法表示大数有什么特点？

3. 用四舍五入法，将下列各数按括号中的要求取近似数.

（1）0.1236（精确到 0.01）；　　　　　（2）0.01146（精确到 0.001）；

（3）4.9231（精确到个位）；　　　　　（4）28753（精确到百位）.

4. 某年国庆节长假期间，到重庆旅游的人数约为 3.8×10^5 人，则近似数 3.8×10^5 的精确度为（　　）

A. 精确到十分位　　　　　　　　B. 精确到个位

C. 精确到万位　　　　　　　　　D. 精确到千位

（设计意图：通过对以上问题的解答，进一步加深学生对科学记数法和近似数的理解，并会运用所学的知识解决问题，从而发展学生的数感和应用意识）

（四）归纳总结

1. 通过本节课的学习，你能将一个绝对值较大的数用科学记数法表示为 $a \times 10^n$ 吗？其中 a 有什么要求？n 如何确定？请举例说明.

2. 谈谈你对近似数和准确数的理解，它们之间有何辩证关系？

（五）达标反馈

1. 用科学记数法表示下列各数.

(1) 2160000；   (2) 103000000；

(3) 40050；   (4) 0.078×10^7.

2. 某区的常住人口为 3.03×10^6 人，则 3.03×10^6 的原数为 _____.

3. 写出下列近似数的精确度.

(1) 0.02；   (2) 500 万；

(3) 1.04 万；   (4) 9.60×10^5.

4. 用四舍五入法得到 a 的近似数为 0.180，则准确数 a 的取值范围是（   ）

　　A. $0.175 \leqslant a < 0.185$ B. $0.1795 \leqslant a < 0.1805$

　　C. $0.17 \leqslant a < 0.19$ D. $0.1795 < a \leqslant 0.1805$

第三节　有理数自主评估

有理数自主评估试题

（时间：45 分钟　满分：100 分）

一、选择题（每小题 5 分，共 30 分）

1. 下列关于"有理数"的说法，不正确的是（   ）

A. 正数和负数统称为有理数

B. 整数和分数统称为有理数

C. 无最大的有理数，也无最小的有理数

D. 有绝对值最小的有理数

2. 下列计算中，正确的是(　　)

A. $-9+4=-13$　　　　　　　B. $-9-(-4)=-5$

C. $-9+(-4)=-5$　　　　　　D. $|-9|+(+4)=-5$

3. 光的传播速度约为 300000 km/s，太阳光照射到地球上大约需要 500 s，则太阳到地球的距离用科学记数法可表示为(　　)

A. 15×10^{7} km　　B. 1.5×10^{9} km　　C. 1.5×10^{8} km　　D. 15×10^{8} km

4. 有理数 $-\dfrac{3}{4}$，$-\dfrac{5}{6}$，$-\dfrac{7}{8}$ 的大小顺序为(　　)

A. $-\dfrac{7}{8}<-\dfrac{5}{6}<-\dfrac{3}{4}$　　　　　　B. $-\dfrac{7}{8}<-\dfrac{3}{4}<-\dfrac{5}{6}$

C. $-\dfrac{5}{6}<-\dfrac{7}{8}<-\dfrac{3}{4}$　　　　　　D. $-\dfrac{3}{4}<-\dfrac{5}{6}<-\dfrac{7}{8}$

5. 在 2，-3，-4，5 这四个数中，任取两个数相乘，所得的积最大是(　　)

A. 20　　　　　　　　　　　　B. -20

C. 12　　　　　　　　　　　　D. 10

6. 如图 1-3-1 所示，在数轴上有 a，b 两个有理数，则下列结论错误的是(　　)

图 1-3-1

A. $a+b<0$　　　B. $a-b>0$　　　C. $a\cdot b<0$　　　D. $\left(-\dfrac{a}{b}\right)^{3}<0$

二、填空题(每小题 5 分，共 30 分)

7. -3 的相反数是_____，-5 的绝对值是_____.

8. 如果长江水位上升 20 cm 记作 $+20$ cm，那么 -15 cm 表示_____.

9. 在有理数 -0.4，1，-6，0，$\dfrac{2}{5}$，$-(-3)$ 中，属于整数的数为_____，属于负数的数是_____.

10. 计算：$(-2)^{3}-(-3)^{2}=$_____.

11. 若 $|3x-6|+|1-2y|=0$，则 $x+y=$_____.

12. 若 a，b 互为倒数，c，d 互为相反数，则 $\frac{2}{7}(c+d) - 3ab =$ _____.

三、解答题（每小题 8 分，共 40 分）

13. 把下列各数分别填在相应的集合里.

$$-1, \ 6.5, \ -3\frac{1}{2}, \ |-0.4|, \ 0.2, \ -(-3), \ \frac{7}{4}, \ 0, \ +(-5), \ -\frac{22}{9}.$$

正数集合：$\{$ $\cdots\}$

分数集合：$\{$ $\cdots\}$

整数集合：$\{$ $\cdots\}$

负数集合：$\{$ $\cdots\}$

非负数集合：$\{$ $\cdots\}$

有理数集合：$\{$ $\cdots\}$

14. 将下列各数表示在图 1-3-2 的数轴上，并用"＜"号把这些数连接起来.

$$3, \ 0, \ -\frac{5}{2}, \ 1.5, \ -1, \ -4.5$$

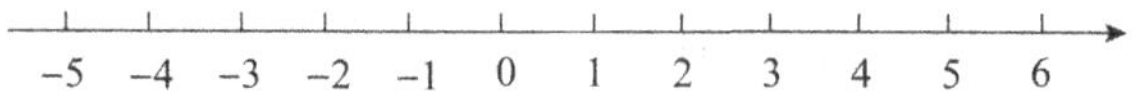

图 1-3-2

15. 计算.

(1) $(-7) + (-3) - (-12) - (+6)$;

(2) $-4 - \left[-5 + \left(0.2 \times \frac{1}{3} - 1\right) \div \left(-1\frac{2}{5}\right) \right]$.

16. 阅读理解.

新运算是一种特别设计的计算形式，它使用的是与四则运算中的"＋、－、×、÷"符号不一样的运算符号，比如用"★"来定义一种新运算，规定它的运算法则为"$a \star b = 2a + b - 1$"，则 $2 \star (-1) = 2 \times 2 + (-1) - 1 = 2$.

下面给出的是一种用符号"$\oplus$"定义的新运算的计算式子，观察其运算规律，并解答问题.

$1 \oplus 3 = 1 \times 5 - 3 = 2$; $2 \oplus (-3) = 2 \times 5 + 3 = 13$;

$-3 \oplus 4 = -3 \times 5 - 4 = -19$; $-4 \oplus (-2) = -4 \times 5 + 2 = -18$.

(1) 设 a，b 为两个有理数，写出 $a \oplus b =$ _____.

（2）若 $a \neq b$，则 $a \oplus b$ 是否具有交换律？请说明理由.

（3）若 $a \oplus (-2) = 4 \oplus a$，求 a 的值.

（4）请用"※"再定义一种新运算，使它含有加、减、乘、除和乘方五种运算，并用 $x ※ y$ 把它表示出来.

17. 郭刚上星期六买进某股票 1000 股，每股 45 元. 表 1 - 3 - 1 显示的是本周内每日该股票的涨跌情况. （单位：元）

表 1 - 3 - 1　本周内每日该股票的涨跌情况

星　期	一	二	三	四	五	六
每股涨跌	+4	+4.5	-1	-2	-6	+2

（1）星期三收盘时，该股票每股为多少元？

（2）本周该股票每股最高价是多少元？最低价是多少元？

（3）已知郭刚买进该股票时支付了 1.5‰的手续费，卖出时需支付成交额 1.5‰的手续费和 1‰的交易税，如果郭刚在本周星期六收盘前将该股票全部卖出，他的收益情况如何？

自主评估说明

请在规定时间内独立完成自主评估试题，并在老师的引导下与同伴相互批阅. 成绩 80 分以上为优秀，60 ~ 79 分为合格，低于 60 分为不合格.

自主评估结果为：_____（选填：优秀、合格、不合格）.

若评估为优秀，则祝贺你可顺利进入下一单元《整式的加减》的学习.

若评估为合格，则建议你及时纠错，查漏补缺，再进入下一单元的学习.

若评估为不合格，则希望你在老师和同学的帮助下找出问题，给予弥补，重新评估合格后再进入下一单元的学习.

（本章内容由吕萍撰写）

第 二 章

整式的加减

第一节　整式的加减总体构思

【单元内容说明】

本单元主要包括单项式、多项式、整式、同类项、合并同类项等有关概念，以及多项式的升（降）幂排列，去括号法则以及整式的加减运算等内容.

本单元属于《课程标准》中"数与代数"的课程内容，是在有理数基础上的拓展深化. 学习本单元内容之前，学生在小学数学中已接触过用字母表示数，例如，长方形的面积 $S = a \cdot b$，三角形的面积 $S = \frac{1}{2}a \cdot h$. 也学过用字母表示运算律，例如，加法交换律 $a + b = b + a$，等等. 这对本单元的学习奠定了基础. 通过列举生活中的实例，用含字母的式子表示其中的数量关系，让学生体会字母和数一样可以参与运算，可以简明地表达数量关系，由此引出单项式、多项式、整式的有关概念，同时也体会用字母表示数具有普遍性和优越性. 另外，本单元将数的运算推广到了整式，在整式的运算中巩固有理数的运算，使学生感受到由特殊到一般，又由一般到特殊的过程. 本单元内容既是今后学习方程、整式乘除、因式分解、分式、函数等知识的基础，同时也是学习物理、化学等其他学科知识不可缺少的工具. 列代数式也是将实际问题数学化的一个基本方法，是建立方程或函数模型解决实际问题的基础，能提升学生分析问题的能力，强化其符号意识. 整式的加减是整个代数式运算的基本运算，是解一元一次方程的基础，因此，本单元内容在代数学习中占有十分重要的基础地位，具有承前启后的作用.

本单元的重点是用字母表示数量关系和整式的加减，难点是用字母表示数量关系及同类项的概念.

【单元课标要求】

1. 借助现实情境了解代数式，进一步理解用字母表示数的意义.

2. 能分析具体问题中的简单数量关系，并用代数式表示.

3. 会求代数式的值，能根据特定的问题查阅资料，找到所需要的公式，并会代入具体的值进行计算.

4. 理解整式的概念，掌握合并同类项和去括号的法则，能进行简单的整式加法和减法运算.

【核心素养要求】

1. 数学抽象：通过单项式、多项式、整式等概念的学习及符号表示，强化学生的符号意识，发展学生数学抽象的素养.

2. 数学运算：通过整式的加减运算及去括号法则的学习，发展学生数学运算的素养.

3. 应用意识：通过运用整式的有关知识解决生活中的实际问题，发展学生的应用意识和创新意识.

【单元教学设想】

人教版数学七年级上册教科书将本单元划分为两节：第一节整式，第二节整式的加减. 根据本单元的知识结构和学生的认知特点，结合教学实际，我们在保持教科书课程内容不变的情况下，设想将原教材的两节内容进行适度的整合重组，建构为如下两个模块：

模块一 整式的认识

模块二 整式的加减

本单元知识框架图，如图 2－1－1 所示.

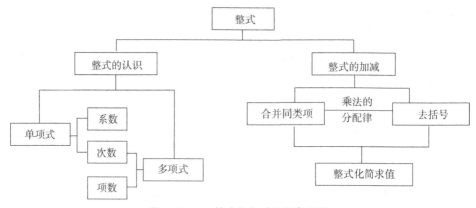

图 2－1－1 整式的加减知识框架图

附：

表 2 - 1 - 1   人教版《教师教学用书》教学课时安排与单元教学课时安排对比表

人教版《教师教学用书》教学课时安排	单元教学课时安排
2.1　字母表示数(1 课时)	模块一　整式的认识(3 课时)
2.2　单项式、多项式、整式(2 课时)	
2.3　同类项(1 课时)	模块二　整式的加减(4 课时)
2.4　整式的加减(2 课时)	
2.5　去括号(1 课时)	
合计：7 课时	合计：7 课时

第二节　整式的加减教学实施

模块一　整式的认识

一、模块内容解析

本模块主要包括用字母表示数、单项式、多项式和整式的有关概念等内容. 这些内容是在有理数及其运算基础上的拓展和深化学习.

本模块首先通过具体实例让学生认识到可以用字母表示数，可以用含字母的式子简明地表示数量关系. 在此基础上，系统研究单项式和多项式的相关概念，进而引出整式的概念，这些内容为方程的学习做好了准备. 用字母表示数，应看作是算术和代数的分界线，是进一步学习其他数学知识的基础，通过这部分内容的学习可进一步提高学生的运算能力. 本模块内容是本单元学习的基础，涉及的概念较多，如何正确认识并理解整式的有关概念是学好本模块内容的关键. 教学时，要尽量结合具体实例弄清各概念的含义及区别，避免混淆，同时还要引导学生养成规范书写的习惯.

本模块内容的学习，不仅可培养学生将实际问题中的数量关系用代数式表示，发展学生数学抽象的能力，还能增强学生的符号意识，渗透从特殊到一般的数学思想.

模块知识线索图,如图 2-2-1 所示.

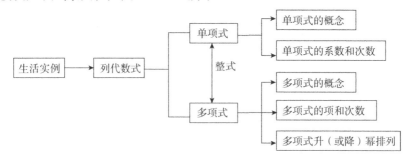

图 2-2-1 模块知识线索图

二、模块教学目标

1. 能用字母表示数,能用代数式表示实际问题中的数量关系,感受数式的通性.

2. 理解单项式、单项式的次数和系数等概念,能正确指出单项式的次数和系数.

3. 理解多项式、整式的概念,会准确判断一个多项式的项数和次数,并能将一个多项式按升(或降)幂排列.

4. 通过单项式、多项式、整式等概念的学习,培养学生的观察、分析、抽象、概括等思维能力,发展学生数学抽象和数学建模的核心素养.

三、模块教学建议

1. 课时安排建议

本模块的教学,建议安排 3 课时完成. 其中第 1 课时学习用字母表示数;第 2 课时学习单项式、多项式、整式;第 3 课时进行本模块内容的综合复习.

2. 内容教学建议

在实施用字母表示数的教学时,要引导学生先复习回顾小学所学过的与"用字母表示数"相关的知识,然后指出用含字母的式子表示数学中的问题或规律,既有一般性,又简洁明了,同时让学生体会到字母可以像数一样进行运算,从而可以解决更广泛的问题. 教学时,要注意学生学习中的易混、易错点. 比如,在列代数式(或书写代数式)时应强调:数与字母、字母与字母相乘时,数字应写在字母的前面,一般省略乘号;除法运算常写成分数形式;带分数与字母相乘，应把带分数化为假分数；当系数或字母的指数是 1 时，这个"1"通常不写．另外，还要注意讲清楚字母的取值范围，除实际问题外，字母可以表示一切实数．

在实施单项式、多项式、整式的教学时，应尽可能提供丰富且贴近学生生活实际的问题情境，引导学生经历从具体问题中抽象出数量关系并运用字母进行表示的过程，引导学生多读、多想、多写．在此基础上，再引导学生通过观察、比较，自己发现、概括得出单项式和多项式的有关概念．强化学生对概念的理解，提高其辨析能力．要特别说明：单独的一个数或一个字母也是单项式，它是对单项式概念的一种补充规定．在归纳得出单项式的系数和次数的概念后，再让学生将几个单项式用加减运算符号连接起来，从而引出多项式的概念，使学生明白多项式是由单项式组成的，每个单项式叫作多项式的项，最高次项的次数即为多项式的次数．最后，自然地归纳得出整式的概念，这样教学，使得整式的知识结构得以完整呈现，较好地建立了知识之间的联系．

3. 难度要求建议

在用字母表示问题中的数量关系的教学时，所设置的问题要尽量以基本运算关系和常见的问题为主，重点是引导学生弄清楚问题中的一些基本关系的术语，比如和、差、积、商、大、小、多、少、倍、几分之几、增加、减少等等，不要用或少用繁难的问题来加重学生的学习负担．对于字母 a 代表数的教学，要注意讲清楚代表数的字母与数本身的关系．一方面，它可以看成是数；另一方面，又不能把字母 a 与某个数字，例如 2 等同起来，因为字母 a 除了可以表示 2 外，还可以表示其他的数，这正是字母 a 与数有本质区别的地方．特别要避免错误地把 $+a$ 看作正数，把 $-a$ 看作负数．

四、模块教学案例

单项式、多项式、整式

一、教学目标

1. 通过列举生活实例，列出代数式，感受字母可以表示数和数量关系．

2. 理解单项式、多项式、整式的有关概念，弄清它们之间的区别与联系．

3. 在将现实问题转化为代数式的过程中，体会从特殊到一般的数学思想，发展学生的符号意识和数学抽象的核心素养．

二、学习重难点

1. 学习重点：单项式、多项式的有关概念．

2. 学习难点：单项式与多项式的区别.

三、教学过程

（一）自主学习

1. 列式表示.

（1）若正方形的边长为 a，则它的周长是_____；

（2）若三角形一边长为 a，且这边上的高为 h，则这个三角形的面积为_____；

（3）半径为 r 的圆的面积为_____；

（4）一个数比 x 的 2 倍小 3，则这个数是_____；

（5）每支铅笔 x 元，每个笔记本 y 元，买 3 支铅笔和 2 个笔记本共需_____元；

（6）某长方形的长为 a，宽为 b，则它的周长为_____.

2. 将第 1 题中所列的代数式分为两组，其中（1）~（3）分为一组，（4）~（6）分为另一组，观察各组中的式子，它们分别包含了哪些运算？你发现它们有什么共同的特点？

3. 阅读人教版教材数学七年级上册第 56~58 页，学习研究单项式和多项式的有关概念.

要求：初步了解单项式和多项式的有关概念.

（设计意图：通过将一些实际问题用代数式表示，从中发现所列代数式的共同特点，借助阅读初步了解单项式和多项式的有关概念，养成自主学习的习惯）

（二）交流分享

1. 什么叫单项式？什么是单项式的系数和次数？试写出两个单项式，并指出其系数和次数.

2. 什么是多项式？什么是多项式的项？什么是多项式的次数？试举例说明.

3. 下列式子中，哪些是单项式？哪些是多项式？是单项式的指出系数和次数，是多项式的指出项和次数.

（1）$-n$；　　　（2）$2x-1$；　　　（3）$-\dfrac{1}{2}a^2b$；

（4）$\dfrac{1}{3}$；　　　（5）$\dfrac{4}{7}mn$；　　　（6）$x^3y-2x^2y^3+3xy^2-1$.

4. 什么是整式？单项式与多项式有何区别和联系？

（设计意图：通过以上问题的交流分享，使学生理解单项式、多项式和整式的有关概念，发展学生数学抽象的素养）

（三）引导提升

1. 请写出一个含有字母 x 的二次三项式，这个多项式可以是_____.

2. 如图 2-2-2 所示，已知大圆的半径为 R，小圆的半径为 r.

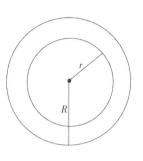

（1）请用 R 和 r 表示圆环的面积；

（2）当 $R=10$，$r=8$ 时，求圆环的面积.（π 取 3.14）

图 2-2-2

3. 如图 2-2-3 所示，文化广场上摆了一些桌子，若并排摆 n 张桌子，可同时容纳多少人？当 $n=20$ 时，可同时容纳多少人？

图 2-2-3

想一想：你能想出几种方法解决上述问题？请与同学分享你的解法.

（设计意图：通过上述三个问题的解答，加深对多项式相关知识的巩固和掌握，培养学生发现、分析和解决问题的能力，发展学生数学运算和数学建模的核心素养）

（四）归纳总结

1. 通过本节课的学习，你对单项式、多项式和整式有了哪些认识？

2. 在学习单项式、多项式和整式的过程中，蕴含了哪些数学思想方法，解题时需要注意哪些问题？

（五）达标反馈

1. 指出下列单项式的系数和次数.

（1）$-7xy^2$；

（2）$-x^2y^5$；

（3）$-ab^5c^2$；

（4）$\frac{1}{3}\pi r^2 h$.

2. 如果 $-2x^m y^2$ 是 5 次单项式，则 m 的值是_____.

3. 写出 $5x^2y$，$3x^2y^2$，$-4xy^2$ 的和，并判断它是几次几项式.

4. 当 $a=3$，$b=-2$ 时，求 $a^2-2ab+b^2$ 的值.

5. 如图 2 - 2 - 4 所示，在宽为 30 m，长为 40 m 的长方形地面上修建两条宽都是 1 m 的道路，余下部分种植花草，那么种植花草的面积为多少？

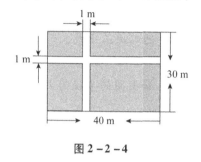

图 2 - 2 - 4

模块二 整式的加减

一、模块内容解析

本模块主要包括同类项、合并同类项、去括号法则及整式的加减等内容.

本模块的内容是在有理数运算的基础上的深化学习，由数的运算过渡到式的运算. 首先研究同类项的概念和合并同类项的方法，通过具体实例让学生感知在构成多项式的各项中，存在所含字母相同，且相同字母的指数也相同的项，由此归纳得出同类项的概念，在此基础上，通过分析同类项的结构特点，并类比数的运算，引出合并同类项的方法和法则，从而进行整式的加减运算.

整式的加减体现了"数式通性"，它既是本模块的重点，也是本单元的重点，为后面解方程和函数的学习做铺垫和准备. 因此，本模块在中学数学学习中具有十分重要的地位和作用.

模块知识线索图，如图 2 - 2 - 5 所示.

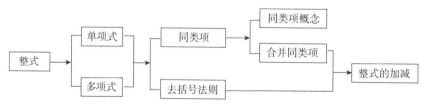

图 2 - 2 - 5　模块知识线索图

二、模块教学目标

1. 通过实例理解同类项的概念，并能正确辨别同类项.

2. 通过类比数的运算律得出合并同类项的法则.

3. 经历探索去括号的变化过程，掌握去括号的法则，培养学生的观察能力和归纳能力.

4. 会利用合并同类项法则和去括号法则将整式化简.

5. 通过整式加减的学习，体会去括号的必要性，发展学生应用意识和计算能力的核心素养.

三、模块教学建议

1. 课时安排建议

本模块的教学，建议安排 4 课时. 其中第 1 课时学习同类项、合并同类项；第 2 课时学习去括号法则、整式的化简；第 3 课时学习整式的加减运算；第 4 课时对本模块进行综合复习.

2. 内容教学建议

整式的加减实际上就是合并同类项，教学时要使学生正确理解同类项的概念，并能准确判断同类项；同时要掌握去括号的法则及依据，并准确熟练地加以运用.

合并同类项是整式加减的基础. 教学时，一方面要结合实例让学生理解合并同类项的依据是分配律，并指出它与小学所学的同单位量的加减是很类似的. 例如，可以把 $3a^2b + 5a^2b = 8a^2b$ 和 3 米 + 5 米 = 8 米进行比较，这样教学有助于学生对合并同类项的理解. 另一方面，要防止学生易犯的错误，比如，合并同类项出现 $2x^2 + 4x^2 = 6x^4$，$7xy - 6xy = 1$ 等错误，要及时指出学生的错因，并加以纠正. 通过具体的实例，让学生领悟整式加减的运算结果可能是一个数，可能是一个单项式，也可能是一个多项式. 对于去括号法则的学习，括号前、括号内各符号的变化是学习的难点，也是易错的地方，突破的关键是使学生理解去括号的依据(乘法的分配律)，通过类比有理数运算强化整式中的去括号运算.

本模块的学习，要给学生充足的思考和练习时间，让学生在思和做中去领悟和掌握知识，发展学生数学运算的素养.

3. 难度要求建议

本模块的学习目标主要是掌握合并同类项的方法和去括号的法则，以便熟练地进行整式的加减运算，因此，整式的加减的例题与习题，主要以教科书的内容为准，注重基础知识的落实，不必补充数字过大或过于繁杂的题目.

四、模块教学案例

整式的加减

一、教学目标

1. 在具体情境中理解同类项的概念，会识别同类项.

2. 掌握合并同类项法则，能利用合并同类项法则进行整式的加减运算.

3. 通过整式的加减运算，体验化繁为简的数学思想，发展学生的数学运算素养.

二、学习重难点

1. 学习重点：合并同类项的法则，整式的加减.

2. 学习难点：同类项的概念.

三、教学过程

(一)自主学习

1. 知识回顾

(1)什么是单项式？什么是单项式的系数和次数？请举例说明.

(2)观察下列各组单项式，你发现它们有哪些共同的特点？

①xy 和 $5xy$；　　　　②$2a^2b$ 和 $-a^2b$；　　　　③$-3pq$ 和 qp.

2. 阅读人教版教材数学七年级上册第 62～64 页，学习研究同类项及合并同类项的法则等有关知识.

要求：能举例说明什么是同类项，什么是合并同类项.

(设计意图：通过知识回顾，唤起学生对已学单项式的记忆，为新知学习奠定基础；借助问题驱动和阅读教材，初步了解同类项和合并同类项的有关知识)

(二)交流分享

1. 什么是同类项？试写出两个同类项.

2. 什么是合并同类项？合并同类项的依据是什么？请举例说明.

3. 合并同类项.

(1) $xy + 5xy$；   (2) $2a^2b - a^2b$；   (3) $-3pq + qp$.

4. 下列运算是否正确？若不正确，请加以改正.

(1) $a - 4a + 2a = -a$；   (2) $3a + 2b = 5ab$；

(3) $4x^2y + yx^2 = 5x^2y$；   (4) $3x^2 + 2x^3 = 5x^5$.

(设计意图：通过对上述问题的交流分享，使学生理解并掌握同类项和合并同类项的概念，发展学生数学抽象和数学运算的核心素养)

(三) 引导提升

1. 当 k 取何值时，$3x^ky$ 与 x^2y 是同类项？

2. 计算.

(1) $3x - 4x - 6x$；   (2) $3a + 2b + 5a - b$；

(3) $2a^2b - 3a - 3a^2b + 2a$；   (4) $5a^2 + 2ab - 4a^2 - 4ab$.

3. 当 $x = 10$ 时，求代数式 $5 - 4x^2 + 3x^3 + 4x^2 - 3x^3 - 1$ 的值.

(设计意图：通过上述问题的解答，使学生进一步熟练掌握同类项和合并同类项的概念，并会运用它们解决新问题，提高解题能力，发展学生数学运算的素养)

(四) 归纳总结

1. 通过本节课的学习，你能说出整式的加减运算法则吗？

2. 在学习整式的加减运算中，蕴含了哪些数学思想方法？需注意哪些问题？

(五) 达标反馈

1. 如果 $3x^ky$ 与 $-x^2y$ 是同类项，那么 $k =$ _____.

2. 下列合并同类项对不对？若不对，请改正.

(1) $2x^2 + 3x^2 = 5x^2$；   (2) $9a^2b - 9ba^2 = 0$；

(3) $3x + 2y = 5xy$；   (4) $7x^2 - 3x^2 = 4$.

3. 计算.

(1) $-a^2b + 2a^2b$；   (2) $7x - 3x^2 + 2x - x^2$.

4. 求多项式 $3x^2 + 4x - 2x^2 + x + x^2 - 3x - 1$ 的值，其中 $x = -2$.

5. 求多项式 $a^3 - a^2b + ab^2 + a^2b - ab^2 + b^3$ 的值，其中 $a = -3$，$b = 2$.

第三节　整式的加减自主评估

整式的加减自主评估试题

（时间：45 分钟　满分：100 分）

一、选择题（每小题 5 分，共 30 分）

1. 下列代数式中，不是整式的为（　　）

A. -2020　　　　B. $3x^2$　　　　C. $\dfrac{5a-4b}{7}$　　　　D. $\dfrac{3a+2}{5x}$

2. 下列计算正确的是（　　）

A. $3x+4y=7xy$　　　　　　　　B. $3xy-3yx=0$

C. $3x^2-2x^2=1$　　　　　　　　D. $3x^2+2x^3=5x^5$

3. 下列各组式子中，不属于同类项的是（　　）

A. 23 与 32　　　　　　　　　B. $6a^2mb$ 与 $-a^2bm$

C. $12a^3y$ 与 $-5ya^3$　　　　　　D. x^5y 与 $-xy^5$

4. 已知 a 是两位数，b 是一位数，如果把 b 置于 a 的左边，那么所成的三位数是（　　）

A. ba　　　　　B. $b+a$　　　　C. $100b+a$　　　　D. $10b+a$

5. 下列各项中，去括号正确的是（　　）

A. $x^2-2(2x-y+2)=x^2-4x-2y+4$

B. $-3(x+y)-xy=-3x+3y-xy$

C. $-(5x-3y)+4(2xy-y^2)=-5x+3y+8xy-4y^2$

D. $xy-5(-x+3)=xy+5x-3$

6. 一个多项式 A 与多项式 $2x^2 - 3xy - y^2$ 的和是多项式 $x^2 + xy + y^2$，则多项式 A 等于（   ）

A. $x^2 - 4xy - 2y^2$ 　　　　　　　　B. $-x^2 + 4xy + 2y^2$

C. $3x^2 - 2xy - 2y^2$ 　　　　　　　D. $3x^2 - 2xy$

二、填空题（每小题 5 分，共 30 分）

7. 比 m 的一半少 4 的数是_____．

8. 当 $a = -1$ 时，$4a^3 =$ _____．

9. $-\dfrac{4}{3}x^2y^3$ 的系数是_____，次数是_____．

10. 多项式 $x^3y^2 - 2xy^2 - \dfrac{4xy}{3} - 9$ 是_____次_____项式．

11. 若 $5x^{2m}y^2$ 和 $-7x^6y^n$ 是同类项，则 $m + n =$ _____．

12. 某电厂今年的产值为 a 万元，若年平均增长率为 x，则两年后该电厂的产值为_____万元．

三、解答题（每小题 8 分，共 40 分）

13. 计算．

（1）$a - 4a + 2a$；　　　　　　　　（2）$-a^2 + 4ab + 2a^2 - 8ba$．

14. 求 $x^3 - x + 1 - x^2$ 的值，其中 $x = -3$．

15. 先化简，再求值．

$3(2x^2 - 3xy - 5x - 1) + 6(-x^2 + xy - 1)$，其中 x，y 满足 $(x + 2)^2 + |y - 1| = 0$．

16. 已知多项式 $2x^2 + my - 12$ 与多项式 $nx^2 - 3y + 6$ 的差中不含有 x，y，求 $m + n + mn$ 的值．

17. 小明做一道数学题：“已知两个多项式 $A = \cdots$，$B = x^2 + 3x - 2$，计算 $2A + B$ 的值.”小明把“$2A + B$”误看成“$A + 2B$”，求得的结果为 $5x^2 - 2x + 3$，试求出 $2A + B$ 的正确结果．

自主评估说明

　　请在规定时间内独立完成自主评估试题，并在老师的引导下与同伴相互批阅. 成绩 80 分以上为优秀，60～79 分为合格，低于 60 分为不合格.

　　自主评估结果为：_____（选填：优秀、合格、不合格）.

　　若评估为优秀，则祝贺你可顺利进入下一单元《一元一次方程》的学习.

　　若评估为合格，则建议你及时纠错，查漏补缺，再进入下一单元的学习.

　　若评估为不合格，则希望你在老师和同学的帮助下找出问题，给予弥补，重新评估合格后再进入下一单元的学习.

（本章内容由傅世莉撰写）

第 三 章

一元一次方程

第一节　一元一次方程总体构思

【单元内容说明】

本单元主要包括方程、一元一次方程等相关概念，等式的性质，解一元一次方程的方法以及应用一元一次方程解决实际问题等内容.

本单元属于《课程标准》中"数与代数"的课程内容，是在学生已掌握了简易方程、有理数的运算以及整式的加减运算等知识的基础上的进一步学习. 方程是代数学的核心内容，正是对于它的研究推动了整个代数学的发展. 而一元一次方程是最简单的代数方程，是学习其他方程和方程组以及后续学习不等式（组）、函数等的基础，在实际问题中有广泛的应用. 因此，本单元内容在中学代数课程中占有重要的地位.

本单元的重点是解一元一次方程，并通过建立一元一次方程模型解决实际问题. 难点是根据实际问题建立方程模型.

【单元课标要求】

1. 经历"把实际问题抽象为数学问题"的过程，体会方程是刻画现实世界的一种有效的数学模型，了解一元一次方程及其相关概念.

2. 通过观察，归纳出等式的性质，利用等式的性质探究一元一次方程的解法.

3. 会用代数式表示实际问题中的已知量和未知量，会用一元一次方程解决实际问题.

4. 在探究实际问题与一元一次方程的关系时，感受数学的应用价值，提高分析问题和解决问题的能力.

【核心素养要求】

1. 数学抽象：经历把实际问题抽象为数学问题的过程，发展数学抽象的素养.

2. 数学运算：在解一元一次方程的过程中，发展数学运算的素养.

3. 数学建模：在运用一元一次方程解决实际问题的过程中，发展数学建模和应用意识的素养.

【单元教学设想】

教科书将本单元划分为四节：第一节从算式到方程（包括等式的性质）；第二节解一元一次方程（一）——合并同类项与移项；第三节解一元一次方程（二）——去括号与去分母；第四节实际问题与一元一次方程. 根据本单元的知识结构特点和学生的认知特点以及教学实际，我们在保持课程内容不变的情况下，设想将原教材的四节内容进行适度的整合，重新建构为如下三个模块：

模块一 从算式到方程

模块二 解一元一次方程

模块三 实际问题与一元一次方程

本单元知识框架图，如图 3 - 1 - 1 所示.

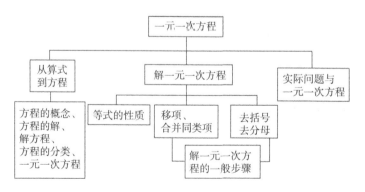

图 3 - 1 - 1 一元一次方程知识框架图

附：

表 3 - 1 - 1　人教版《教师教学用书》教学课时安排与单元教学课时安排对比表

人教版《教师教学用书》教学课时安排	单元教学课时安排
3.1.1　从算式到方程(2 课时)	模块一　从算式到方程(1 课时)
3.1.2　等式的性质(2 课时)	模块二　解一元一次方程(5 课时)
3.2　解一元一次方程(一) ——合并同类项与移项(4 课时)	
3.3　解一元一次方程(二) ——去括号与去分母(4 课时)	
3.4　实际问题与一元一次方程(5 课时)	模块三　实际问题与一元一次方程(7 课时)
合计：17 课时	合计：13 课时

第二节　一元一次方程教学实施

模块一　从算式到方程

一、模块内容解析

本模块主要包括方程、一元一次方程、方程的解以及解方程等基本概念，本模块是在小学学习简单方程的基础上的进一步系统学习和深化.

首先通过实际问题引出列算式与列方程两种解题方法，从而引出方程的概念，用列算式的方法解实际问题时，算式表示一个计算过程，算式中只能含有已知数而不能含有未知数，而列方程解实际问题打破了列算式时只能用已知数的限制，未知数在被解出之前以字母形式进入表示相等关系的式子，这是代数方法对于算术方法的创新改革.

本模块的主要任务是通过简单的实例让学生认识列算式和列方程都是解决实际问题的有效方法，并理解从列算式到列方程是数学的一种进步. 本模块学习的重点与难点是将实际问题转化为算式或方程. 教学时可以简要介绍方程的分类，让学生对方程有一个整体架构，认识到本单元所学习的一元一次方程是方程中最简单也是最基础的，因此本模块的学习对于本单元以及后续学习有关方程的知识都具有十分重要的地位和作用.

模块知识线索图，如图 3 - 2 - 1 所示.

图 3 - 2 - 1　模块知识线索图

二、模块教学目标

1. 经历用列算式与列方程两种方法解决简单实际问题的过程，让学生了解解决问题可以用不同的方式，并体会学习方程的必要性与优越性.

2. 知道方程、方程的解、解方程等概念，了解方程的基本分类情况，认识一元一次方程是最简单、最基本的方程.

3. 通过把实际问题转化为数学问题(列方程)的过程，培养学生分析问题的能力，发展学生数学抽象、数学建模的核心素养.

三、模块教学建议

1. 课时安排建议

本模块的教学，建议安排 1 课时完成.

2. 内容教学建议

在小学，学生已经习惯了用列算式的方法解决实际问题，而对于如何设未知数，如何寻找相等关系，如何用含有未知数的式子表示相等关系，虽然已经有所接触，但是还不够熟悉，学生从算术方法过渡到代数方法的思维转变会有一定的困难. 因此，本模块教学时应通过列举与学生生活比较贴近的实际问题，引导学生去列出算式和方程，让学生从中比较算术方法和代数方法的优劣，体会方程在解决问题中的优势，了解学习方程的必要性，从而更加重视对方程的学习.

在实施方程概念的教学时，要强调两点：一要含有未知数，二要是等式，两者缺一不可，让学生自己列举一些方程进行辨析，并将它们进行分类，从而介绍方程可以分为整式方程与分式方程，整式方程又可以根据其所含未知数的个数以及含未知数的项的次数分为一元一次方程、一元二次方程、二元一次方程等，本章我们要研究的就是最简单、最基本的一类方程，即一元一次方程。本模块是学习方程的起始课，又是本章的起始课，因此有必要让学生对方程有一个整体认识，对本章的学习内容有一个整体认识，即本章我们将从哪些方面对一元一次方程进行研究，后续学习其他方程时将采用同样的研究方法。

为了让学生对方程有一个更深入的认识，也为了让学生更全面的发展，本模块可以渗透相关的数学史，围绕方程这个主题，让学生了解人类对认识客观世界中数量关系的探究和发展的历史，从中可以看出数学文化的源泉和人类追求真知的长期不懈的努力，折射出科学文明的光辉和人类认识上的伟大创造力。

3. 难度要求建议

本模块的重点与难点主要是从算术法到代数法的思维转变，因此选题时不宜过难，应选择不易用列算式法计算的题目，从而为方程的引入埋下伏笔，然后给学生积极参与的机会，让学生品尝成功的喜悦，增强应用数学的意识，激发学习本章的热情。

四、模块教学案例

从算式到方程

一、教学目标

1. 经历把实际问题抽象为算式和方程的过程，体会从算式到方程是数学的一大进步，感悟方程在解决问题时的优越性。

2. 结合实例理解方程、一元一次方程、方程的解及解方程等概念，会检验一个数是不是某个方程的解，培养学生养成解题后检验的良好习惯。

3. 在将实际问题抽象为算式和方程的过程中，培养学生阅读、分析、综合、抽象等能力，发展学生数学抽象和数学建模的核心素养。

二、教学重难点

1. 教学重点：方程的相关概念以及用算式或方程表示实际问题。

2. 教学难点：用算式或方程表示实际问题。

三、教学过程

(一)自主学习

1. 分别用列算式和列方程的方法解决下面的问题：

用一根 24 cm 的铁丝围成一个正方形，求正方形的边长是多少。

思考：观察你所写出的两种方法，你认为它们有什么区别？

2. 阅读人教版教材数学七年级上册第78~79页，学习研究方程和一元一次方程等有关概念.

（设计意图：通过问题驱动，让学生意识到列算式与列方程是两种解决实际问题的方法，从中感受列算式只能含有已知数，而列方程既可以含有已知数，又可以用字母表示未知的量，在解决问题的过程中，发展学生数学建模的核心素养）

（二）交流分享

1. 什么叫方程？方程与算式有何区别？

2. 请用列方程的方法解答问题.

一辆客车和一辆卡车同时从 A 地出发沿同一公路同方向行驶，客车的行驶速度是 70 km/h，卡车的行驶速度是 60 km/h，客车比卡车早 1 h 到达 B 地. A，B 两地间的路程是多少？

分析：（1）行程问题主要涉及哪些量，它们之间有什么关系？

（2）根据题意，填写表 3-2-1（其中未知量可以用一个字母来表示）.

表 3-2-1

	速度（km/h）	时间（h）	路程（km）
客车			
卡车			

通过分析可知，客车与卡车的速度是已知量，时间是未知量，但知道客车比卡车的时间少 1 小时，路程是未知量，但知道两车都是从 A 地到 B 地，路程相等，因此所列表格有可能有如下两种情况，如表 3-2-2 和表 3-2-3 所示.

表 3-2-2

	速度（km/h）	时间（h）	路程（km）
客车	70	$\frac{x}{70}$	x
卡车	60	$\frac{x}{60}$	x

表 3-2-3

	速度（km/h）	时间（h）	路程（km）
客车	70	t	$70t$
卡车	60	$t+1$	$60(t+1)$

提示：师生共同分析完成表格的填写，对两种不同的情况进行对比，结合题意列出如下两个方程：

$(1) \dfrac{x}{70} + 1 = \dfrac{x}{60};$ $\qquad (2) 70t = 60(t+1) .$

3. 根据上述问题所列的方程，说明什么叫作一元一次方程，根据概念再写出两个一元一次方程.

4. 判断下列各式哪些是方程？哪些是一元一次方程？并说明理由.

$(1) 2x = x + 3;$ $\qquad (2) x^2 - 2x + 1 = 0;$ $\qquad (3) x - 2y = 5;$

$(4) x^2 + y = 0;$ $\qquad (5) \dfrac{1}{x} - 1 = 0;$ $\qquad (6) x - 2 > 5.$

追问：请将上面各式中的方程勾画出来，然后观察各方程中所含未知数的个数与次数，你能尝试对它们进行分类吗？

提示：先引导学生将方程分为整式方程与分式方程两大类，再根据整式方程中所含未知数的个数与次数又分为几元几次方程，最后强调本章将系统研究最简单、最基础的一元一次方程.

（设计意图：通过上述问题，让学生了解方程和一元一次方程的概念，通过列表的方式帮助学生分析实际问题，找出已知量与未知量，并用含字母的式子表示未知量，体现方程的优越性. 通过对问题的不同思考和分析，体会到一个问题中的等量关系不止一个，所以列出的方程不是唯一的. 通过辨析练习，加深学生对方程的理解，让学生对所列举方程进行分类，渗透分类的数学思想，从而让学生对方程有一个整体的认识，促进学生数学抽象和数学建模素养的发展）

（三）引导提升

1. 探索方程的解.

（1）当 $x = 42$ 时，能否使方程 $\dfrac{x}{70} + 1 = \dfrac{x}{60}$ 左右两边的值相等？当 $x = 420$ 时呢？由此说明，什么叫方程的解？什么叫解方程？

（2）你能写出方程 $70t = 60(t+1)$ 的解吗？试一试.

2. 检验下列各数是不是方程 $2x = x + 3$ 的解.

$(1) x = -1;$ $\qquad (2) x = 3.$

（设计意图：通过上述问题，让学生探索归纳得出方程的解和解方程的概念，并通过练习，加深学生对方程的解的理解和掌握，让学生养成对解题进行检查的良好习惯）

（四）归纳总结

1. 通过本节课学习，你能说出什么是方程，什么是一元一次方程吗？

2. 什么是方程的解？如何检验一个数是不是方程的解？结合具体的实例进行说明.

3. 在本节课的学习中，你领悟到了哪些数学思想方法？你认为通过列方程解决实际问题有哪些优越性？

（五）达标反馈

1. 下列方程中，是一元一次方程的为（　　　）

A. $3x - 2 = y$　　　　　B. $x^2 - 7 = 2$　　　　　C. $\dfrac{x}{3} = 2$　　　　D. $\dfrac{6}{x} = 2$

2. 检验 $x = -1$ 是不是方程 $3x - 1 = 2x + 1$ 的解.

3. 根据条件"x 的 2 倍比它的 $\dfrac{1}{3}$ 小 5"，列出方程为＿＿＿＿＿＿＿.

4. 设未知数列方程.

（1）某校组织活动，共有 100 人参加，要把参加活动的人分成两组，已知第一组的人数比第二组的人数的 2 倍少 8 人，这两组各有多少人？

（2）一台计算机已经使用 1700 h，预计以后每月使用 150 h，经过多少个月这台计算机的使用时间达到规定的检修时间 2450 h？

模块二　解一元一次方程

一、模块内容解析

本模块主要包括等式的基本性质、解一元一次方程的方法等内容.

学生在小学已经学过等式的基本性质及解简单的方程等知识，本模块是在此基础上进一步系统学习解一元一次方程的通识通法. 首先列举具体的等式运算，通过观察、归纳等手段得到等式的两条性质，接下来以"等式的性质"为主要依据引出移项概念，再运用移项和等式性质探索解一元一次方程的一般方法及步骤. 解方程实质就是将复杂的方程逐步转化为 $x = a$ 形式的过程，它可以通过去分母、去括号、移项、合并同类项、系数化为 1 的步骤来实现.

在解方程的过程中，体现了化归的思想，它在后续学习其他方程、不等式、函数时都有所体现，因此本模块在中学数学学习中具有十分重要的地位和作用.

模块知识线索图，如图 3 - 2 - 2 所示.

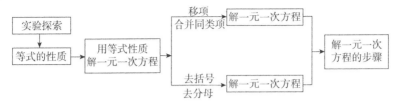

图 3 - 2 - 2　模块知识线索图

二、模块教学目标

1. 通过具体实例，掌握等式的基本性质.

2. 理解移项、去括号、去分母等法则，会运用法则解一元一次方程，并从中归纳得出解一元一次方程的一般步骤，领悟转化的数学思想.

3. 能够从实际问题中列出一元一次方程，体会方程模型的思想，发展学生数学建模的素养和应用意识.

三、模块教学建议

1. 课时安排建议

本模块的教学，建议安排 5 课时完成. 其中第 1 课时学习探究等式的性质；第 2 课时学习形如 $ax + b = cx + d$ 的一元一次方程的解法；第 3 课时学习解含括号和分母的一元一次方程；第 4 课时巩固练习解一元一次方程；第 5 课时对本模块进行综合复习.

2. 内容教学建议

本模块的教学，要让学生明确解方程的目的就是为了把方程逐步转化成 $x = a$ 的形式，在这个变化过程中需要"去分母""去括号""移项""合并同类项"等基本步骤，而这些步骤的主要依据是等式的性质. 关于等式的性质，学生在小学阶段已经有所了解，因此解一元一次方程有两种思路. 思路一：从等式的性质入手，依次学习"移项""合并同类项""去括号""去分母"四个基本步骤，最后归纳总结出解一元一次方程的基本步骤. 思路二：整体建构，让学生直接探索解含有分母的一元一次方程，按照"去分母""去括号""移项""合并同类项"的步骤，完整讨论一元一次方程的解法，最后安排综合训练，从而达到螺旋上升的目的.

3. 难度要求建议

本模块的重点是解一元一次方程,选择一元一次方程时要具有代表性,减小计算难度,以免分散学生解方程的注意力,可在巩固练习课或综合复习课时再适当增加难度. 另外,本模块重在解方程,涉及的实际问题不宜过难.

四、模块教学案例

等式的性质与移项

一、教学目标

1. 借助天平直观感受等式的性质,结合具体实例理解并掌握等式的性质.

2. 能利用等式性质1,归纳得出移项法则,能根据等式性质和移项法则解形如 $ax + b = cx + d$ 的方程,体会解方程中的化归思想.

二、教学重难点

1. 学习重点:等式的性质、移项的概念.

2. 学习难点:用移项法则解一元一次方程.

三、教学过程

(一)自主学习

1. 回顾:什么是一元一次方程?什么是方程的解?试举例说明.

2. 阅读人教版教材数学七年级上册第81页,学习研究等式的性质.

要求:初步了解等式的性质.

(设计意图:通过回顾方程的有关知识,为新知学习做好伏笔,并让学生阅读教材,初步了解等式的性质及其探究过程,培养自学能力)

(二)分享交流

1. 等式具有哪些性质?你能用数学符号表示等式的性质吗?

2. 尝试用等式的性质解下列方程.

$(1) x + 7 = 26$; $(2) -5x = 20$; $(3) -\dfrac{1}{3}x - 5 = 4.$

3. 如果将方程 $3x = 2x$ 两边同时除以 x,得 $3 = 2$,这样做对吗?为什么?

(设计意图:通过以上问题的分享交流,让学生理解并掌握等式的性质,强化其符号意识,发展数学运算的核心素养)

(三)引导提升

1. 用等式的性质解下列方程.

$(1) 3x + 2 = 4x - 5$; $\qquad\qquad (2) 3x - 1 = -2x + 9.$

解后反思：在解上述方程的过程中，观察方程左右两边发生了怎样的变化，你发现有何变化规律？由此引出移项的概念.

2. 什么叫移项？试举例说明.

3. 用移项解方程 $5x + 2 = x - 6$.

（设计意图：通过解答上述问题，归纳得出"移项"的概念，并运用移项简化解一元一次方程的步骤，发展学生数学运算和数学抽象的核心素养）

（四）归纳总结

1. 通过本节课的学习，你知道等式有哪些性质吗？用数学符号把它们表示出来.

2. 什么叫移项？请举例说明.

3. 在本节课学习中，你领悟到了哪些数学思想方法？解题需要注意哪些问题？

（五）达标反馈

1. 已知等式 $3a = 2b + 5$，则下列等式中不一定成立的是（   ）

A. $3a - 5 = 2b$ B. $3a + 1 = 2b + 6$

C. $3ac = 2bc + 5$ D. $a = \dfrac{2}{3}b + \dfrac{5}{3}$

2. 对于方程 $-3x - 7 = 12x + 6$，下列移项正确的是（   ）

A. $-3x - 12x = 6 + 7$ B. $-3x + 12x = -7 + 6$

C. $-3x - 12x = 7 - 6$ D. $12x - 3x = 6 + 7$

3. 用移项法则解下列方程.

（1）$x - 1 = -5 + 2x$；   （2）$10y + 7 = 12y - 5 - 3y$.

模块三　实际问题与一元一次方程

一、模块内容解析

本模块是在学生已学习了由实际问题抽象出一元一次方程模型和解一元一次方程的一般步骤的基础上，进一步提升学生运用一元一次方程模型解决实际问题的能力. 本模块主要研究行程问题、工程问题、销售问题、配套问题、球赛积分问题、日历问题、电话计费等生活中比较常见的问题.

实际问题尽管千差万别，但在方法上有共同规律可循，重要的是通过分析，发现和掌握这些规律. 本模块的问题背景和表达都比较贴近实际，其中有些数量关系较为隐蔽，所以在探究过程中能正确地列出方程是难点. 突破难点的关键是弄清问题背景，分析清楚其中的数量关系，找出等量关系.

本模块的学习蕴含着重要的数学建模思想，是一元一次方程应用的延伸与拓展，有着十分广阔的实际应用空间，为后续函数的学习打下基础，由此可见，本模块的内容具有承上启下的作用.

模块知识线索图，如图 3 - 2 - 3 所示.

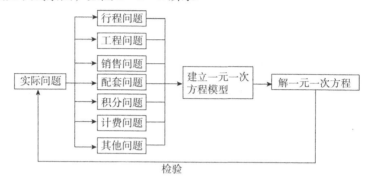

图 3 - 2 - 3　模块知识线索图

二、模块教学目标

1. 能够从不同背景的问题中找出已知数和未知数，分析它们之间的关系，设未知数，列出方程.

2. 能根据具体问题的实际意义，检验方程解的合理性，体会方程是刻画现实世界数量关系的有效模型.

3. 在探究实际问题与一元一次方程关系的过程中，体会数学建模的思想，感受数学的应用价值.

三、模块教学建议

1. 课时安排建议

本模块的教学，建议安排 7 课时完成. 其中第 1 课时学习行程问题；第 2 课时学习工程问题；第 3 课时学习分配问题；第 4 课时学习销售利润问题；第 5 课时学习计费择优问题；第 6 课时学习积分与其他问题；第 7 课时对本模块内容进行综合复习.

2. 内容教学建议

本模块以实际问题为载体，用探究的形式讨论如何用一元一次方程解决实际问题，并渗透数学建模思想，培养学生运用方程思想分析与解决问题的能力，了解运用一元一次方程解决实际问题的基本思路.

本模块的重点和难点是建立一元一次方程模型解决实际问题. 为突破难点，要培养学生仔细审题的习惯，学会逐句分析问题，并用代数式表示出每一个量，再借助表格或画示意图等方法找出等量关系，建立方程模型. 列方程中蕴涵了"数学建模思想"，而解方程中蕴涵了"化归思想"，本模块的学习要注意体会这两个重要的数学思想.

3. 难度要求建议

实际问题的种类繁多，数量关系隐蔽，学生解决起来较为困难，容易产生畏难情绪，教学时要根据本班学生的学情而定教学内容. 在选择实际问题时应充分考虑学生的认知水平和活动经验，问题背景尽可能贴近学生的现实生活，激发和调动学生的学习兴趣.

四、模块教学案例

实际问题与一元一次方程——行程问题

一、教学目标

1. 能借助表格、线段示意图分析行程问题中相遇和追及问题中的数量关系，列出一元一次方程.

2. 经历运用一元一次方程解决实际问题的过程，体会方程是刻画现实世界的有效数学模型.

3. 通过分析具体的行程相关问题，让学生体会到数学来源于生活，也服务于生活，进而激发学生学习数学的兴趣，体现数学的价值.

二、教学重难点

1. 学习重点：分析行程问题中的等量关系，建立一元一次方程模型.

2. 学习难点：找出行程问题中的等量关系.

三、教学过程

(一)自主学习

1. 在行程问题中，主要涉及哪些基本量？这些量之间有怎样的关系？

(路程、时间、速度；路程＝速度×时间；速度＝路程/时间；时间＝路程/速度)

2. 尝试解决下列问题.

(1)小王驾车从北京前往重庆，每小时行 120 千米，共行驶了 15 小时，问北京到重庆有多远？

速度	时间	路程
120 km/h	15 h	？

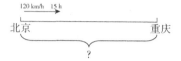

(2)小王驾车从北京前往重庆，每小时行驶 120 千米，已知重庆到北京的路程为 1800 千米，问小王行驶了多少小时？

速度	时间	路程
120 km/h	15 h	？
120 km/h	？	1800 km

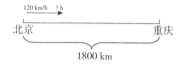

(3)小王驾车从北京前往重庆，共行驶了 15h，已知重庆到北京的路程为 1800 千米，问小王行驶的速度是多少？

速度	时间	路程
120 km/h	15 h	？
120 km/h	？	1800 km
？	15 h	1800 km

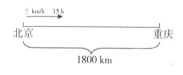

(设计意图：通过问题驱动，让学生回忆行程问题中速度、时间、路程三个量之间的关系，并用列表和画线段图分析问题，培养学生分析问题和解决问题的能力，发展学生数学抽象和数学建模的素养)

(二)交流分享

例 1　小王和小华驾车分别从北京和重庆出发相向而行，小王每小时行驶 120 千米，小华每小时行驶 80 千米，已知重庆到北京的距离为 1800 千米.

若两人同时出发，出发多久后两车相遇？

思考 1：上述问题涉及了哪些量，它们之间有什么关系？

	速度	时间	路程
小王	120 km/h	？	1800 km
小华	80 km/h	？	

教师引导学生用表格的方式分析题意，已知两人速度和总路程，要求相遇的

时间. 在行程问题当中, 常借助线段示意图来帮助再现情景、理解题意. 现在就将小王和小华的驾车过程用线段图进行表示.

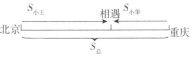

思考 2: 从图上可以看出此题具有怎样的等量关系?

分析: 小王走的路程 + 小华走的路程 = 北京到重庆的路程, 即 $S_{小王} + S_{小华} = S_{总}$.

解: 设相遇时间为 x 小时, 根据题意, 列方程得: $120x + 80x = 1800$,

解得 $x = 9$.

答: 出发后 9 小时相遇.

思考 3: 还有其他解法吗? 能否设间接未知数进行解答?

提示: 设小王走的路程为 x km, 则小华走的路程为 $(1800 - x)$ km. 根据题意, 列方程得 $\dfrac{x}{120} = \dfrac{1800 - x}{80}$.

变式 1: 小王和小华驾车分别从北京和重庆出发相向而行, 小王从北京出发 5 小时后, 小华才从重庆出发. 已知小王每小时行驶 120 千米, 小华每小时行驶 80 千米, 重庆到北京的距离为 1800 千米, 问小华出发多久后与小王相遇?

分析: $S_{小王} + S_{小华} = S_{总}$.

提示: 设小华出发后 x 小时与小王相遇.

根据题意, 列方程得: $120 \times 5 + 120x + 80x = 1800$.

变式 2: 小王和小华驾车分别从北京和重庆出发相向而行, 已知小王每小时行驶 120 千米, 小华每小时行驶 80 千米, 重庆到北京的距离为 1800 千米, 问几小时后, 小王和小华相距 800 千米?

分析: 1. 相遇前: $S_{小王} + 800 + S_{小华} = S_{总}$.

2. 相遇后: $S_{小王} - 800 + S_{小华} = S_{总}$.

提示: 设 x 小时后, 小王和小华相距 800 千米. 根据题意, 列方程得:

相遇前: $120x + 80x + 800 = 1800$.

相遇后: $120x + 80x - 800 = 1800$.

例 2 小王和小华同时驾车从北京出发, 前往重庆. 小王每小时行驶 120 千米，小华每小时行驶 80 千米，已知重庆到北京的距离为 1800 千米，问小王到达重庆后，与小华距离多远？

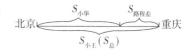

分析：$S_{小华} + S_{路程差} = S_{小王}$（或 $S_总$），$S_{小王}$（或 $S_总$）$- S_{路程差} = S_{小华}$.

解：设小王到达重庆后，与小华相距 x 千米，根据题意，列方程得：

$$80 \times \frac{1800}{120} + x = 1800.$$

变式 1：小王和小华同时驾车从北京出发，前往重庆，小华出发 5 小时后，小王才出发. 已知小王每小时行驶 120 千米，小华每小时行驶 80 千米，重庆到北京的距离为 1800 千米，问：（1）小王追上小华用了多长时间？（2）小王追上小华时，距离重庆还有多远？

分析：$S_{华1} + S_{华2} = S_王$.

提示：（1）设小王追上小华用了 x 小时，

根据题意，列方程得：$80 \times 5 + 80x = 120x$，

解得 $x = 10$.

（2）$1800 - 10 \times 120 = 600$（km）.

（设计意图：通过上述问题的解答，让学生体验用表格和画线段示意图可以帮助分析和解决问题，培养学生将实际问题转化为数学问题的能力，发展了学生数学建模和应用意识的核心素养）

（三）引导提升

变式 2：小王和小华同时驾车从北京出发，前往重庆，小华在小王前方 80 km 处. 已知小王每小时行驶 120 km，小华每小时行驶 80 km，重庆到北京的距离为 1800 km，问：（1）小王要行驶多久才能追上小华？（2）此时两人距离重庆还有多远？

分析：$80 \text{ km} + S_华 = S_王$.

提示：（1）设小王追上小华用了 x 小时，

根据题意，列方程得：$80 + 80x = 120x$，解得 $x = 2$.

（2）$1800 - 2 \times 120 = 1560$（km）.

（设计意图：通过上述问题的解答，学生进一步理解了列一元一次方程解行程问题的步骤和方法，从而进一步发展学生的符号意识和数学建模素养）

（四）归纳总结

1. 通过本节课的学习，你掌握了哪些行程问题？如何建立相遇问题和追及

问题的等量关系?

2. 想一想,列方程解应用题有哪些基本步骤?

3. 在列方程解决问题的过程中,你体会到哪些数学思想方法?

(五)达标反馈

小华和小王都驾车从北京出发前往重庆,小王的速度为 80 km/h,当小王行驶了 240 km 后,小华才出发,速度为 120 km/h. 当小王到达重庆时,小华就停车休息,已知北京到重庆的距离为 1800 km,设小王行驶时间为 t h. 问:当 t 为多少时,小王和小华相距 120 km?

第三节 一元一次方程自主评估

一元一次方程自主评估试题

(时间:45 分钟 满分:100 分)

一、选择题(每小题 5 分,共 30 分)

1. 下列方程是一元一次方程的是(   )

A. $2x-3$ B. $xy-5=9$ C. $\dfrac{x}{2}=6$ D. $x^2+2x=4$

2. 若 $a=b$,则有四个式子:① $a-3=b-3$;② $ac=bc$;③ $\dfrac{a}{b}=1$;④ $\dfrac{a}{c}=\dfrac{b}{c}$. 其中正确的个数有(   )

A. 1 个   B. 2 个   C. 3 个   D. 4 个

3. 若 -2 是关于 x 的方程 $3x+4=\dfrac{x}{2}-a$ 的解,则 a^{2017} 的值是(   )

A. 0   B. -1 C. 1   D. 2017

4. 下列选项中,移项正确的是(   )

A. 方程 $8-x=6$ 变形为 $-x=6+8$

B. 方程 $5x=4x+8$ 变形为 $5x-4x=8$

C. 方程 $3x = 2x + 5$ 变形为 $3x - 2x = -5$

D. 方程 $3 - 2x = x + 7$ 变形为 $x - 2x = 3 + 7$

5. 如图 $3 - 3 - 1$ 所示，根据流程图中的程序，当输出数值 y 为 1 时，输入数值 x 为（ ）

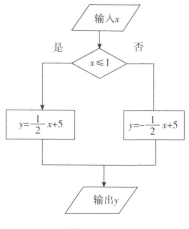

图 $3 - 3 - 1$

A. -8 B. 8   C. -8 或 8   D. 18

6. 小明今年 12 岁，小明的爷爷 60 岁，要使爷爷的年龄是小明的 4 倍，则需要经过（ ）

A. 2 年   B. 4 年   C. 6 年   D. 8 年

二、填空题（每小题 5 分，共 30 分）

7. 请你自编一道以 5 为解的一元一次方程是_____.

8. 已知 $x^{5m-4} + \frac{1}{3} = 2$ 是关于 x 的一元一次方程，那么 $m =$_____.

9. 已知 $m_1 = 3y + 1$，$m_2 = 5y + 3$，当 $y =$_____时，$m_1 = m_2$.

10. 小明在做作业时，不小心把方程中的一个常数（用□表示）污染了看不清楚，被污染的方程为：$2y - \frac{1}{2}y = \frac{1}{2} - \square$，怎么办？小明想了想，便翻看了书后的答案，此方程的解为 $y = -\frac{5}{3}$，于是，他很快知道了这个常数，他补出的这个常数是_____.

11. 已知方程 $x - 2 = 2x + 1$ 与方程 $k(x - 2) = \frac{x+1}{2}$ 的解相同，则 k 的值是_____.

12. 已知关于 x 的方程 $5x - 1 = mx + 3$ 的解为 $x = -\dfrac{4}{3}$，则 $m =$ _____.

三、解答题(每小题8分，共40分)

13. 解方程：

(1) $4y - 3(20 - y) = 6y - 7(11 - y)$;

(2) $\dfrac{2x - 1}{3} = \dfrac{1 + 4x}{5} - 1$.

14. 对于有理数 a，b 定义一种新运算，规定 $a \star b = a^2 - ab$.

(1) 求 $2 \star (-3)$ 的值；   (2) 若 $(-2) \star (3 \star x) = 4$，求 x 的值.

15. 已知 $|a - 3| + (b + 1)^2 = 0$，代数式 $\dfrac{2b - a + m}{2}$ 的值比 $\dfrac{1}{2}b - a + m$ 的值多 1，求 m 的值.

16. 某部书稿，甲、乙两个打字员一起打 10 天可以完成，若由甲单独打需 14 天完成. 现两人合打 4 天后，余下的书稿由乙单独打，问乙还需要多少天才能完成？

17. 某商品的售价为每件 900 元，为了参与市场竞争，商店按售价的 9 折再让利 40 元销售，此时仍可获利 10%，此商品的进价是多少元？

自主评估说明

　　请在规定时间内独立完成自主评估试题，并在老师的引导下与同伴相互批阅. 成绩 80 分以上为优秀，60 ~ 79 分为合格，低于 60 分为不合格.

　　自主评估结果为：_____(选填：优秀、合格、不合格).

　　若评估为优秀，则祝贺你可顺利进入下一单元《几何图形初步》的学习.

　　若评估为合格，则建议你及时纠错，查漏补缺，再进入下一单元的学习.

　　若评估为不合格，则希望你在老师和同学的帮助下找出问题，给予弥补，重新评估合格后再进入下一单元的学习.

(本章内容由车鑫撰写)

第 四 章

几何图形初步

第一节　几何图形初步总体构思

【单元内容说明】

本单元主要包括几何图形、立体图形、平面图形、点、线、面、体等概念，直线、射线、线段和角的概念和性质，以及它们的表示、画法、计算等内容.

本单元属于《课程标准》中"图形与几何"的课程内容，是几何学中最基础的部分，也是后续学习相交线与平行线、三角形、四边形、圆等几何知识的基础.本单元是训练学生掌握学习几何方法及几何表达的基础和关键，后续学习其他几何知识几乎都要用到本单元中的有关概念及图形语言和符号语言，所有图形研究中涉及的线段与线段、角与角、线段与角之间的基本关系也都与本单元内容紧密相关，因此本单元具有承前启后的作用，在几何学习中占有极其重要的基础性地位.

本单元的重点是立体图形与平面图形的基本概念，线段和角的有关知识，难点是图形的表示以及根据语句画图.

【单元课标要求】

1. 通过实物和具体模型，了解从物体抽象出来的几何体、平面、直线和点等.

2. 会比较线段的长短，理解线段的和、差，以及线段中点的意义.

3. 掌握"两点确定一条直线"和"两点之间线段最短"的基本事实.

4. 理解两点间距离的意义，能度量两点间的距离.

5. 理解角的概念，能比较角的大小.

6. 认识度、分、秒，会对度、分、秒进行简单的换算，并会计算角的和、差.

【核心素养要求】

1. 数学抽象：通过从具体实物中抽象出几何图形，发展数学抽象的素养.

2. 直观想象：通过平面图形和立体图形的相互转换，培养几何直观和空间想象力，发展学生直观想象的素养.

3. 逻辑推理：通过直线、线段公理及线段、角的比较与运算，发展逻辑推理的素养.

【单元教学设想】

教科书将本单元划分为三节：第一节是几何图形，第二节是直线、射线、线段；第三节是角. 根据本单元的知识结构特点和学生的认知特点，以及教学实际，我们在保持课程内容不变的情况下，设想将原教材的三节内容进行适度的整合，重新建构为如下两个模块：

模块一　几何图形的认识

模块二　线段、角

本单元知识框架图，如图 4 - 1 - 1 所示.

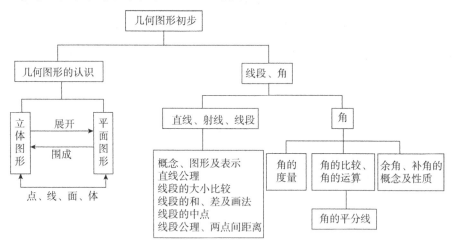

图 4 - 1 - 1　几何图形初步知识框架图

附:

表4-1-1　人教版《教师教学用书》教学课时安排与单元教学课时安排对比表

人教版《教师教学用书》教学课时安排	单元教学课时安排
4.1　几何图形(4课时)	模块一　几何图形的认识(3课时)
4.2　直线、射线、线段(3课时)	模块二　线段、角(6课时)
4.3　角(5课时)	
合计：12课时	合计：9课时

第二节　几何图形初步教学实施

模块一　几何图形的认识

一、模块内容解析

本模块主要包括几何图形、立体图形、平面图形的概念，立体图形与平面图形的关系，几何图形构成的基本元素点、线、面、体及其关系等内容. 这些内容是学生在第一、二学段学习的基础上的进一步学习.

首先说明现实世界是多彩图形的丰富源泉，几何研究的对象是图形的形状、大小、位置关系；然后从生活中存在的各种实物中抽象出常见的几何图形，归纳得出几何图形的概念，再在小学学过的常见几何图形的基础上，引出立体图形和平面图形的概念；然后学习从不同的方向观察立体图形，让学生了解立体图形可由平面图形围成；最后让学生体会点、线、面、体的关系是认识图形的本质. 在本模块的学习中，几何体与其展开图之间的关系是学习的重点，在本单元学习中起着承上启下的作用.

通过本模块内容的学习，让学生从整体上感受几何图形的构成，了解这些概念的抽象性，从而能用几何的观点认识现实世界，提升学生的空间想象能力，发展学生数学抽象、直观想象的数学素养. 因此，本模块内容在中学数学学习中具有十分重要的地位.

模块知识线索图，如图 4 - 2 - 1 所示.

图 4 - 2 - 1　模块知识线索图

二、模块教学目标

1. 能由实物抽象出几何图形，由几何图形想象出实物形状.

2. 能识别一些简单的几何体，正确区分平面图形与立体图形.

3. 通过从不同方向观察立体图形，了解立体图形可由平面图形围成，也可按不同方式展开成平面图形.

4. 了解几何体、平面和曲面的意义，能正确判断围成几何体的面是平面还是曲面.

5. 了解点、线、面、体是构成几何图形的基本元素，能判断由点、线、面、体经过运动变化形成的简单的几何图形.

6. 通过从具体实物中抽象出几何图形，发展学生数学抽象的核心素养，通过基本几何体与其展开图之间的关系，培养学生直观想象的核心素养.

三、模块教学建议

1. 课时安排建议

本模块的教学，建议安排 3 个课时完成. 其中第 1 课时学习立体图形与平面图形；第 2 课时学习点、线、面、体等知识；第 3 课时对本模块内容进行综合复习.

2. 内容教学建议

在实施立体图形与平面图形教学时，注意引导学生通过观察、发现、比较，抽象出几何图形，发挥学生的直观想象能力. 通过实物抽象出立体图形，得到立体图形和平面图形的概念，并对立体图形进行分类. 让学生从不同方向观察立体图形，并画出所观察到的平面图形，然后探究正方体的各种展开图以及一些常见几何体的展开图. 这部分内容较为抽象，尽量借助实物模型和现实物体帮助学生认识，多引导学生开展交流活动，通过活动发展学生几何直观和空间观念.

在实施点、线、面、体的教学时，可通过两条线索来认识，第一条是从整体到局部，依次认识体、面、线、点，即包围着体的是面，面与面相交形成线，线与线相交形成点；第二条是从微观到宏观，由简单到复杂，由一维到三维的演变过程，逐步合成地来认识点、线、面、体，即体会点动成线、线动成面、面动成体. 教学时，多采取自主探索、合作交流的学习方式，以提升学生自主学习能力和合作精神.

3. 难度要求建议

实施本模块的教学要注意与小学所学内容的衔接，避免简单重复. 本单元重点是教会学生识图、画图、用几何语言描述图形. 对于图形的展开与折叠教学，尽量按照课标的要求，用一些学生熟悉的几何图形，不要急于提高教学难度，避免挫伤学生学习的积极性，失去对几何学习的兴趣.

四、模块教学案例

立体图形与平面图形

一、教学目标

1. 通过观察生活中的实物，经历由实物抽象出几何图形的过程.

2. 了解立体图形和平面图形的概念，正确区分立体图形和平面图形.

3. 会从不同方向观察立体图形，并画出所观察到的平面图形，了解立体图形可按不同方式展开得到不同的平面图形，能根据展开图判断立体图形，体会转化的数学思想方法，发展几何直观和空间观念的素养.

二、教学重难点

1. 教学重点：基本几何体与其展开图之间的关系.

2. 教学难点：根据展开图判断立体图形.

三、教学过程

(一)自主学习

1. 通过多媒体向学生展示丰富的图形世界，让学生感受图形世界的多姿多彩，体会图形在生活中的应用，初步认识学习几何知识的必要性和价值.

2. 观察如图 4-2-2 所示的图形，从整体上看，它的形状是什么？从不同的方向看这个物体，它的形状一样吗？从局部看，你还能观察得到什么图形？

3. 阅读人教版教材数学七年级上册第 114~115 页，学习研究几何图形等有关概念.

要求：初步了解几何图形、立体图形、平面

图 4-2-2

图形等概念.

（设计意图：通过展示生活中的图片，让学生感受到几何图形与人们的生活紧密相关，体现学习几何图形的必要性和价值；通过对长方体的观察，发现构成几何图形最基本的元素是点、线、面．通过阅读教材，养成阅读的良好习惯，培养自主学习的能力）

（二）交流分享

1. 通过自主学习，你知道几何图形分为哪两类吗？请分别说出它们的概念，并举出生活中的实例.

2. 请说出如图 4－2－3 所示的几何体的名称.

图 4－2－3

3. 立体图形与平面图形有何关系？请结合具体的图形进行说明.

（设计意图：通过对上述问题的交流分享，让学生初步理解立体图形和平面图形的概念，了解它们的区别和联系，发展学生数学抽象和几何直观的素养）

（三）引导提升

1. 如图 4－2－4 所示的是一个工件的立体图，从正面看、左面看、上面看，你会分别得出怎样的平面图形？请画出其图形.

2. 如图 4－2－5 所示，用 9 个正方体组成立体图形，分别从正面、左面、上面看这个图形，各得到什么平面图形？试画出其图形.

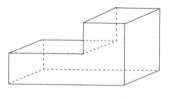

图 4－2－4

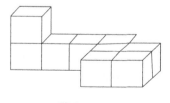

图 4－2－5

3. 动手把一个正方体沿表面适当剪开，展成平面图形，观察正方体的展开图，试画出不同的剪法所得到的平面图形.

4. 如图 4－2－6 所示的是一些立体图形的展开图，指出它们分别能围成怎样的立体图形?

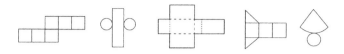

图 4-2-6

(设计意图:通过以上问题,引导学生从不同方向观察立体图形,并画出所观察得到的平面图形,培养学生的观察能力和动手操作能力;通过探究正方体展开图的不同情况,体会转化的数学思想,发展学生几何直观和空间想象的数学素养)

(四)归纳总结

1. 通过本节课的学习,你对几何图形有了哪些新的认识?

2. 立体图形与平面图形有何区别和联系?试举例说明.

3. 在本节课的学习中,你领悟到了哪些数学思想方法?获得了哪些感悟?

(五)达标反馈

1. 给出五种图形:①长方形;②梯形;③正方体;④圆柱;⑤圆锥. 其中属于立体图形的是( )

A. ①②③   B. ③④⑤   C. ③⑤   D. ④⑤

2. 给出下列说法:①教科书是长方形;②教科书是长方体,也是棱柱;③教科书的表面是长方形. 其中正确的是( )

A. ①②   B. ①③   C. ②③   D. ①②③

3. 下列图形中,不是正方体表面展开图的是( )

A   B   C   D

4. 如图 4-2-7 所示的立体图形的表面各包含了哪些平面图形?请指出这些平面图形在立体图形中的位置.

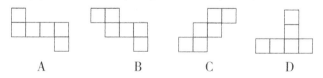

图 4-2-7

模块二 线段、角

一、模块内容解析

本模块主要包括直线、射线、线段的概念、性质、表示方法及画法，线段的和差，线段的中点，角的概念、表示方法，角度的换算与计算，角的比较与运算，角的平分线，余角、补角等内容. 这些内容都是学习几何的重要基础，也是学习几何知识不可或缺的重要条件.

在实施线段的教学时，先让学生通过动手作图自主发现"两点确定一条直线"的基本事实，由此得出直线的画法和表示方法，进而得出射线、线段的画法和表示方法；再由实验操作得到线段的性质"两点之间，线段最短"；接着研究线段大小的比较，掌握尺规作图的技巧，并用尺规作一条线段等于已知线段以及线段的和、差，通过折叠得出线段中点的概念，并进行简单的计算. 通过一条射线绕着它的端点旋转得出角的概念和表示方法，然后研究角度的换算和计算，得到角的大小比较、角的和差、角的平分线等概念，在此基础上进一步认识余角、补角，并学会用几何语言描述图形.

本模块内容，既是"由数到形"的过渡，也是由代数学习方法向几何学习方法的过渡，学生将首次接触几何的书写、几何的表达、几何的说理，因此，本模块在中学几何学习中具有基础性的地位和作用.

模块知识线索图，如图 4-2-8 所示.

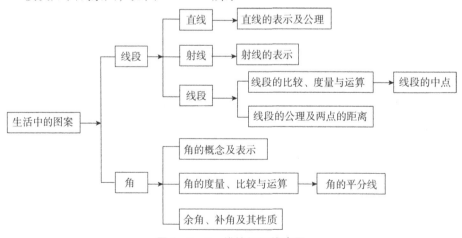

图 4-2-8　模块知识线索图

二、模块教学目标

1. 理解直线、射线、线段的概念、性质、表示方法及画法.

2. 掌握线段大小的比较方法及线段等分点的应用.

3. 理解角的概念，会用字母表示角，认识角的度量单位，会进行简单的角度换算和计算.

4. 会比较角的大小，分析角的和差关系，认识角的平分线及角的等分线.

5. 理解余角、补角的概念和性质，了解方位角.

6. 通过线段、角的运算，培养学生逻辑推理的核心素养，通过度、分、秒的换算，发展学生数学运算的核心素养.

三、模块教学建议

1. 课时安排建议

本模块的教学，建议安排 6 课时完成. 其中第 1 课时学习直线、射线、线段的概念及性质；第 2 课时学习线段的比较与线段和差作图；第 3 课时学习角的概念及度量；第 4 课时学习角的比较与运算；第 5 课时学习余角、补角及其性质；第 6 课时对本模块内容进行综合复习.

2. 内容教学建议

本模块的教学是学生几何逻辑推理的起步，对于几何的概念、性质必须要理解，只有在理解的基础上才会运用. 教学时，要求学生把各概念、性质中的每一个词的含义都弄清楚，但不能死记硬背，比如，在教学角的概念时，强调"有公共端点""两条射线""图形"这三个词的含义，以此来明确学概念时应抓住什么.

在实施直线、射线、线段的教学时，通过问题驱动，让学生思考如何确定一条直线？过一点能画几条直线？过两点呢？学生动手实践后自主发现"两点确定一条直线"的基本事实，这样的设计有利于学生对这一基本事实的理解和接受，让学生经历"动手实践→抽象概括"的认知过程，将感性认识上升到理性认识，体会知识的产生和发展过程. "两点确定一条直线"这一基本事实是对"直线"特性的刻画，由此引出直线的表示方法，再以此为基础进行类比，进而得到射线、线段的画法和表示方法，再通过实验操作得到线段的性质"两点之间，线段最短". 教学时，教师要注意引导学生通过观察、分析、猜想、合作、交流，逐步懂得几何语言的意义，理解图形语言，建立图形与语言之间的联系，通过学生尝试探究，加强学生对概念的理解和掌握，进一步认识直线、射线、线段之间的关系和表示方法.

在实施线段大小的比较、线段的和差以及线段中点、三等分点教学时，可由教师先示范引导学生掌握尺规作图的技巧以及学生在小学时学过的用圆规去度量线段的大小以及截取线段的方法，通过本节课的学习，学生对圆规的用法有了一个新的认识，同时学会了作一条线段等于已知线段，以及线段的和或差，体会实质是线段的大小比较. 教师通过折叠再引出线段中点的概念，通过练习进一步巩固比较线段大小的方法，以及线段中点的应用. 教学中，教师要注意三种数学语言的转换和几何语言的书写，让学生体会几何语言的简洁性、逻辑性.

在实施角的概念、表示和角度换算的教学时，教师要让学生先理解角的概念，教会学生用符号正确表示角，让学生体会角的表示方法的必要性和不同表示方法的合理性. 接着教师用旋转的观点定义角，用圆规演示平角、周角的形成过程，通过平角、周角，引出角度的换算，让学生认识角的度量单位度、分、秒，会进行简单的换算和计算.

在实施角的比较与运算的教学时，教师可以将其与线段相关知识进行类比教学，既符合学生的认知规律，又有效激发学生的求知欲望和探索精神. 教学中，教师要注意培养学生几何语言的书写，这是本节课的重点和难点，还要注意培养学生建立图形与等式之间的对应关系.

在实施余角和补角的教学时，教师可以通过几何展示，探究互为余角的两角的概念以及互为补角的两角的概念，渗透方程思想和数形结合的数学思想. 教师在介绍方位角的时候，需提醒学生方位角的表示，通常是南北开始，偏东或偏西，特别注意偏45°方向的两种不同的描述.

3. 难度要求建议

本模块内容看似简单，但对学生来说是有难度的，主要体现在三个方面：一是学生从代数的学习方法转变为几何的学习方法；二是几何学习内容比较枯燥，不易产生兴趣；三是几何语言比较精炼，不易理解. 因此，教学时，教师要根据课标要求，引导学生掌握基本的概念和性质，重视规范表达和书写，不要操之过急增加繁难的题目训练，以免学生对几何学习产生畏难情绪，失去学好几何的信心.

四、模块教学案例

直线、射线、线段

一、教学目标

1. 通过现实情境，经历画图的过程，理解并掌握直线的性质，并能用几何语言描述直线.

2. 会用字母表示直线、射线、线段，会根据语言描述画出图形.

3. 借助数学活动探究"两点之间、线段最短"的基本事实.

二、教学重难点

1. 教学重点：直线公理、线段的性质.

2. 教学难点：文字语言、符号语言、图形语言的转换.

三、教学过程

(一)自主学习

1. 如图4-2-9所示.

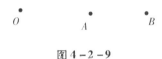

图4-2-9

(1)经过点O画直线，你能画几条?

(2)经过A，B两点画直线，你能画几条?

(3)通过画图，你能归纳得出什么结论?

2. 阅读人教版教材数学七年级上册第125~126页，学习研究直线、射线、线段的有关知识.

要求：初步了解直线、射线、线段的画法、表示及直线公理、线段公理.

(设计意图：通过借助小学所学的几何知识，并动手实践画图，从中探索发现新知，并通过阅读教材，初步了解要学习的新知)

(二)交流分享

1. 如图4-2-10所示，引导学生对自主学习中的问题1，2进行分组讨论，然后展示交流.

图4-2-10

由此得到直线的基本事实：经过两点有一条直线，并且只有一条直线.

简单地说：两点确定一条直线.

2. 在日常生活中有没有运用"两点确定一条直线"原理解决问题的例子，请举例说明，与同学分享交流.

3. 我们知道，用一个大写字母表示一个点，想一想：如何用符号表示直线？

提示：$\underset{A\qquad\quad B}{\overline{\qquad\qquad\qquad}}l$　表示为：直线 AB 或直线 BA 或直线 l.

4. 射线和线段都是直线的一部分，类比直线的表示方法，如图 $4-2-11$ 所示，如何用符号表示下列射线和线段？

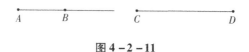

图 $4-2-11$

5. 射线 AB 是否可以记为射线 BA？为什么？

（设计意图：通过以上问题，引导学生发现"两点确定一条直线"的基本事实，体会"确定"是具有特定数学意义的词汇，具有双重性："存在"且"唯一". 通过生活实例加深学生对"两点确定一条直线"的理解，并探究得出直线、射线和线段的表示方法，渗透类比的数学思想方法，发展学生几何直观的核心素养）

（三）引导提升

1. 如图 $4-2-12$ 所示，从 A 地到 B 地有三条道路，你能否再修一条路使得从 A 地到 B 地的路程最短？如果能，请在图上画出最短路线，并说明理由.

由此得到线段的基本事实：两点的所有连线中，线段最短.

简单说成：两点之间，线段最短.

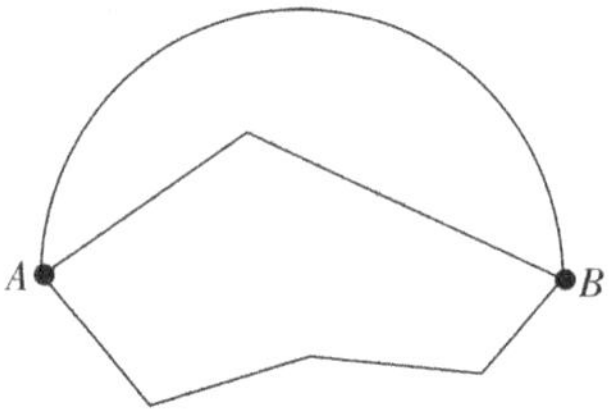

2. 如果让你选一个长度来代表 A，B 两点之间的距离，你会选哪个长度呢？

图 $4-2-12$

（规定：连接两点间的线段的长度，叫作这两点的距离）

3. 请找出生产或生活中运用"两点之间，线段最短"的实例，并与同学分享.

4. 点与直线有哪几种位置关系？如何描述它们的关系？请画图说明.

提示：

如图 $4-2-13$ 所示，点 O 在直线 l 上，也可以说直线

图 $4-2-13$

l 经过点 O.

如图 4-2-14 所示，点 O 在直线 l 外，也可以说直线

l 不经过点 O.

图 4-2-14

所以，点与直线的位置关系有两种，点在直线上或点

在直线外.

变式训练：根据下列语句画出图形：

(1) 直线 EF 经过点 C;   (2) 点 A 在直线 l 外.

5. 什么叫两条直线相交？请画图说明.

如图 4-2-15 所示，描述为"直线 a 与直线 b 相交于点 O".

当两条不同的直线有一个公共点时，我们就

称这两条直线相交，这个公共点叫作它们的

交点.

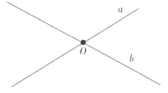

6. 根据下列语句画出图形：

(1) 直线 AB 与直线 CD 相交于点 P;

图 4-2-15

(2) 三条直线相交于一点 E.

（设计意图：通过以上问题的探讨，让学生探索发现"两点之间，线段最短"的基本事实，并通过列举生活中的实例，加深学生对这个基本事实的理解和掌握. 通过探究，学生需掌握点与直线的位置关系、直线与直线相交的知识，能将图形语言、文字语言和符号语言进行相互转化，发展其几何直观和符号意识的核心素养）

（4）归纳总结

1. 通过本节课的学习，你能用符号表示直线、射线、线段吗？它们有何区别和联系？本节课学习了哪两个基本事实？

2. 点与直线有几种位置关系？如何用符号表述？直线与直线呢？

3. 在本节课的学习中，你体会到了哪些数学思想方法？需注意哪些问题？

（五）达标反馈

1. 下列说法中，错误的是（   ）

A. 经过一点可以作无数条直线   B. 经过两点只能作一条直线

C. 一条直线只能用一个字母表示   D. 线段 CD 和线段 DC 是同一条线段

2. 下列说法中，正确的是（   ）

A. 射线 AB 和射线 BA 是同一条射线

B. 延长射线 MN 到点 C

C. 延长线段 MN 到 P ，使 $NP = 2MN$

D. 连接两点的线段叫作两点间的距离

3. 如图 $4-2-16$ 所示，从 A 地到 C 地，可供选择的方案是走水路、走陆路、走空中. 从 A 地到 B 地有 2 条水路、2 条陆路，从 B 地到 C 地有 3 条陆路可供选择，走空中从 A 地不经 B 地直接到 C 地. 则从 A 地到 C 地可供选择的方案有(　　)

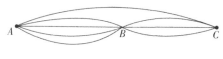

图 $4-2-16$

A. 20 种　　　　　B. 8 种　　　　　C. 5 种　　　　　D. 13 种

4. 如图 $4-2-17$ 所示，看图填空：

(1) 点 C 在直线 AB _____；点 O 在直线 BD _____；

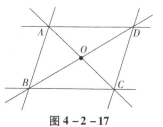

(2) 点 O 是直线 _____ 与直线 _____ 的交点；

(3) 过点 A 的直线共有 _____ 条，它们分别是 _____.

图 $4-2-17$

第三节　几何图形初步自主评估

几何图形初步自主评估试题

(时间：45 分钟　满分：100 分)

一、选择题(每小题 5 分，共 30 分)

1. 下列说法中，正确的是(　　)

A. 两条射线组成的图形叫作角

B. 两点之间，直线最短

C. 同角的余角相等

D. 如果 $AB = BC$，则点 B 是线段 AC 的中点

2. 如图 4 - 3 - 1 所示，点 A，B，C 在直线 l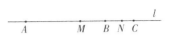
上，点 M 是线段 AC 的中点，点 N 是线段 BC 的
中点，要想求出 MN 的长度，只需要条件(   )

图 4 - 3 - 1

　A. $AB = 12$　　　　B. $BC = 4$　　　　C. $AM = 5$　　　　D. $CN = 2$

3. 如图 4 - 3 - 2 所示，在灯塔 O 处观测到轮船 A 位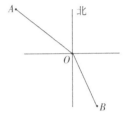
于北偏西 54°的方向，同时轮船 B 在南偏东 15°的方向，
那么 $\angle AOB$ 的度数为(   )

　A. 69°　　　　　　　　　B. 111°

　C. 141°　　　　　　　　D. 159°

图 4 - 3 - 2

4. 如图 4 - 3 - 3 所示，下列四个图形是由立体图形
展开得到的，相应的立体图形依次为(   )

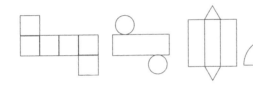

图 4 - 3 - 3

　A. 正方体、圆柱、三棱柱、圆锥　　B. 正方体、圆锥、三棱柱、圆柱

　C. 正方体、圆柱、三棱锥、圆锥　　D. 正方体、圆柱、四棱柱、圆锥

5. 如图 4 - 3 - 4 所示，直线 AB，CD 相交于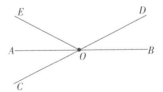
点 O，OA 平分 $\angle EOC$，$\angle EOC : \angle EOD = 1 : 2$，
则 $\angle BOD$ 等于(   )

　A. 30°　　　　　　　　　B. 36°

　C. 45°　　　　　　　　　D. 72°

图 4 - 3 - 4

6. 如图 4 - 3 - 5 所示，OC，OD 分别是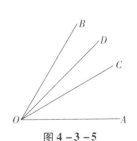
$\angle AOB$，$\angle BOC$ 的平分线，那么下列各式正确的
是(   )

　A. $\angle COD = \dfrac{1}{2} \angle AOB$

　B. $\angle AOD = \dfrac{2}{3} \angle AOB$

图 4 - 3 - 5

C. $\angle BOD = \dfrac{1}{2}\angle AOD$

D. $\angle BOC = \dfrac{2}{3}\angle AOD$

二、填空题(每小题 5 分,共 30 分)

7. 计算:$8.31° = $ _____ ° _____ ′ _____ ″.

8. 一个角的余角比这个角的补角的一半小 40°,则这个角为 _____ °.

9. 已知 A,B,C 三点在同一条直线上,M,N 分别为线段 AB,BC 的中点,且 $AB = 60$,$BC = 40$,则 MN 的长为 _____.

10. 如图 4 - 3 - 6 所示,把一张长方形纸条按如图的方式折叠后,量得 $\angle AOB' = 110°$,则 $\angle B'OC = $ _____.

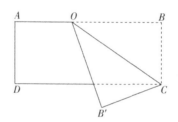

图 4 - 3 - 6

11. 火车往返于 A,B 两个城市,中途经过 4 个站点,不同的车站来往需要不同的车票,则共有 _____ 种不同的车票.

12. 如图 4 - 3 - 7 所示,将一副三角板叠放在一起,使直角顶点重合于 O,则 $\angle AOC + \angle DOB = $ _____.

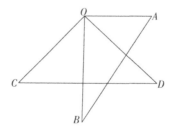

图 4 - 3 - 7

三、解答题(每小题 8 分，共 40 分)

13. 已知四点 A，B，C，D 如图 4 - 3 - 8 所示，请根据下列语句，画出图形.

图 4 - 3 - 8

(1)画直线 AB；

(2)连接 AC，BD，相交于点 O；

(3)画射线 AD，BC，交于点 P.

14. 如图 4 - 3 - 9 所示，点 M 是线段 AC 的中点，点 B 在线段 AC 上，且 AB = 4 cm，$BC = 2AB$，求线段 MC 和线段 BM 的长.

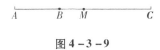

图 4 - 3 - 9

15. 一个角的补角比它的余角的 2 倍多 30°，求这个角的度数.

16. 如图 4 - 3 - 10 所示，若直线 AB 与直线 CD 交于点 O，OA 平分 $\angle COF$，$OE \perp CD$.

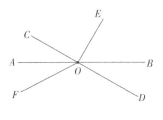

图 4 - 3 - 10

(1)写出图中与 $\angle EOB$ 互余的角；

(2)若 $\angle AOF = 30°$，求 $\angle BOE$ 和 $\angle DOF$ 的度数.

17. 如图 4 - 3 - 11 所示，OM 是 $\angle AOC$ 的平分线，ON 是 $\angle BOC$ 的平分线.

(1)如图 4 - 3 - 11(a)所示，当 $\angle AOB$ 是直角，$\angle BOC = 60°$时，$\angle MON$ 的

度数是多少?

(2)如图 4 - 3 - 11(b)所示,当∠AOB = α,∠BOC = 60°时,猜想∠MON 与 α 的数量关系;

(3)如图 4 - 3 - 11(c)所示,当∠AOB = α,∠BOC = β 时,猜想∠MON 与 α,β 有数量关系吗? 如果有,写出你的结论,并说明理由.

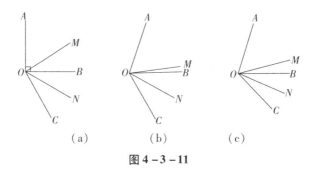

图 4 - 3 - 11

自主评估说明

请在规定时间内独立完成自主评估试题,并在老师的引导下与同伴相互批阅. 成绩 80 分以上为优秀,60 ~ 79 分为合格,低于 60 分为不合格.

自主评估结果为:＿＿＿＿＿＿＿(选填:优秀、合格、不合格).

若评估为优秀,则祝贺你可顺利进入下一单元《三角形》的学习.

若评估为合格,则建议你及时纠错,查漏补缺,再进入下一单元的学习.

若评估为不合格,则希望你在老师和同学的帮助下找出问题,给予弥补,重新评估合格后再进入下一单元的学习.

(本章内容由王靖源撰写)

第 五 章

三角形

第一节　三角形总体构思

【单元内容说明】

本单元主要包括三角形的概念及其元素、三角形的分类、三角形的三条重要线段、三角形的三边关系、三角形的内角和定理、三角形的稳定性、多边形的概念及多边形的内角和定理等内容.

本单元属于《课程标准》中"图形与几何"的课程内容，它是在学生对三角形知识已有一定了解的基础上所进行的系统研究和探讨. 三角形是最常见的几何图形，也是最简单的多边形，三角形的有关性质是后续学习全等三角形、等腰三角形、四边形、相似三角形等的重要依据，也是整个平面几何研究的基础. 三角形知识掌握得好与不好，将直接影响到后续其他几何内容的学习，也影响到学生对整个几何学习的兴趣和逻辑推理能力的发展. 因此，本单元内容的学习在整个平面几何学习中占有极其重要的地位，学生应给予足够的重视.

本单元的重点是三角形的有关概念及性质，难点是三角形三边关系及三角形内角和定理的证明.

【单元课标要求】

1. 理解三角形及其内角、外角、中线、高线、角平分线等概念，了解三角形的稳定性.

2. 探索并证明三角形的内角和定理，掌握它的推论.

3. 了解多边形的相关概念，探索并掌握多边形内角和与外角和公式.

【核心素养要求】

1. 几何直观：通过对三角形及相关概念的学习，发展学生几何直观的数学素养.

2. 逻辑推理：通过对三角形内角和、多边形内角和等定理的探究和证明，发展学生逻辑推理的数学素养.

3. 应用意识：通过运用三角形的有关知识解决生活中的实际问题，发展学生应用意识的数学素养.

【单元教学设想】

人教版数学八年级上册教科书将本单元内容划分为三节：第一节是与三角形有关的线段；第二节是与三角形有关的角；第三节是多边形及其内角和. 根据本单元的知识结构和学生的认知特点，以及教学实际，我们在保持课程内容不变的情况下，设想将原教材的三节内容进行适度的整合，重新建构为如下两个模块：

模块一 认识三角形

模块二 多边形及其内角和

本单元知识框架图，如图 5-1-1 所示.

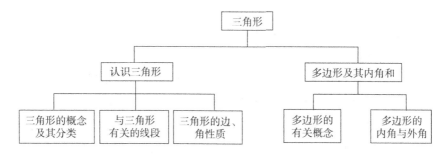

图 5-1-1 三角形知识框架图

附：

表 5-1-1 人教版《教师教学用书》教学课时安排与单元教学课时安排对比表

人教版《教师教学用书》教学课时安排	单元教学课时安排
11.1 与三角形有关的线段(2课时)	模块一 认识三角形(5课时)
11.2 与三角形有关的角(3课时)	
11.3 多边形及其内角和(2课时)	模块二 多边形及其内角和(2课时)
合计：7课时	合计：7课时

第二节 三角形教学实施

模块一 认识三角形

一、模块内容解析

本模块主要包括三角形的概念、三角形的基本元素、三角形的分类、三角形的三边关系以及三角形的内角与外角等内容.

在小学阶段，学生已初步认识了三角形的形状，会求三角形的面积，因此，本模块的学习首先应在引导学生回顾小学所学过的三角形知识的基础上，结合具体的实例引出三角形的概念；然后介绍三角形的三种语言表示——图形、文字和符号，通过数形结合，系统地认识三角形的边、角和顶点等要素，在此基础上，探索三角形的分类；然后再进一步研究三角形三边的关系及三角形重要的"三线"——中线、高线、角平分线；最后再研究三角形的内角和外角以及它们的性质定理，为后续学习多边形做好铺垫. 本模块的重点是三角形三边的关系及内角和定理.

通过对本模块内容的学习，学生不仅能加深对三角形的认识与理解，又能了解几何研究的基本思路，同时还为后续学习研究其他几何图形打好基础，因此本模块在中学数学学习中具有十分重要的地位与作用.

模块知识线索图，如图 5-2-1 所示.

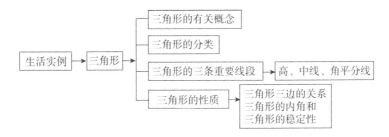

图 5-2-1　模块知识线索图

二、模块教学目标

1. 经历从具体生活实例中抽象出三角形的过程，了解学习三角形的必要性.

2. 理解三角形的相关概念，了解三角形的稳定性，并能按一定的标准将三角形进行分类.

3. 探索并证明三角形的内角和定理及其推论.

4. 会证明定理"三角形的任意两边之和大于第三边，任意两边之差小于第三边".

5. 通过对三角形的相关概念和定理的学习，增强学生的符号意识，发展学生的数学抽象和逻辑推理的核心素养.

三、模块教学建议

1. 课时安排建议

对于本模块的教学，建议安排 5 课时完成. 其中，第 1 课时学习三角形的有关概念及分类，第 2 课时学习三角形三边之间的关系，第 3 课时学习三角形的高、中线、角平分线及三角形的稳定性，第 4 课时学习三角形的内角与外角，第 5 课时对本模块内容进行综合复习.

2. 内容教学建议

本模块涉及了许多与三角形有关的概念，不必要求学生机械记忆这些概念，应根据各概念的特点分别提出不同的要求. 比如，三角形、三角形的边、内角、顶点等，只要求学生结合图形了解它们的意义；对于三角形的外角，要求学生能正确地找出一个三角形的全部外角；对于三角形的高、中线和角平分线，则不仅要求学生理解并记住概念，而且要能正确地画出一个三角形的三条高、中线和角平分线，因为如果达不到这些要求，就会影响后续课程的学习.

本模块的学习重难点是三角形的三边关系及内角和定理，突破这一重难点可以通过学生观察、测量、实验、推理和证明等多种方法帮助学生认识和理解. 这些定理的证明，使初中数学的几何学习更加符号化和更具逻辑性.

3. 难度要求建议

对于三角形的三边关系和三角形内角及外角的教学，要注意"度"的把握，按照课程标准的要求循序渐进地引导学生学习，在练习课上，不要过早出现以等腰三角形和等边三角形为背景的题目，也不要过早出现以平行四边形为背景的题目，因为学生还未学习这些知识，无法顺利找到解题的突破口，容易挫伤其学习几何的积极性.

四、模块教学案例

认识三角形——三角形及其分类

一、教学目标

1. 通过生活中的实例，认识三角形及相关概念，了解学习三角形的必要性.

2. 画出三角形，并能用文字语言和符号语言表示三角形中的各元素.

3. 借助多媒体技术认识三角形，并会把三角形按一定的标准进行分类.

二、教学重难点

1. 教学重点：认识三角形并理解与三角形相关的概念.

2. 教学难点：三角形的分类.

三、教学过程

(一)自主学习

1. 知识回顾.

(1)在小学阶段学过了三角形，请画出一个三角形.

(2)什么是三角形？它有哪些元素？你能用符号表示三角形及其元素吗？

2. 阅读人教版教材数学八年级上册第2~3页，学习研究三角形的有关概念及其分类.

要求：结合实例了解三角形的概念、三角形的表示方法及相关元素的概念.

(设计意图：回顾小学阶段所学过的三角形知识，巩固旧知，为新知学习扫清障碍；引导学生阅读教材，培养学生自学能力和探索精神)

(二)交流分享

1. 什么是三角形？请举出生活中与三角形相关的例子.

2. 如何用符号表示如图5-2-2所示的三角形？指出它的读法，并写出它的边和角.

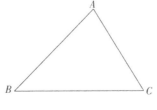

图5-2-2

3. 想一想：△ABC 的三条边之间，可能存在哪几种等量关系？你能根据三角形边的情况，对三角形进行分类吗？试一试.

提示：引导学生探索得出如下三种关系：

(1)有两边相等；(2)三边都相等；(3)三边各不相等.

由此引出等腰三角形、等边三角形和不等边三角形的概念，如图 5-2-3 所示.

等腰三角形　　　　等边三角形　　　　不等边三角形

图 5-2-3

进一步引导学生探究得出，三角形可按边进行分类，结果如下：

$$三角形 \begin{cases} 不等边三角形 \\ 等腰三角形 \begin{cases} 底与腰不等的等腰三角形 \\ 等边三角形 \end{cases} \end{cases}$$

(设计意图：通过上述问题的分享交流，使学生在小学学习的基础上进一步系统地认识三角形及其表示方法，了解其构成元素，并能按照边的特点进行三角形分类，发展学生数学抽象和数学应用的核心素养)

(三)引导提升

1. 三角形除边的元素外，还有角的元素，你能类比三角形按边的分类方法，对三角形进行按角分类吗？试一试.

引导学生对三角形的角进行探究，由此，进一步引导得出三角形按角进行分类的结果如下，图形如图 5-2-4 所示.

$$三角形 \begin{cases} 锐角三角形 \\ 直角三角形 \\ 钝角三角形 \end{cases}$$

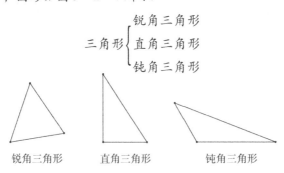

锐角三角形　　　　直角三角形　　　　钝角三角形

图 5-2-4

2. 在△ABC中，若∠A - ∠B = 90°，则△ABC是（　　　）

A. 直角三角形　　　　　　　　　B. 钝角三角形

C. 锐角三角形　　　　　　　　　D. 锐角三角形或钝角三角形

3. 如图5-2-5所示，请完成下列填空，并思考在进行三角形的分类时，需要注意哪些问题？

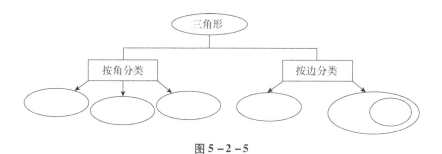

图5-2-5

（设计意图：使学生掌握三角形的两种分类方法，加深对三角形的认识，体会分类思想，发展学生数学推理的素养）

（四）归纳总结

1. 通过本节课的学习，你对三角形有了哪些新的认识？能用符号表示三角形及其元素吗？试画图说明.

2. 你能对三角形按边或按角进行分类吗？从中领悟到哪些数学思想方法？

（五）达标反馈

1. 用三根木棒两两相交拼成如下图形，其中拼成三角形的是（　　　）

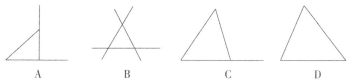

A　　　　　　　　B　　　　　　　　C　　　　　　　　D

2. 如图5-2-6所示，在△ABC中，∠BAC的对边是（　　　）

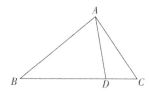

图5-2-6

A. BD　　　　　B. DC　　　　　C. BC　　　　　D. AD

81

3. 下列关于三角形按边分类的图示中，正确的是(　　)

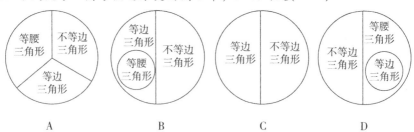

A　　　　　　　　B　　　　　　　　C　　　　　　　　D

4. 下列说法正确的是(　　)

A. 等腰三角形都是锐角三角形

B. 等边三角形属于等腰三角形

C. 不存在既是钝角三角形又是等腰三角形的三角形

D. 一个三角形里有两个锐角，则这个三角形一定是锐角三角形

5. 根据图 5 - 2 - 7 提供的信息，解答下列问题.

(1)图中共有多少个三角形？

(2)写出以 EC 为边的三角形.

(3)若有一个公共角的两个三角形称为一对"共角三角形"，则以 $\angle B$ 为公共角的"共角三角形"有哪些？

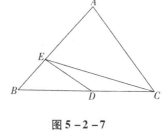

图 5 - 2 - 7

模块二　多边形及其内角和

一、模块内容解析

本模块主要包括多边形的有关概念，多边形的内角和与外角和等内容. 这些内容是在学生学习了三角形内角和、外角和的基础上的深化学习.

首先让学生通过观察生活中的图片，发现并抽象出多边形，再认识多边形的有关概念. 让学生通过类比三角形的有关概念归纳出 n 边形的边数与内角、外角的数量关系. 本模块的内容，既是三角形内角和知识的延伸，也为后续解决平行四边形、矩形、菱形、正多边形等多边形的问题提供了方法和思路. 学生通过学习本模块来培养其积极参与的习惯及探索与归纳能力，体会从简单到复杂，从特殊到一般，以及类比、转化，择优选择等重要的数学思想方法. 因此，本模块在中学数学学习中具有基础性的地位和作用.

本模块学习的重点是多边形的内角和与外角和公式.

模块知识线索图，如图 5 - 2 - 8 所示.

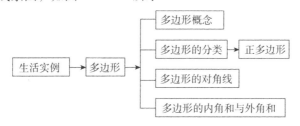

图 5 - 2 - 8　模块知识线索图

二、模块教学目标

1. 了解多边形的概念，多边形的顶点、边、对角线、内角、外角等概念.

2. 经历探究并证明多边形内角和与外角和公式的过程，从中体会类比、转化的数学思想，发展逻辑推理的素养.

三、模块教学建议

1. 课时安排建议

本模块的教学，建议安排 2 课时完成. 其中第 1 课时学习多边形及其内角和，第 2 课时对本模块内容进行综合复习.

2. 内容教学建议

通过对三角形的内角和与外角和的学习，学生在观察、推理、归纳、概括等方面已积累了一定的经验，为本模块的学习打下了坚实的基础，因此教师在实施探究学习多边形的概念和性质的教学时，可采用类比教学，找出多边形与三角形的区别与联系，突破的关键是将多边形转化为三角形进行研究.

另外，在本模块的学习中，学生对符号语言、文字语言、图形语言之间的互换还不熟练，他们的几何论证推理能力还在初步形成阶段，所以本模块的内容对学生来说，还是有一定困难的. 这就要求教师在教学时要注意由易到难、循序渐进地提升学生几何推理的能力.

3. 难度要求建议

对本模块的学习，教师要严格按照《课程标准》的要求进行教学. 教师在教学中要以凸多边形为主，尽量不要涉及与凹多边形相关的题目，题目以基础题为主，注重类比和转化思想的渗透，强调书写的规范性，避免用繁难的题目做训练.

四、模块教学案例

多边形及其内角和

一、教学目标

1. 经历从具体实例抽象出多边形的过程，了解多边形的有关概念及分类.

2. 探索并掌握多边形内角和与外角和公式，并会运用公式进行简单的计算.

3. 在探索多边形的内角和与外角和公式的过程中，体会化归思想，发展逻辑推理的核心素养.

二、教学重难点

1. 教学重点：多边形的内角和公式.

2. 教学难点：探究多边形的内角和公式.

三、教学过程

(一)自主学习

1. 如图5-2-9所示，观察下列生活中的物品图案，你从中发现有哪些基本的几何图形？

图5-2-9

2. 阅读人教版教材数学八年级上册第19~20页，学习研究"多边形的概念及其分类".

要求：初步了解多边形及多边形的对角线等概念，了解多边形的分类.

(设计意图：通过观察生活中的图案，让学生认识多边形在生活中有广泛的应用，激发学生探求新知的欲望，发展学生几何直观的数学素养)

(二)交流分享

1. 什么是多边形？什么是凸多边形？什么是凹多边形？什么是正多边形？如图5-2-10所示，请结合图形进行说明.

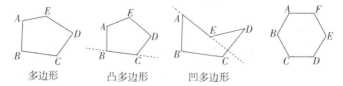

多边形　　　凸多边形　　　凹多边形

图5-2-10

想一想：你能说出上面最后一个多边形属于哪一类吗？

2. 结合图形说明：什么叫多边形的内角？什么叫多边形的外角？什么是多边形的对角线？

想一想：六边形有几个内角？有几个外角？从多边形的一个顶点出发可以引几条对角线？n 边形呢？

3. 探究：四边形的内角和等于多少？五边形呢？六边形呢？

猜想：n 边形的内角和等于多少？试证明你的猜想.

（设计意图：通过上述问题的解答，让学生探索发现多边形的内角和与多边形的边数 n 的关系，发展学生几何直观、数学抽象和逻辑推理等数学素养）

（三）引导提升

1. 通过前面的探究，你发现 n 边形的内角和与它的边数 n 之间有何关系？说明理由.

提示：引导学生用多种方法探究发现"n 边形的内角和 $=(n-2) \times 180°$".

2. 如图 $5-2-11$ 所示，在六边形的每个顶点处各取一个外角，这些外角的和叫作六边形的外角和. 计算六边形的外角和等于多少？

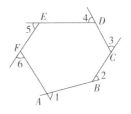

图 $5-2-11$

变式：如图 $5-2-12$ 所示，由六边形外角和的探究，你能类比探究 n 边形的外角和吗？

提示：n 边形外角和 $=n \times 180° - (n-2) \times 180° = 360°$.

（设计意图：通过上述问题的探讨，使学生进一步加深对多边形的内角和与外角和公式的理解和掌握，渗透从特殊到一般以及化归的思想方法，培养学生从多角度观察发现问题、提出和解决问题的能力，进一步发展学生逻辑推理的数学素养）

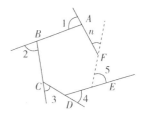

图 $5-2-12$

（四）归纳总结

1. 通过本节课的学习，你对多边形有了哪些新的认识？说出来与同伴分享.

2. 在探索多边形内角和公式中，体现了哪些思想方法？你从中获得了哪些经验？

（五）达标反馈

1. 八边形的内角和为_____，外角和为_____.

2. 如果一个多边形的内角和是1440°，那么这个多边形是_____边形.

3. 已知一个多边形的每一个外角都是72°，则这个多边形的边数为_____.

4. 已知一个正多边形的内角是150°，则这个正多边形的边数为_____.

第三节　三角形自主评估

三角形自主评估试题

(时间：45分钟　总分：100分)

一、选择题(每小题5分，共30分)

1. 下列每组数分别是三根小木棒的长度(单位：厘米)，用它们能摆出三角形的是(　　)

A. 1，2，1　　　　B. 1，2，2　　　　C. 2，2，5　　　　D. 2，3，5

2. 如图 5 - 3 - 1 所示，在△ABC 中，∠C = 90°，点 D 在 AC 上，DE∥AB，若∠CDE = 165°，则∠B 的度数为(　　)

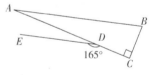

A. 15°　　　　　　　　　　　　B. 55°

C. 65°　　　　　　　　　　　　D. 75°

图 5 - 3 - 1

3. 一个多边形的每一个内角都等于144°，则这个多边形的内角和是(　　)

A. 720°　　　　B. 900°　　　　C. 1440°　　　　D. 1620°

4. 如图 5 - 3 - 2 所示，△ABC 中，∠ABC = 50°，∠BAC = 60°，BO，AO 分别平分∠ABC 和∠BAC，则∠BCO 的大小为(　　)

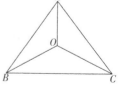

A. 35°　　　　　　　　　　　　B. 40°

C. 55°　　　　　　　　　　　　D. 60°

图 5 - 3 - 2

5. 如图 5-3-4 所示，线段 *AD* 把△*ABC* 分为面积相等的两部分，则线段 *AD* 是(　　)

A. 三角形的角平分线

B. 三角形的中线

C. 三角形的高

D. 以上都不对

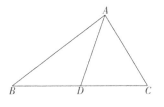

图 5-3-4

6. 如图 5-3-5 所示，已知△*ABC* 为直角三角形，∠*B* = 90°，若沿图中虚线剪去∠*B*，则∠1 + ∠2 等于(　　)

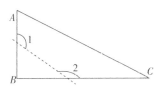

图 5-3-5

A. 90°　　　　　B. 135°　　　　　C. 270°　　　　　D. 315°

二、填空题(每小题 5 分，共 30 分)

7. 两根木棒的长度分别为 7 cm 和 10 cm，要选择第三根木棒，把它们钉成一个三角形框架，则第三根木棒的长度的取值范围为_____.

8. 如图 5-3-6 所示，∠1 + ∠2 + ∠3 + ∠4 + ∠5 = _____度.

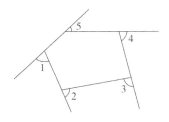

图 5-3-6

9. 一个正多边形的外角为45°，则这个正多边形的边数是_____.

10. 如图 5 - 3 - 7 所示，$m \parallel n$，$\angle 1 = 110°$，$\angle 2 = 100°$，则 $\angle 3$ = _____.

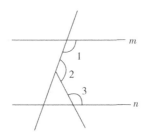

图 5 - 3 - 7

11. 若 $\triangle ABC$ 的三个内角之比为 $3 : 4 : 5$，则最大内角为_____.

12. 如图 5 - 3 - 8 所示，已知正五边形 $ABCDE$，$l_1 \parallel l_2$，则 $\angle 1$ - $\angle 2 = $ _____.

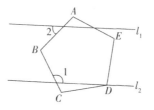

图 5 - 3 - 8

三、解答题(每小题 8 分，共 40 分)

13. 如图 5 - 3 - 9 所示，已知 $\triangle ABC$，请根据要求解答问题.

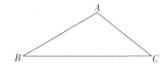

图 5 - 3 - 9

(1)画 $\triangle ABC$ 的中线 CD；

(2)画 $\triangle ABC$ 的角平分线 AE；

(3)画 $\triangle ABC$ 的高 BF；

(4)画出把 $\triangle ABC$ 沿射线 BF 方向平移 1cm 后得到的 $\triangle A_1B_1C_1$.

14. 已知 $\triangle ABC$ 中，$AB = 9$，$AC = 2$，且 BC 边的长为偶数，求 $\triangle ABC$ 的

周长.

15. 如图 5 - 3 - 10 所示，$AD \perp BD$，AE 平分 $\angle BAD$，$\angle B = 30°$，$\angle ACD = 70°$，求 $\angle EAB$ 和 $\angle CAE$ 的度数.

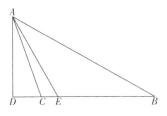

图 5 - 3 - 10

16. 如图 5 - 3 - 11 所示，在等边三角形 ABC 中，$AD \perp BC$ 于点 D，以 AD 为一边向右作等边三角形 ADE.

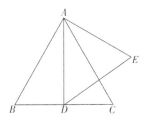

图 5 - 3 - 11

（1）若 $AB = 4$，求 $\triangle ABC$ 的面积 S；

（2）判断 AC，DE 的位置关系，并给出证明.

17. 如图 5 - 3 - 12 所示，已知 OE 平分 $\angle MON$，点 A，B，C 分别是射线 OM，OE，ON 上的动点（A，B，C 不与点 O 重合），连接 AC 交射线 OE 于点 D. 若 $\angle MON = 36°$，$\angle OAC = x°$.

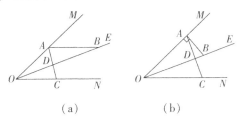

（a）　　　　　（b）

图 5 - 3 - 12

（1）如图 5 - 3 - 12（a）所示，若 $AB \parallel ON$，则：① $\angle ABO$ 的度数是 _____；② 当 $\angle BAD = \angle ABD$ 时，$x = $ _____；当 $\angle BAD = \angle BDA$ 时，$x = $ _____.

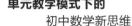

（2）如图 5 - 3 - 12（b）所示，若 $AB \perp OM$，则是否存在这样的 x 的值，使得 $\triangle ADB$ 中有两个相等的角？若存在，求出 x 的值；若不存在，请说明理由.

自主评估说明

请在规定时间内独立完成自主评估试题，并在老师的引导下与同伴相互批阅. 成绩 80 分以上为优秀，60 ~ 79 分为合格，低于 60 分为不合格.

自主评估结果为：_____（选填：优秀、合格、不合格）.

若评估为优秀，则祝贺你可顺利进入下一单元《全等三角形》的学习.

若评估为合格，则建议你及时纠错，查漏补缺，再进入下一单元的学习.

若评估为不合格，则希望你在老师和同学的帮助下找出问题，给予弥补，重新评估合格后再进入下一单元的学习.

（本章内容由焦攀撰写）

第六章

全等三角形

第一节　全等三角形总体构思

【单元内容说明】

本单元主要包括全等形、全等三角形等相关概念，全等三角形的性质与判定，以及角平分线的性质等内容．

本单元属于《课程标准》中"图形与几何"的课程内容，它是在学习了线段、角、相交线与平行线以及三角形等几何知识的基础上，进一步研究两个平面图形的关系，主要研究两个三角形的全等．这些内容既是学习相似三角形的重要基础，也是判断线段相等和角相等的重要依据，同时是后面学习等腰三角形、四边形、圆等几何知识的基础．本单元在探究两个图形全等的过程中，渗透了研究几何图形的基本思路和方法，这对培养学生的符号意识、几何直观、逻辑推理能力等起着极其重要的作用．

本单元的重点是全等三角形的性质和判定方法，难点是运用全等三角形的性质和判定方法解决有关几何证明的问题．

【单元课标要求】

1. 理解全等三角形的概念，能识别全等三角形中的对应边、对应角．

2. 掌握基本事实：两边和它们的夹角分别相等的两个三角形全等．

3. 掌握基本事实：两角和它们的夹边分别相等的两个三角形全等．

4. 掌握基本事实：三边分别相等的两个三角形全等．

5. 证明：两角和其中一个角的对边分别相等的两个三角形全等．

6. 探索并证明角平分线的性质：角的平分线上的点到角的两边的距离相等. 掌握角的内部到角的两边的距离相等的点在角的平分线上.

7. 探索并掌握判定直角三角形全等的"斜边、直角边"定理.

【核心素养要求】

1. 几何直观：通过全等形和全等三角形概念的探索，发展几何直观的素养.

2. 逻辑推理：通过全等三角形的性质与判定的学习，发展逻辑推理的素养.

3. 应用意识：通过运用全等三角形的有关知识解决生活和数学中的问题，发展应用意识的素养.

【单元教学设想】

人教版数学八年级上册教科书将本单元划分为三节：第一节全等三角形；第二节三角形全等的判定；第三节角的平分线的性质. 根据本单元的知识结构特点和学生的认知特点，以及教学实际，我们在保持课程内容不变的情况下，设想将原教材的三节内容进行适度的整合，重新建构为如下两个模块：

模块一　全等三角形的性质与判定

模块二　角的平分线的性质

本单元知识框架，如图 6 - 1 - 1 所示.

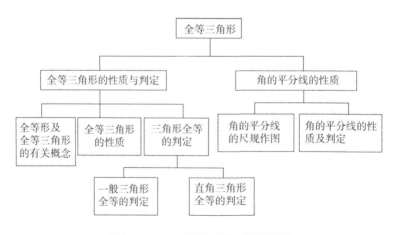

图 6 - 1 - 1　全等三角形知识框架图

附：

表 6 - 1 - 1　人教版《教师教学用书》教学课时安排与单元教学课时安排对比表

人教版《教师教学用书》教学课时安排	单元教学课时安排
12.1　全等三角形(1 课时)	模块一　全等三角形的性质与判定
12.2　三角形全等的判定(6 课时)	(5 课时)
12.3　角的平分线的性质(2 课时)	模块二　角的平分线的性质(2 课时)
合计：9 课时	合计：7 课时

第二节　全等三角形教学实施

模块一　全等三角形的性质与判定

一、模块内容解析

本模块主要包括全等形、全等三角形的相关概念以及全等三角形的性质与判定等内容. 全等形及全等三角形的概念是本模块的基础，全等三角形的性质与判定是本模块的重点，也是本单元学习的重要内容. 而探索三角形全等的判定条件是本模块学习的难点.

在学习本模块的过程中，学生充分经历探究三角形全等的概念、性质、判定和应用的全过程，通过猜想、画图、测量、实验、分析、推理、归纳等方法掌握两个三角形全等的性质和判定，进一步培养推理论证的能力，规范书写习惯.

本模块的内容为角平分线的性质与判定的学习打下了基础，也为后续学习轴对称和等腰三角形等知识做了铺垫，在中学数学中起着承上启下的作用.

模块知识线索图，如图 6 - 2 - 1 所示.

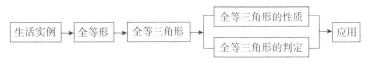

图 6 - 2 - 1　模块知识线索图

二、模块教学目标

1. 通过具体实例，理解全等图形与全等三角形的有关概念，能识别全等三角形中的对应顶点、对应边、对应角，并能用符号表示它们.

2. 掌握全等三角形的性质，并能够运用相应的性质解决有关推理问题.

3. 经历探索三角形全等条件的过程，掌握判定三角形全等的基本事实（即"SSS""SAS""ASA"）以及"AAS"和"HL"，能判定两个三角形全等.

4. 能利用三角形全等的有关性质及判定方法证明一些结论.

5. 通过全等三角形的学习，增强符号意识，发展数学抽象和逻辑推理的素养.

三、模块教学建议

1. 课时安排建议

本模块的教学，建议安排 5 课时完成. 其中，第 1 课时学习全等形、全等三角形及其性质；第 2 课时学习探索三角形全等的条件；第 3 课时学习直角三角形全等的判定；第 4 课时掌握全等三角形的性质与判定的运用；第 5 课时对本模块进行综合复习.

2. 内容教学建议

本模块是在小学学习图形与几何的基础上的进一步深化学习，教师需首先弄清楚《课程标准》的教学要求，然后再从学生已有的生活经验和学习认知经验出发，引导学生学习新知识. 首先，教师通过让学生观察生活实例，使学生感受生活中存在着大量的全等图形，并发现其特点，由此自然地归纳得出全等图形和全等三角形的概念及表示方法. 然后，教师通过让学生动手实践和合作交流，归纳得出全等三角形的性质. 最后，教师引导学生探究判定三角形全等的条件. 教师在教学时，先探索一般三角形全等的条件，使学生经历探索一般三角形全等条件的全过程，再探究特殊的直角三角形全等的条件. 在探究三角形全等的过程中，教师要尽可能让学生经历知识的探索和生成过程. 教师通过让学生画一画、剪一剪，比一比、拼一拼，以及推理论证等，使学生了解并掌握研究几何的基本方法，积累数学活动经验，构建知识体系.

另外，本模块将开始严谨的几何证明，尽可能采取小步子前进的方法安排推理训练. 首先直接给出三个条件，让学生证明两个三角形全等；然后逐步减少直接条件，增加隐含信息，让学生学会寻找边角关系，为证明三角形全等创造条件.

本模块内容是本单元的重点内容，也是整个几何知识学习的基础，教师需尽可能让学生熟练掌握一些基本的推理方法和技巧，使学生养成步步有据、规范书写的习惯.

3. 难度要求建议

在探究三角形全等的判定方法时，教科书都是通过画图验证的，而没有要求严格的证明. 教师在教学时需注重利用分类思想引导学生通过画图、找图、拼图，然后观察、比较、实验、猜想、推理，从三角形对应元素相等的条件中，由少到多逐步探索得出判定三角形全等的条件. 教师选择的练习题目不宜过难，对文字命题的证明也不宜过多，可以在后续学习中逐步提高难度要求.

四、模块教学案例

三角形全等及其性质

一、教学目标

1. 经历从具体的生活实例抽象出全等形和全等三角形的过程，了解学习全等形和全等三角形的必要性.

2. 了解全等三角形的概念及表示方法，发展数学符号意识.

3. 掌握全等三角形对应边、对应角相等的性质.

二、教学重难点

1. 教学重点：全等三角形的概念及性质.

2. 教学难点：找出全等三角形的对应边与对应角.

三、教学过程

(一)自主学习

1. 如图 6-2-2 所示，观察下面各组图形(投影显示)，并回答问题.

(a)　　　　　　(b)　　　　　(c)

图 6-2-2

(1)上面各组图中，两个图形有何共同特点？你能再举一些类似的例子吗？

(2)把各组中的两个图形叠放在一起，它们能够完全重合吗？

(3)能够完全重合的两个图形叫作什么图形？

2. 阅读人教版教材数学八年级上册第 31~32 页，学习研究全等形与全等三角形的有关概念.

要求：借助实例了解全等形与全等三角形的概念、全等三角形的表示方法及相关元素的概念.

（设计意图：通过对一些全等图案的观察，让学生感受生活中的全等图形，体会学习全等形的必要性. 通过阅读教材，初步了解全等形和全等三角形的概念）

（二）交流分享

1. 什么叫全等形？什么叫全等三角形？请举例说明.

2. 如图 6-2-3 所示，若 △ABC 与 △DEF 全等，则可记作：_____；其中对应顶点有_____；对应边有_____；对应角有_____.

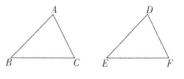

图 6-2-3

3. 如图 6-2-4 所示，已知 △ABC ≌ △ABD，则 AD 的对应边是_____；AB 的对应边是_____；∠DAB 的对应角是_____；∠CBA 的对应角是_____.

（设计意图：通过以上问题的交流分享，掌握全等形和全等三角形的有关概念，准确找出对应顶点、对应边和对应角，发展几何直观的核心素养）

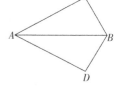

图 6-2-4

（三）引导提升

1. 画出两个全等三角形，并观察它们的对应边、对应角，你发现它们各有什么数量关系？再利用投影片演示两个三角形重合的过程，由此归纳得到：

全等三角形的性质：全等三角形的对应边相等，对应角相等.

用几何语言表示为：

如图 6-2-3 所示，∵ △ABC ≌ △DEF，

∴ AB = DE，BC = EF，AC = DF，

∠A = ∠D，∠B = ∠E，∠C = ∠F.

如图 6-2-5 所示，已知 △AOB ≌ △COD，

则 AO = _____，OB = _____，

AB = _____；

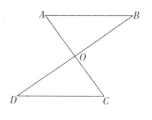

图 6-2-5

$\angle A =$ _____ , $\angle B =$ _____ , $\angle AOB =$ _____.

2. 如图 6 - 2 - 6 所示，已知 $\triangle EFG \cong \triangle NMH$，$\angle F$ 和 $\angle M$ 是对应角.

(1)FG 与 MH 平行吗？为什么？

(2)判断线段 EH 与 NG 的大小关系，并说明理由.

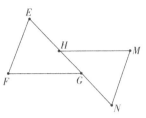

图 6 - 2 - 6

(设计意图：通过上述问题的学习研究，使学生掌握全等三角形的性质，加深学生对全等三角形及全等三角形的对应边、对应角的正确理解和掌握，并会运用相关性质解决简单的几何推理问题，发展学生几何直观和逻辑推理的数学素养)

(四)归纳总结

1. 通过本节课的学习，你能说出什么是全等形，什么是全等三角形吗？你能用符号表示全等三角形吗？试举例说明.

2. 怎样准确快速找出图形中全等三角形的对应边、对应角？

3. 全等形在生活中有哪些应用？请说出来与同伴进行分享.

(五)达标反馈

1. 下列各组图形中，不是全等形的是(   )

A   B   C   D

2. 如图 6 - 2 - 7 所示，已知 $\triangle ABD \cong \triangle CDB$，写出其对应边和对应角.

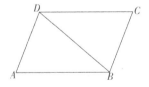

图 6 - 2 - 7

3. 如图 6 - 2 - 8 所示，$\triangle ABC \cong \triangle DEF$，$BE = 3$，$AE = 2$，则 DE 的长是(   )

A. 5   B. 4

C. 3   D. 2

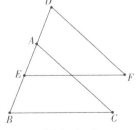

图 6 - 2 - 8

模块二 角的平分线的性质

一、模块内容解析

本模块主要包括角平分线的尺规作图和角的平分线的性质及判定等内容.

本模块内容是全等三角形知识的应用. 首先从分析平分角的仪器的工作原理入手进行研究, 从中抽象出角的平分线的数学模型, 并引出作角平分线的尺规作图方法. 在此基础上进一步探究角的平分线的性质. 角的平分线的性质是证明两条线段相等的一种新方法, 它为后续学习提供了使用角的平分线的一种重要模式——利用角的平分线构造两个全等的直角三角形, 进而证明相关元素对应相等. 因此, 角的平分线的性质是本模块学习的重点.

通过探究角的平分线的性质, 引导学生归纳出证明几何命题的基本步骤: 一是明确题设和结论; 二是根据题意画出图形, 并用符号表示已知和求证; 三是经过分析推理, 写出证明过程. 接下来, 再引导学生尝试说出角的平分线的判定, 并自主进行证明. 本模块既是对前一模块所学全等三角形的性质与判定的应用, 又为后续学习线段垂直平分线的性质提供了思路和方法, 因此, 本模块在中学数学学习中具有十分重要的地位和作用.

模块知识线索图, 如图 6-2-9 所示.

图 6-2-9　模块知识线索图

二、模块教学目标

1. 借助平分角的仪器的工作原理, 掌握用尺规作一个已知角的平分线的基本方法.

2. 探索并证明角的平分线的性质和判定, 并能运用它们解决一些问题.

3. 在探究角的平分线的性质和判定的过程中, 发展学生几何直观和逻辑推理的数学素养.

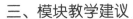

三、模块教学建议

1. 课时安排建议

本模块的教学，建议安排 2 课时完成．其中，第 1 课时学习角的平分线的尺规作图法、角平分线的性质及判定；第 2 课时对本模块内容进行综合复习．

2. 内容教学建议

本模块的教学，通过对平分角的仪器的演示和观察，从中抽象得出两个全等的数学模型，并运用全等三角形的知识解释平分角的仪器的工作原理，体会数学的应用价值和尺规作图法的合理性．在实施角平分线的性质的教学时，让学生经历作图、测量、猜想并证明得出角的平分线的性质的过程，在作图时教师要强调是任意角的平分线，而且是在角的平分线上取的任意一点向角两边作垂线，让学生观察其垂线段的大小关系．本模块的教学，一定要让学生多动手操作，多用眼观察，多用脑猜想，并进行严格的规范证明，使其掌握证明一个命题的基本方法．

3. 难度要求建议

角的平分线的性质和判定是以文字命题的形式给出的，其条件和结论具有一定的隐蔽性，这对学生来说会感到十分困难．教师在教学时要注重引导学生分析性质中的条件和结论，让学生先将命题改写为"如果……那么……"的形式，这样更容易找出隐含条件．通过本模块的学习，学生要能够将一个文字命题转化为图形语言或符号语言，并能正确写出已知、求证和证明．建议所涉及的命题不宜太难和太烦琐，在后面学习平行四边形相关内容时再逐步提升难度．

四、模块教学案例

角的平分线的性质

一、教学目标

1. 掌握角平分线的性质与判定，会用尺规作一个已知角的平分线．

2. 通过操作、观察、猜想、推理论证得出角的平分线的性质的推导过程，明确数学命题证明的一般方法，渗透化归的数学思想方法，发展几何推理的素养．

二、教学重点、难点

学习重点：用尺规作一个角的平分线，角的平分线的性质及判定．

学习难点：角的平分线的性质的证明．

三、教学过程

(一)自主学习

1. 知识回顾：什么叫角的平分线？试画图说明.

2. 阅读人教版教材数学八年级上册第 48～50 页，学习研究角的平分线的尺规作图方法及其性质和判定.

要求：初步理解角的平分线的尺规作图方法及其性质定理和逆定理.

(设计意图：通过回顾角的平分线的概念，为探究新知识做准备，并通过阅读教材自主学习角平分线的尺规作图方法及其性质)

(二)交流分享

1. 如何准确地画出一个角的平分线？工人师傅常用如图 6-2-10 所示的简易平分角的仪器来画角的平分线，让学生出示并演示平分角的仪器模型，并介绍该仪器的制作原理：

如图 6-2-10 所示，即 $AB = AD$，$BC = DC$，将 A 点放在角的顶点处，AB 和 AD 沿角的两边放下，过 AC 画一条射线 AE，则 AE 即为 $\angle BAD$ 的平分线. 你知道其中的道理吗？

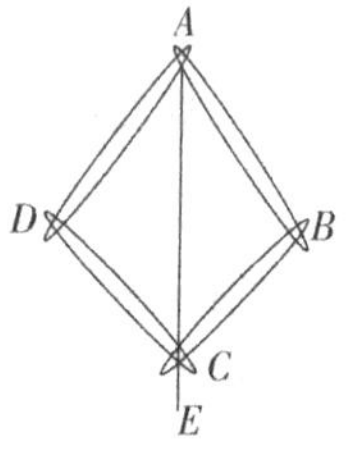

分析：要证 AC 为 $\angle BAD$ 的平分线，就是要证 $\angle BAC = \angle DAC$.

在 $\triangle ABC$ 和 $\triangle ADC$ 中，

$$\because \begin{cases} AB = AD, \\ AC = AC, \\ BC = DC, \end{cases} \quad \therefore \triangle ABC \cong \triangle ADC(\text{SSS}).$$

图 6-2-10

$\therefore \angle BAC = \angle DAC$，即射线 AE 就是 $\angle DAB$ 的平分线.

2. 借助简易平分角的仪器的原理，你能用尺规画一个角的平分线吗？

提示：让学生独立思考后再分组交流，然后再选派学生上台分享用尺规画一个角的平分线的作法，并画图示范，如图 6-2-11 所示.

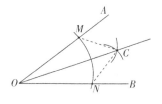

已知：$\angle AOB$.

求作：$\angle AOB$ 的平分线 OC.

图 6-2-11

作法：

(1) 以 O 为圆心，适当长为半径作弧，分别交 OA，OB 于 M，N.

(2) 分别以 M，N 为圆心，大于 $\frac{1}{2}MN$ 的长为半径作弧，两弧在 $\angle AOB$ 内部交于点 C.

(3)作射线 OC，则射线 OC 即为所求.

(设计意图：通过以上问题的探究，让学生借助平分角的仪器的原理，掌握用尺规画一个角的平分线的方法，体会从生活中抽象出数学模型的过程，发展数学抽象和逻辑推理的数学素养)

(三)引导提升

1. 利用尺规可以作一个角的平分线，那么角的平分线除具有将一个角分成两个相等的角外，它还有什么性质呢？

探究活动：如图 $6-2-12$ 所示，任意画一个角 $\angle AOB$，并作出它的角平分线 OC，在 OC 上任意取一点 P，作 $PD \perp OA$，$PE \perp OB$，垂足分别为 D、E. 观察图形，猜想 PD，PE 之间有何数量关系？如何验证你的猜想？你能用语言表述你的猜想吗？

提示：引导学生猜想得出结论 $PD = PE$. 用文字语言表述为："角的平分线上的点到角的两边的距离相等".

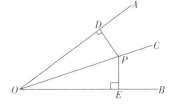

图 $6-2-12$

思考1：你能证明上述结论吗？

提示：引导学生先明确命题的题设和结论，然后根据题意画出图形，并写出已知和求证，最后分析思路，写出证明过程.

思考2：由角的平分线的性质的证明过程，你能归纳出证明几何命题的一般步骤吗？

提示：引导学生归纳得出如下步骤：

(1)明确命题中的已知和求证；

(2)根据题意，画出图形，并用数学符号表示已知和求证；

(3)经过分析，找出由已知推出求证的途径，写出证明过程.

思考3：角的平分线的性质的作用是什么？

提示：主要是用于快速地判断和证明两条线段相等，与以前的方法相比，运用该性质不需要先证两个三角形全等.

2. 将角的平分线的性质中的题设和结论交换，你能得到什么结论？这个新结论正确吗？试说明理由.

提示：(1)角的内部到角的两边距离相等的点在角的平分线上；(2)分清题设和结论，并画出图形，写出已知和求证，写出证明过程.

思考：这个结论与角的平分线的性质在应用上有什么不同？

提示：它们互逆，这个结论可以判定某线是不是角的平分线（或证明两个角相等），而角的平分线的性质可用来证明两条线段相等.

3. 学以致用.

(1) 如图6-2-13所示，OC 平分 $\angle AOB$，点 P 在 OC 上，$PD \perp OA$，垂足为 D. 若 $PD = 3$，则点 P 到 OB 的距离为_____.

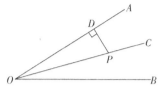

(2) 如图6-2-14所示，若 $QM = QN$，则 OQ 平分 $\angle AOB$ 吗？为什么？

图6-2-13

（设计意图：进一步引导学生掌握角的平分线的性质和判定，并经历实验→猜想→证明→归纳的全过程，了解证明性质和判定的基本步骤和方法，培养学生的动手操作能力和观察能力，发展其数学抽象和逻辑推理的核心素养）

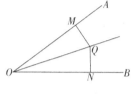

图6-2-14

（四）归纳总结

1. 通过本节课的学习，你对角的平分线有了哪些新的认识？

2. 你能用尺规作图作一个角的平分线吗？能说出角平分线的性质定理和它的逆定理吗？能用符号把它们表示出来吗？结合图形进行说明.

3. 在本节课的学习中，你获得了哪些学习经验，领悟到了哪些数学思想方法？请说出来与同伴进行分享.

（五）达标反馈

1. 如图6-2-15所示，在 $\triangle ABC$ 中，$\angle ABC = 50°$，$\angle ACB = 60°$，点 E 在 BC 的延长线上，$\angle ABC$ 的平分线 BD 与 $\angle ACE$ 的平分线 CD 相交于点 D，连接 AD，则下列结论正确的是（　　）

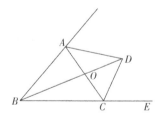

A. $\angle BAC = 60°$　　B. $\angle DOC = 85°$

C. $BC = CD$　　　　D. $AC = AB$

图6-2-15

2. 为促进旅游发展，某地计划在三条公路围成的一块平地上修建一个度假村，如图6-2-16所示，要使度假村到三条公路的距离相等，则这个度假村应修建在（　　）

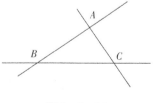

A. $\triangle ABC$ 三条高线的交点处

图6-2-16

B. △*ABC* 三条角平分线的交点处

C. △*ABC* 三条中线的交点处

D. △*ABC* 三边垂直平分线的交点处

3. 如图 6 - 2 - 17 所示，*BD* 是 ∠*ABC* 的平分线，*DE* ⊥ *AB* 于 *E*，$S_{\triangle ABC}$ = 36 cm²，*AB* = 18 cm，*BC* = 12 cm，求 *DE* 的长．

4. 如图 6 - 2 - 18 所示，已知 *BE* = *CF*，*DE* ⊥ *AB*，交 *AB* 的延长线于点 *E*，*DF* ⊥ *AC* 于点 *F*，且 *DB* = *DC*．求证：*AD* 是 ∠*BAC* 的平分线．

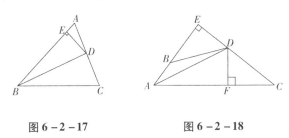

图 6 - 2 - 17   图 6 - 2 - 18

第三节　全等三角形自主评估

全等三角形自主评估试题

(时间：45 分钟　满分：100 分)

一、选择题(每小题 5 分，共 30 分)

1. 如图 6 - 3 - 1 所示，已知图中的两个三角形全等，则 ∠*α* 的度数是(　　)

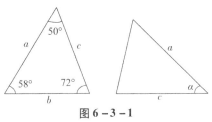

图 6 - 3 - 1

A. 50°　　　　　B. 58°　　　　　C. 60°　　　　　D. 72°

2. 观察用直尺和圆规作一个角等于已知角的示意图，如图 6 - 3 - 2 所示，请根据三角形全等的有关知识，说明所画出的 $\angle A'O'B' = \angle AOB$ 的依据是(   )

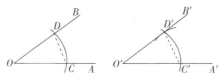

图 6 - 3 - 2

A. SAS   B. ASA   C. AAS   D. SSS

3. 如图 6 - 3 - 3 所示，在 $\triangle ABC$ 中，$\angle ABC$ 和 $\angle ACB$ 的平分线相交于点 F，过 F 作 $DE/\!/BC$，交 AB 于点 D，交 AC 于点 E. 若 $BD = 4$，$DE = 7$，则线段 EC 的长为(   )

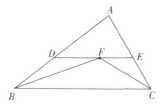

图 6 - 3 - 3

A. 4   B. 3.5   C. 3   D. 2

4. 如图 6 - 3 - 4 所示，已知点 A，D，C，F 在同一条直线上，$AB = DE$，$BC = EF$，要使 $\triangle ABC \cong \triangle DEF$，还需要添加一个条件，这个条件可以是(   )

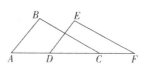

图 6 - 3 - 4

A. $\angle BCA = \angle F$ B. $BC /\!/ EF$

C. $\angle A = \angle EDF$ D. $AD = CF$

5. 如图 6 - 3 - 5 所示，在 $\triangle ABC$ 中，$AB = AC = 12$ cm（此时 $\angle B = \angle C$），$BC = 9$ cm，点 D 为 AB 的中点. 如果点 P 在线段 BC 上以 v cm/s 的速度由 B 点向 C 点运动，同时，点 Q 以 3 cm/s 的速度在线段 CA 上由 C 点向 A 点运动. 则当 $\triangle BPD$ 与 $\triangle CQP$ 全等时，v 的值为(   )

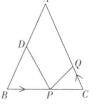

图 6 - 3 - 5

A. 2.25   B. 3

C. 2.25 或 3   D. 1 或 5

6. 如图 6 - 3 - 6 所示，在 $\triangle ABC$ 中，P，Q 分别是 BC，AC 上的点，作 PR

$\perp AB$，$PS \perp AC$，垂足分别是 R，S，且 $AQ = PQ$，$PR =$
PS. 下面有三个结论：

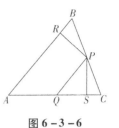

①$AS = AR$；②$PQ \parallel AB$；③$\triangle BRP \cong \triangle CSP$.

其中正确的是(　　　)

A. ①②

B. ②③

C. ①③

D. ①②③

图 6 - 3 - 6

二、填空题(每小题 5 分，共 30 分)

7. 如图 6 - 3 - 7 所示，$\angle ABC = \angle DAB$，若以"SAS"为依据，使 $\triangle ABC \cong$
$\triangle BAD$，则还需要添加一个条件是_____.

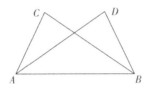

图 6 - 3 - 7

8. 如图 6 - 3 - 8 所示，$\triangle AEB \cong \triangle DFC$，$AE \perp CB$，$DF \perp BC$，垂足分别为
E，F，且 $AE = DF$，若 $\angle C = 28°$，则 $\angle A =$ _____.

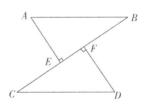

图 6 - 3 - 8

9. 如图 6 - 3 - 9 所示，有 6 个条形方格图，其中由实线围成的图形中，全
等图形有：①与_____；②与_____.

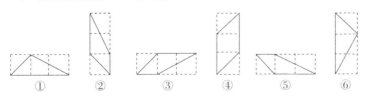

①　　　②　　　③　　　④　　　⑤　　　⑥

图 6 - 3 - 9

10. 如图 6 – 3 – 10 所示，$\angle ADE = \angle BDE = 15°$，$EF /\!/ DB$，$EC \perp DB$ 于点 C，若 $EC = 1$，则 DF = _____.

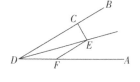

图 6 – 3 – 10

11. 如图 6 – 3 – 11 所示，四边形 $ABCD$ 中，$\angle BAD = \angle C = 90°$，$AB = AD$，$AE \perp BC$，垂足为 E，若线段 $AE = 3$，则四边形 $ABCD$ 的面积是_____.

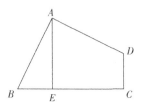

图 6 – 3 – 11

11. 如图 6 – 3 – 12 所示，在长方形 $ABCD$ 中，$AB = 4$，$AD = 6$. 延长 BC 到点 E，使 $CE = 2$，连接 DE，动点 P 从点 B 出发，以每秒 2 个单位长度的速度沿 $BC - CD - DA$ 向终点 A 运动，设点 P 的运动时间为 t 秒，当 $t =$ _____时，$\triangle ABP$ 和 $\triangle DCE$ 全等.

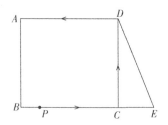

图 6 – 3 – 12

三、解答题（每小题 8 分，共 40 分）

13. 如图 6 – 3 – 13 所示，完成下列推理过程.

已知：点 E 在 $\triangle ABC$ 外部，点 D 在 BC 边上，DE 交 AC 于 F，若 $\angle 1 = \angle 3$，$\angle E = \angle C$，$AE = AC$.

求证：$\triangle ABC \cong \triangle ADE$.

证明：$\because \angle E = \angle C$，$\angle AFE = \angle DFC$（_____），

$\therefore \angle 2 = \angle 3$（_____）.

又$\because \angle 1 = \angle 3$（_____），

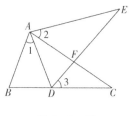

图 6 – 3 – 13

$\therefore$ $\angle 1 = \angle 2$（等量代换），

$\therefore$ ___ $+ \angle DAC =$ ___ $+ \angle DAC$（_____），即 $\angle BAC = \angle DAE$.

在 $\triangle ABC$ 和 $\triangle ADE$ 中，

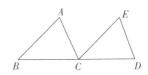

$\because \begin{cases} \angle E = \angle C（已知）, \\ AE = AC（已知）, \\ \angle BAC = \angle DAE, \end{cases}$

$\therefore$ $\triangle ABC \cong \triangle ADE$（_____）.

图 6 - 3 - 14

14. 如图 6 - 3 - 14 所示，C 是线段 BD 的中点，
$AB /\!/ EC$，$\angle A = \angle E$.

求证：$AC = ED$.

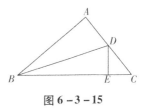

图 6 - 3 - 15

15. 如图 6 - 3 - 15 所示，在 $\triangle ABC$ 中，$\angle A =$
$90°$，BD 平分 $\angle ABC$，$DE \perp BC$ 于点 E，若 $AD = 3$，
$BC = 4$，求 $\triangle BDC$ 的面积.

16. 如图 6 - 3 - 16 所示，AC 与 BD 交于点 E，且 $\angle A = \angle D$，$AB = DC$.

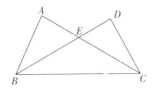

图 6 - 3 - 16

（1）求证：$\triangle ABE \cong \triangle DCE$；

（2）当 $\angle AEB = 70°$ 时，求 $\angle EBC$ 的度数.

17. 如图 6 - 3 - 17 所示，在 $\triangle ABC$ 中，$AB = AC = 6$ cm，$BC = 4$ cm，点 D
为 AB 的中点.

（1）已知点 P 在线段 BC 上以 1 cm/s 的速度由点 B 向点 C 运动，同时，点
Q 在线段 CA 上由点 C 向点 A 运动.

①若点 Q 的运动速度与点 P 的运动速度相等，经过 1 s
后，$\triangle BPD$ 与 $\triangle CQP$ 是否全等？请说明理由.

②若点 Q 的运动速度与点 P 的运动速度不相等，当点 Q
的运动速度为多少时，在某一时刻能够使 $\triangle BPD$ 与 $\triangle CQP$
全等？

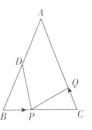

图 6 - 3 - 17

（2）若点 Q 以②小问中的运动速度从点 C 出发，点 P 以

原来的运动速度从点 B 同时出发，都逆时针沿 $\triangle ABC$ 三边运动，求经过多长时间点 P 与点 Q 第一次在 $\triangle ABC$ 的边上相遇？

自主评估说明

请在规定时间内独立完成自主评估试题，并在老师的引导下与同伴相互批阅. 成绩 80 分以上为优秀，$60 \sim 79$ 分为合格，低于 60 分为不合格.

自主评估结果为：＿＿＿＿＿＿＿（选填：优秀、合格、不合格）.

若评估为优秀，则祝贺你可顺利进入下一单元《轴对称》的学习.

若评估为合格，则建议你及时纠错，查漏补缺，再进入下一单元的学习.

若评估为不合格，则希望你在老师和同学的帮助下找出问题，给予弥补，重新评估合格后再进入下一单元的学习.

（本章内容由焦攀撰写）

第 七 章

轴对称

第一节　轴对称总体构思

【单元内容说明】

本单元主要包括轴对称，轴对称图形的概念及其性质，线段的垂直平分线的概念及性质，轴对称图形画法，等腰三角形、等边三角形的概念，以及它们的性质和判定方法等内容.

本单元属于《课程标准》中"图形与几何"的课程内容. 轴对称与图形的平移、图形的旋转、图形的相似等都称为图形的变换. 轴对称是现实生活中广泛存在的一种对称现象，是数学理论知识与实际生活密切联系的重要内容. 本单元从生活中的图形入手，系统学习轴对称、轴对称图形的概念、性质及画法，欣赏轴对称美，体验轴对称在数学和现实生活中的广泛应用. 在此基础上，利用轴对称变换，探索等腰三角形的性质及判定方法，并进一步学习等边三角形的性质及判定方法. 这些内容既是前面学习的延续，同时又为今后进一步学习探究四边形、圆、图形的相似等知识打下基础，在教材中起着承前启后的作用，具有基础性的地位.

本单元的重点是轴对称和轴对称图形的相关概念及其性质，难点是线段的垂直平分线的性质以及等腰三角形、等边三角形的相关应用.

【单元课标要求】

1. 通过具体实例了解轴对称的概念，探索它的基本性质.

2. 能画出简单平面图形关于给定对称轴对称的图形.

3. 了解轴对称图形的概念；探索等腰三角形的轴对称性质.

4. 认识并欣赏自然界和现实生活中的轴对称图形.

【核心素养要求】

1. 几何直观：通过轴对称、轴对称图形等概念及作图的学习，培养学生几何直观的素养.

2. 逻辑推理：通过探索等腰三角形、等边三角形的判定和性质，发展学生逻辑推理的素养.

【单元教学设想】

人教版数学八年级上册教材将本单元划分为四节：第一节是轴对称；第二节是画轴对称图形；第三节是等腰三角形（含等边三角形）；第四节是课题学习最短路径问题. 根据本单元的知识结构特点和学生的认知特点，以及教学实际，我们在保持课程内容不变的情况下，设想将原教材的四节内容进行适度的整合，重新建构为如下两个模块：

模块一　轴对称与轴对称图形

模块二　等腰三角形

本单元知识框架，如图 7 - 1 - 1 所示.

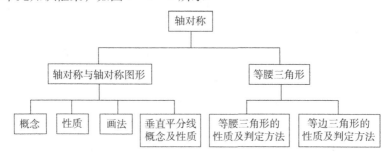

图 7 - 1 - 1　轴对称知识框架图

附：

表 7 - 1 - 1　人教版《教师教学用书》教学课时安排与单元教学课时安排对比表

人教版《教师教学用书》教学课时安排	单元教学课时安排
13.1　轴对称(3 课时)	模块一　轴对称与轴对称图形(5 课时)
13.2　画轴对称图形(3 课时)	
13.3　等腰三角形(4 课时)	模块二　等腰三角形(5 课时)
13.4　课题学习　最短路径问题(2 课时)	
合计：12 课时	合计：10 课时

第二节　轴对称教学实施

模块一　轴对称与轴对称图形

一、模块内容解析

本模块主要包括轴对称与轴对称图形的概念、性质与作图，线段垂直平分线的概念及性质等内容.

本模块内容是学生在学习了线段与角、相交线与平行线、三角形、全等三角形、图形的平移变换等基础上的进一步学习. 首先通过观察生活中的实例，认识学习轴对称和轴对称图形的必要性；再通过动手操作，了解轴对称和轴对称图形的概念；接着学习垂直平分线的性质和判定以及垂直平分线的尺规画法；最后学习作轴对称图形，并利用轴对称变换设计图案. 通过经历轴对称与轴对称图形的探究过程，让学生体会数学与生活的紧密联系；通过作轴对称图形，培养学生的作图能力及审美能力. 本模块的重点是轴对称与轴对称图形的概念和性质.

本模块不仅能拓展学生对图形变换的认识，而且能培养学生的动手能力和审美能力，发展学生几何直观和逻辑推理的核心素养，因此，本模块在中学数学学习中具有十分重要的地位和作用.

模块知识线索图，如图 7-2-1 所示.

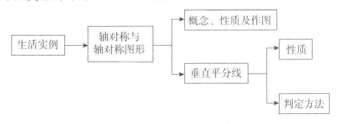

图 7-2-1　模块知识线索图

二、模块教学目标

1. 通过具体实例了解轴对称、轴对称图形的概念，探索并理解其基本性质.

2. 探索简单图形之间的轴对称关系，能够按照要求画出简单平面图形(点、线段、直线、三角形等)关于给定对称轴对称的图形.

3. 理解线段垂直平分线的概念，会证明线段垂直平分线的性质及判定方法.

4. 认识并欣赏自然界和现实生活中的轴对称图形，发展审美观念.

5. 通过对本模块内容的学习，培养学生的几何直观、逻辑推理以及应用意识、创新意识的数学素养.

三、模块教学建议

1. 课时安排建议

本模块的教学，建议安排 5 课时完成. 其中，第 1 课时学习轴对称与轴对称图形的概念及性质；第 2 课时学习线段垂直平分线的概念及性质；第 3 课时学习线段垂直平分线的应用；第 4 课时学习画轴对称图形；第 5 课时对本模块内容进行综合复习.

2. 内容教学建议

在实施轴对称与轴对称图形的教学时，一方面要引导学生通过欣赏生活中各种对称图片，认识轴对称，感受生活中的轴对称美及学习轴对称的价值，激发探求新知的好奇心和求知欲；另一方面，要通过问题驱动，引导学生观察、比较、思考、归纳得出轴对称与轴对称图形的概念. 同时要注意引导学生找出它们的区别与联系. 在学生弄清楚概念的基础上，再通过画、折、剪等方法，引导学生探索其性质，也可利用多媒体辅助教学，形象直观地帮助学生理解掌握新知.

在实施线段垂直平分线的教学时，要让学生有充分的时间经历画图、观察、测量、猜想、推理证明等探究垂直平分线的性质的全过程，并从中理解证明一个命题正确的基本方法，注重将一个文字命题转化为图形语言或符号语言. 在此基础上，引导学生自主写出其逆命题，并研究如何证明其正确性？

在实施画轴对称图形的教学时，要尽量给学生动手操作，实践探究的机会，所创设的问题，要与学生的生活环境、知识背景等相适应，既要重视让学生参与活动，又要重视让学生获取并掌握知识. 另外，练习题的设计应具有一定的层次性，尽可能让不同能力的学生在数学上得到不同的发展.

3. 难度要求建议

对于轴对称内容，课程标准要求较低，只要求了解轴对称和轴对称图形的概念，探索其性质，不要求学生独立地运用轴对称的性质进行证明，教学时不要拔高要求. 教学时不宜过多强调线段垂直平分线的性质和判定，只需让学生体会两者具有互逆关系即可. 对于画轴对称图形，只要求学生能画出简单图形关于给定对称轴对称的图形即可，不要增加曲线类的复杂图形.

四、模块教学案例

轴对称与轴对称图形

一、教学目标

1. 通过具体实例认识轴对称和轴对称图形，了解它们之间的区别与联系.

2. 经历探索轴对称的性质的过程，增强空间观念.

3. 体会轴对称在现实生活中的广泛应用和丰富的文化价值，培育审美观念.

二、教学重难点

1. 教学重点：轴对称与轴对称图形的概念和性质.

2. 教学难点：轴对称与轴对称图形的区别和联系.

三、教学过程

(一)自主学习

1. 回顾旧知.

(1)在小学的数学学习中，你学过的哪些图形是轴对称图形？

(2)什么是轴对称图形？请举出生活中的轴对称图形.

2. 阅读人教版教材数学八年级上册第58~59页，学习研究轴对称、轴对称图形的有关知识.

要求：初步了解轴对称、轴对称图形的意义.

(设计意图：通过回顾所学轴对称知识，既巩固旧知，也为新知学习扫清障碍；引导学生阅读教科书，培养其自主学习能力)

(二)交流分享

1. 如何剪出一个漂亮的窗花图案？动手试一试.

提示：先把一张纸对折，然后自主设计并画出图案，再剪出图案(要求折痕处不要剪断)，最后展开对折的纸，就可得到一幅美丽的窗花.

问题：将你剪出的窗花展示出来与同学分享，并仔细观察所剪出的窗花，你发现它有什么特点？再观察一下同伴所剪的窗花(如图7－2－2所示)，是否与你的有相同的特点？

图7－2－2

2. 什么叫轴对称图形？什么叫两个图形关于某直线成轴对称？请结合如图7－2－2所示的两幅窗花图案进行说明.

提示：把一个图形沿着某一条直线折叠，如果直线两旁的部分能够互相重合，那么这个图形就叫作轴对称图形，这条直线就是它的对称轴.

把一个图形沿着某一条直线折叠，如果它能够与另一个图形重合，那么就说这两个图形关于这条直线对称，也称这两个图形关于这条直线成轴对称，这条直线叫作对称轴，折叠后重合的点是对应点，也叫作对称点.

3. 你能说明轴对称与轴对称图形的区别与联系吗？

区别：①轴对称涉及两个图形，轴对称图形只是一个图形；②轴对称是两个图形的位置关系，轴对称图形是一个具有特殊形状的图形.

联系：①概念中都有一条直线，并沿这条直线折叠重合. ②轴对称的性质也是轴对称图形的性质. ③若把轴对称图形沿对称轴分成两部分，则这两个图形就关于这条直线成轴对称；反过来，若要把两个成轴对称的图形看成一个整体，则它就是一个轴对称图形.

4. 判断如图7－2－3所示的几何图形是不是轴对称图形，若是，指出它有几条对称轴.

图7－2－3

(设计意图：通过对上述问题的交流分享，使学生了解学习轴对称图形和轴对称的价值，初步了解它们的概念，能识别简单的轴对称图形，从而发展学生数学抽象和几何直观的数学素养)

（三）引导提升

1. 探究轴对称的性质.

如图 7-2-4 所示，△ABC 和△A'B'C'关于直线 MN 对称，点 A'，B'，C'分别是点 A，B，C 的对称点. 观察并思考：

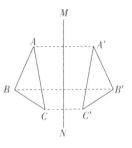

图 7-2-4

（1）关于直线 MN 对称的△ABC 和△A'B'C'有何关系？

（2）连接对应点所得的线段 AA'，BB'，CC'与对称轴 MN 有何关系？

由此归纳得出线段垂直平分线的概念及轴对称的性质.

2. 如图 7-2-5 所示，给出了四个交通标志图形，请用轴对称的性质说明哪一个交通标志图形与其他三个图形有不同的特点？这个图形是：_____（写出序号即可）.

图 7-2-5

（设计意图：通过以上问题的学习，使学生理解线段垂直平分线的概念，探究并掌握轴对称（或轴对称图形）的性质，学会运用所学的知识解决问题，达到发展几何直观和数学抽象等核心素养的目的）

（四）归纳总结

1. 通过本节课的学习，你对轴对称图形和轴对称有了哪些新的认识？你能说出它们的概念以及它们的区别和联系吗？

2. 轴对称有哪些性质？请结合图形进行说明.

3. 通过本节课的学习，你能用数学的眼光去发现生活中一些美丽的图案吗？

（五）达标反馈

1. 下列几何图形中，一定是轴对称图形的是（　　　）

A. 直角三角形　　B. 等腰三角形　　　C. 平行四边形　　D. 梯形

2. 剪纸艺术是我国文化宝库中的优秀遗产，下面四幅剪纸作品中，属于轴对称图形的是（　　　）

3. 如图 7 - 2 - 6 所示，给出了四组图形，其中成轴对称的有(　　)

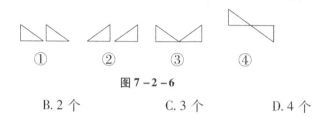

图 7 - 2 - 6

A. 1 个　　　　　B. 2 个　　　　　C. 3 个　　　　　D. 4 个

模块二　等腰三角形

一、模块内容解析

本模块主要包括等腰三角形和等边三角形的性质与判定，以及含30°角的直角三角形的性质等内容.

等腰三角形是一种特殊的三角形，在生活中有极为广泛的应用，比如，衣架、人字形屋架等都是等腰三角形的形状. 另外，等腰三角形的性质与判定是证明角相等和线段相等的重要依据，也是本单元的重要内容之一，还是后续学习菱形、正方形等知识的基础. 因此，本模块在几何学习中起着承上启下的作用，具有十分重要的地位.

本模块的重点是等腰三角形和等边三角形的性质与判定，难点是应用等腰三角形和等边三角形的性质与判定综合解决数学推理证明问题和生活中的问题.

模块知识线索图，如图 7 - 2 - 7 所示.

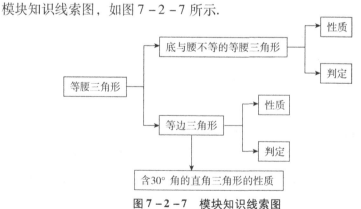

图 7 - 2 - 7　模块知识线索图

二、模块教学目标

1. 探索并掌握等腰三角形和等边三角形的性质和判定.

2. 了解等边三角形和等腰三角形的关系，体会特殊与一般的数学思想.

3. 在运用等腰三角形和等边三角形知识解决问题的过程中，发展学生的几何直观、逻辑推理的数学素养.

三、模块教学建议

1. 课时安排建议

本模块的教学，建议安排 5 课时完成. 其中，第 1 课时学习等腰三角形的性质与判定；第 2 课时学习等腰三角形的性质与判定的应用；第 3 课时学习等边三角形的性质和判定；第 4 课时学习最短路径问题；第 5 课时对本模块内容进行综合复习.

2. 内容教学建议

本模块的教学，建议采用整体的思想方法，分别将等腰三角形的性质和判定，等边三角形的性质与判定进行整合教学，使知识之间的联系更加紧密，有利于建构知识系统. 在具体教学中，要让学生通过动手操作主动探索并验证相关性质. 本模块对推理证明的难度要求有所增加，证明的思路和方法更加多样化，突破这一难点的关键是加强审题和学会将问题转化，教师需帮助学生寻找思路，建立合适的方法体系.

3. 难度要求建议

本模块涉及的性质及判定较多，推理论证的难度有所增强，教师在教学中一定要结合学情选择难易适当的题目素材，以免影响学生学习数学的信心. 同时，为降低难度，教材将"三角形中边与角之间的不等关系"放在实验与探究栏目中，作为学生自主学习内容. 教师在教学时，不要拔高要求，要注重基础知识的落实.

四、模块教学案例

等腰三角形的性质和判定

一、教学目标

1. 掌握等腰三角形的性质和判定，并能运用它们解决问题.

2. 了解等腰三角形的性质和判定的关系.

3. 在探索等腰三角形的性质和判定的过程中, 发展逻辑推理的素养.

二、教学重难点

1. 教学重点: 等腰三角形的性质.

2. 教学难点: 等腰三角形的性质与判定的应用.

三、教学过程

(一)自主学习

1. 什么叫作等腰三角形? 请画一个等腰三角形, 并说出它各边和各角的名称.

2. 观察所画的等腰三角形的两个底角, 猜想它们有什么关系? 请用语言把你的猜想表述出来.

3. 阅读人教版教材数学八年级上册第 75~78 页, 学习研究等腰三角形的性质和判定.

要求: 初步了解等腰三角形的性质和判定.

(设计意图: 通过引导学生回顾前面所学习过的等腰三角形的有关知识, 为探究其性质和判定做好铺垫; 通过阅读教材, 自主学习等腰三角形的性质和判定, 培养自学能力)

(二)交流分享

1. 探索等腰三角形的性质

(1)实验: 如图 7-2-8 所示, 把所画的等腰三角形剪下来进行对折, 使 AB 落在 AC 边上, 折痕为 AD. 由此你发现有什么现象, 把你的发现表述出来.

提示: 发现 AB 与 AC 重合, $\angle B$ 与 $\angle C$ 重合, $\triangle ABD$ 与 $\triangle ACD$ 重合.

(2)通过实验, 你能猜想出等腰三角形有哪些性质? 请尝试证明.

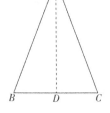

图 7-2-8

性质 1: 等腰三角形是轴对称图形;

性质 2: 等腰三角形的两个底角相等(简写成"等边对等角");

性质 3: 等腰三角形顶角的平分线、底边上的中线、底边上的高相互重合(简写成"三线合一").

提示: 证明时先引导学生分析各命题的题设和结论, 并将其转化为图形语言或符号语言, 再分析证题思路, 最后师生共同写出证明过程.

2. 如图 7 - 2 - 9 所示, 在 △ABC 中, AB = AC, 点 D 在 AC 上, 且 BD = BC = AD, 求 △ABC 各角的度数.

（设计意图：通过以上问题的探索，让学生经历实验、猜想、验证、推理得出等腰三角形的性质的全过程，使学生学会运用知识解决简单的数学问题，发展学生几何直观、数学抽象和逻辑推理的数学素养）

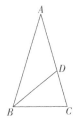

图 7 - 2 - 9

（三）引导提升

1. 通过上面的探究，我们知道"等腰三角形的两个底角相等"，即在一个三角形中，"等边对等角"；若反过来，在一个三角形中，"等角对等边"，还成立吗？请尝试证明.

提示：①引导学生分清题设和结论；②根据命题画出图形，并写出已知和求证；③分析证明思路，并写出证明过程.

2. 想一想：在一个三角形中，"等边对等角"与"等角对等边"有何不同？

3. 如图 7 - 2 - 10 所示, 在 △ABC 中, AD // BC, 且 AD 平分 ∠EAC.

求证：△ABC 是等腰三角形.

提示：问题可转化为证明 ∠B = ∠C.

（设计意图：通过以上问题，使学生掌握等腰三角形的判定方法，能运用判定方法解决简单的几何问题，进一步发展学生几何直观和逻辑推理的数学素养）

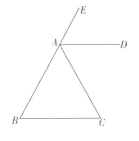

图 7 - 2 - 10

（四）归纳总结

1. 通过本节课的学习，你知道等腰三角形有哪些性质和判定方法？

2. 等腰三角形的性质和判定方法有何区别？从中体会到哪些数学思想方法？

（五）达标反馈

1. 已知等腰三角形的一个底角是 70°，求它的顶角为多少.

2. 已知等腰三角形的一个角是 70°，求它的其余两个角为多少.

3. 如图 7 - 2 - 11 所示, 在 △ABC 中, 点 D, E 在 BC 上, 且 AB = AC, ∠BAD = ∠CAE. 求证：△ADE 是等腰三角形.

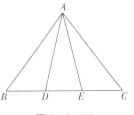

图 7 - 2 - 11

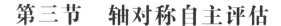

第三节　轴对称自主评估

轴对称自主评估试题

（时间：45分钟　满分：100分）

一、选择题（每小题5分，共30分）

1. 观察如图7-3-1所示的汽车的标志图案，其中是轴对称图形的有（　　）

图7-3-1

A. 1个　　　　　　B. 2个　　　　　　C. 3个　　　　　　D. 4个

2. 平面直角坐标系中，点 $P(-2,3)$ 关于 x 轴对称的点的坐标为（　　）

A. $(-2,-3)$ 　　　　　　　　　　B. $(2,-3)$

C. $(-3,-2)$ 　　　　　　　　　　D. $(3,-2)$

3. 到三角形三个顶点的距离都相等的点是这个三角形的（　　）

A. 三条高的交点　　　　　　　　B. 三条角平分线的交点

C. 三条中线的交点　　　　　　　D. 三条边的垂直平分线的交点

4. 如图7-3-2所示，在 $\triangle ABC$ 中，BO 和 CO 分别平分 $\angle ABC$ 和 $\angle ACB$，过 O 作 $DE \parallel BC$，分别交 AB，AC 于点 D，E，若 $DE = 5$，$BD = 3$，则线段 CE 的长为（　　）

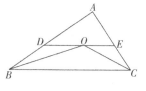

A. 3　　　　　　　　　　　　　B. 1

图7-3-2

C. 2　　　　　　　　　　　　　D. 4

5. 已知等腰三角形的两边长分别为5，2，则该等腰三角形的周长是（　　）

A. 7　　　　　　B. 9　　　　　　C. 12　　　　　　D. 12或9

6. 下列说法不正确的是(　　)

A. 两个关于某直线对称的图形一定全等

B. 成轴对称的两个图形对应点的连线的垂直平分线是它们的对称轴

C. 轴对称图形的对称点一定在对称轴的两侧

D. 平面上两个全等的图形不一定关于某直线对称

二、填空题(每小题5分，共30分)

7. 如图7－3－3所示，已知P，P_1 两点关于 OA 对称，P，P_2 两点关于 OB 对称，若 $OP = 2.5$，$\angle AOB = 30°$，则 $P_1P_2 = $ _____ .

8. 若点 $A(m + 2$，$-3)$ 与点 $B(-5$，$n + 4)$ 关于 x 轴对称，则 $m + n = $ _____ .

9. 一个等腰三角形的一个内角是 $35°$，则它的顶角是 _____ .

10. 如图 7－3－4 所示，在 $\triangle ABC$ 中，$\angle A = \angle B$，D 是 AB 边上任意一点，$DE \parallel BC$，$DF \parallel AC$，若 $AC = 5$ cm，则四边形 $DECF$ 的周长是 _____ .

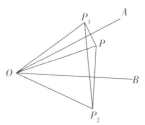

图 7－3－3

11. 如图 7－3－5 所示，$\triangle ABC$ 为直角三角形，$\angle ACB = 90°$，M，N 是 AB 上的两个点，并且 $AC = AN$，$BC = BM$，连接 CM，CN，则 $\angle MCN = $ _____ 度.

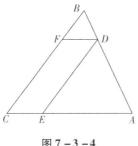

图 7－3－4

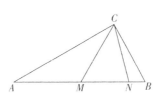

图 7－3－5

12. 如图 7－3－6 所示，已知 $\triangle ABC$ 中，$AC = BC$，点 D 在 $\triangle ABC$ 外，且点 D 在 AC 的垂直平分线上，连接 BD，CD，若 $\angle DBC = 30°$，$\angle ACD = 13°$，则 $\angle A = $ _____ .

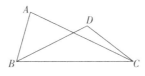

图 7－3－6

三、解答题(每小题8分，共40分)

13. 已知：△ABC 在平面直角坐标系中的位置如图 7-3-7 所示.

(1)在图中画出 △ABC 关于 y 轴对称的图形 △$A_1B_1C_1$，并写出顶点 A_1，B_1，C_1 的坐标.

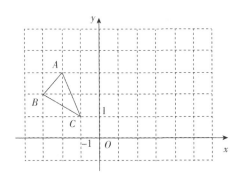

图 7-3-7

(2)若将线段 A_1C_1 平移后得到线段 A_2C_2，且 $A_2(a, 2)$，$C_2(-2, b)$，求 a，b 的值.

14. 如图 7-3-8 所示，在 △ABC 中，AB = AC，D 为 BC 的中点，且 DE⊥AB，DF⊥AC，垂足分别为 E，F. 求证：DE = DF.

15. 如图 7-3-9 所示，在 △ABC 中，AD 平分 ∠BAC，BD⊥AD，垂足为 D，过 D 作 DE∥AC，交 AB 于 E，若 AB = 5，求线段 DE 的长.

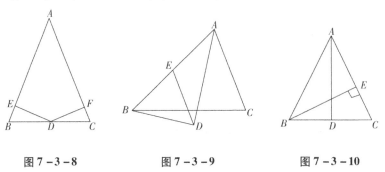

图 7-3-8   图 7-3-9   图 7-3-10

16. 如图 7-3-10 所示，在 △ABC 中，AB = AC，AD 是 BC 边上的中线，BE⊥AC 于点 E. 求证：∠CBE = ∠BAD.

17. 如图 7 – 3 – 11 所示，在△ABC 中，AB = AC，AB 的垂直平分线 MN 交
AC 于点 D，交 AB 于点 E.

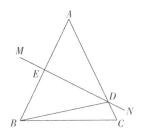

图 7 – 3 – 11

（1）求证：△ABD 是等腰三角形；

（2）若∠A = 40°，求∠DBC 的度数；

（3）若 AE = 6，△CBD 的周长为 20，求△ABC 的周长.

自主评估说明

请在规定时间内独立完成自主评估试题，并在老师的引导下与同伴相互
批阅. 成绩 80 分以上为优秀，60 ~ 79 分为合格，低于 60 分为不合格.

自主评估结果为：＿＿＿＿＿＿（选填：优秀、合格、不合格）.

若评估为优秀，祝贺你可顺利进入下一单元《整式的乘法与因式分解》
学习.

若评估为合格，建议你及时纠错，查漏补缺，再进入下一单元的学习.

若评估为不合格，希望你在老师和同学的帮助下找出问题，给予弥补，
重新评估合格后再进入下一单元的学习.

（本章内容由文涛撰写）

第八章

整式的乘法与因式分解

第一节　整式的乘法与因式分解总体构思

【单元内容说明】

本单元主要包括幂的乘除运算法则、单项式与单项式的乘除法、多项式与单项式的乘除法、多项式与多项式的乘法、乘法公式、因式分解等内容.

本单元属于《课程标准》中"数与代数"的课程内容，是对整式的加减运算的深化和拓展研究. 学生在学习这些内容之前，已经掌握了有理数的有关运算、字母表示数和整式的有关概念及整式的加减运算，具备了一定的认知基础. 本单元从解决生活中的问题入手，引出学习整式的乘除运算的必要性，然后系统研究整式的乘法运算，同时为使运算简便，又引出学习因式分解的必要性. 通过本单元的学习，学生对整式运算的知识结构掌握得更加系统，更加完整，从中感受到整式的恒等变形，体会到复杂与简单、一般与特殊的关系，感悟到学习整式运算的价值. 本单元内容属于基本而重要的代数初步知识，是进一步学习分式运算、解分式方程、二次根式、函数等知识的基础，对后续的数学学习具有重要的意义. 因此，本单元在代数学习中具有重要的地位和作用.

本单元的重点是整式的乘法运算、乘法公式及因式分解，难点是同底数幂的乘法运算.

【单元课标要求】

1. 能进行简单的整式乘法运算(其中多项式相乘仅指一次式之间以及一次式与二次式相乘).

2. 能推导乘法公式：$(a+b)(a-b)=a^2-b^2$；$(a\pm b)^2=a^2\pm 2ab+b^2$，了

解公式的几何背景，并能利用公式进行简单计算.

3. 能用提公因式法、公式法（直接利用公式不超过两次）进行因式分解（指数是正整数）.

【核心素养要求】

1. 数学抽象：通过幂的运算性质、整式乘除法法则、乘法公式的学习及符号表示，增强学生的符号意识，发展学生数学抽象的素养.

2. 数学运算：通过整式的加、减、乘、除、乘方等运算的学习，发展学生数学运算的素养.

3. 应用意识：通过运用整式乘法与因式分解的有关知识简化运算，解决生活中的某些实际问题，发展学生应用意识的素养.

【单元教学设想】

人教版数学八年级上册教材将本单元划分为三节：第一节是整式的乘法；第二节是乘法公式；第三节是因式分解. 根据本单元的知识结构特点和学生的认知特点，以及教学实际，我们在保持课程内容不变的情况下，设想将原教材的三节内容进行适度的整合，重新建构为如下三个模块：

模块一　幂的运算

模块二　整式的乘除

模块三　因式分解

本单元知识框架图，如图 8 - 1 - 1 所示.

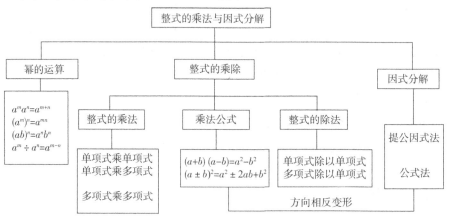

图 8 - 1 - 1　整式的乘法与因式分解知识框架图

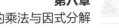

附:

表8-1-1　人教版《教师教学用书》教学课时安排与单元教学课时安排对比表

人教版《教师教学用书》教学课时安排	单元教学课时安排
14.1.1　同底数幂的乘法(1课时)	模块一　幂的运算(3课时)
14.1.2　幂的乘方(1课时)	
14.1.3　积的乘方(1课时)	
14.1.4　整式的乘法(3课时)	模块二　整式的乘除(6课时)
14.2　乘法公式(3课时)	
14.3　因式分解(3课时)	模块三　因式分解(2课时)
合计：12课时	合计：11课时

第二节　整式的乘法与因式分解教学实施

模块一　幂的运算

一、模块内容解析

本模块主要包括同底数幂的乘法、幂的乘方、积的乘方和同底数幂的除法等内容.

本模块内容是在学生已掌握了有理数的乘方和整式的加减运算等知识的基础上的进一步学习，是整式乘除的基础. 本模块首先通过复习有理数乘方的相关概念，引导学生弄清楚正整数指数幂的意义，在此基础上，结合单元整体教学思想，将幂的三个乘法运算性质(同底数幂的乘法、幂的乘方、积的乘方)进行整合教学，然后类比同底数幂的乘法，从逆运算的角度学习同底数幂的除法运算. 在人教版教材中，同底数幂的除法是安排在整式的乘法后学习的，我们在整合教材进行单元教学时，将它调整到幂的乘法运算之后，因为幂的乘除运算性质十分类似，都遵循从特殊到一般的原则，把幂的运算整合为一个学习模块，能有效地突破和解决整式运算中的重点和难点问题，这样安排教学将使知识的产生更加自然，知识的联系更加紧密．在本模块的知识中，同底数幂的乘法是各种幂的运算的基础，是学习的重点和关键．

本模块内容的学习将为整式的乘除运算打下基础．本模块无论是从内容上看还是从所处的地位来说都是十分重要的，是后面学习整式乘除与因式分解的桥梁．

本单元模块知识线索图，如图 8-2-1 所示.

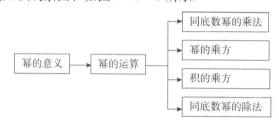

图 8-2-1　模块知识线索图

二、模块教学目标

1. 理解正整数指数幂的意义，正确推导并掌握同底数幂的乘法性质．

2. 掌握同底数幂的乘法、幂的乘方、积的乘方的运算性质，能用文字和符号语言正确地表述这些性质，并能运用它们熟练地进行运算．

3. 理解同底数幂的除法性质，并能进行幂的乘除法运算．

4. 在对同底数幂的乘法、幂的乘方、积的乘方、同底数幂的除法等幂的运算性质的探究过程中，强化学生的符号意识，发展学生数学抽象的核心素养．

三、模块教学建议

1. 课时安排建议

本模块的教学，建议安排 3 课时完成．其中，第 1 课时学习幂的乘法（含同底数幂的乘法、幂的乘方、积的乘方等知识）；第 2 课时学习同底数幂的除法，第 3 课时对本模块内容进行综合复习．

2. 内容教学建议

在实施幂的乘法运算教学时，教师要首先找准学生的认知起点，适当回顾有关知识．同底数幂的乘法是幂的运算的基础，其运算法则是本模块的重点，其法则的推导需要经历由特殊到一般的过程．用字母表示幂的指数，这会使学生感到比较抽象，教师一定要引导学生经历由具体到抽象的过程．例如：从 2^5

$\times 2^2$ 到 $a^5 \times a^2$，再从 $a^5 \times a^2$ 到 $a^m \times a^n$，把幂的底数与指数分别从具体数字变到抽象字母，教师要注意引导学生弄清楚每一步运算的依据. 在学生自主归纳得出同底数幂的乘法法则：$a^m \times a^n = a^{m+n}$（其中 m，n 都是正整数）后，教师要引导学生用语言表述为：两个同底数的幂相乘，底数不变，指数相加. 学生只要掌握好了幂的这一运算法则，幂的其他运算法则就容易推导得出了. 事实上，幂的乘方和积的乘方运算的法则，都可以通过乘方的意义转化为同底数幂的乘法进行运算推出，所以它们既是新知识，也可看作是对同底数幂的乘法的巩固运用，因此，将它们安排在一课时进行学习是科学合理的.

在实施同底数幂的除法运算教学时，教师可引导学生根据除法是乘法的逆运算，从同底数幂相乘的运算性质入手推导出同底数幂的除法的运算法则. 在教学时，教师要提醒学生注意同底数幂的除法法则中的附加条件，特别是底数 a 不能为零的条件. 另外，由于此时还没有零指数与负指数的概念，因此性质中必须规定指数 m，n 都是正整数，并且 $m > n$. 对于零指数的情况，教师要引导学生理解其规定的合理性，可从两个方面说明：一方面，从除法意义进行说明，一个不等于零的数除以它本身，其商为 1；另一方面，从同底数幂相除的性质进行说明，可以得到 $a^m \div a^m = a^{m-m} = a^0$，为使数学系统不产生矛盾，从而规定 $a^0 = 1$（$a \neq 0$）.

3. 难度要求建议

幂的运算的教学要求是让学生掌握幂的运算法则，能熟练地运用运算法则进行运算或化简. 教师在教学时，应以基础题为主，不宜设置非正整数的幂的运算的题目.

四、模块教学案例

幂的乘法运算

一、教学目标

1. 通过乘方的意义推导出幂的乘法运算法则，并能用符号语言正确地表达.

2. 会运用幂的乘法法则进行简单的运算，发展数学运算的素养.

3. 经历幂的乘法运算法则的探究过程，领悟从特殊到一般的数学思想方法，发展数学抽象的素养.

二、教学重难点

1. 学习重点：幂的乘法运算法则.

2. 学习难点：幂的乘法运算法则的推导.

三、教学过程

(一)自主学习

1. 举例说明什么叫作乘方，什么叫作幂，并指出幂的指数和底数.

2. 根据乘方的意义填空：

$(1) 2^5 = $ _____；　　　　　　$(2) 2^n = $ _____；

$(3) a^5 = $ _____；　　　　　　$(4) a^n = $ _____.

3. 阅读人教版教材数学八年级上册第 95~97 页，学习研究幂的乘法运算法则.

(设计意图：引导学生回顾学过的乘方及幂的有关知识，为新知学习做好铺垫；通过阅读教科书，让学生初步了解幂的乘法运算法则，培养其自学能力)

(二)交流分享

1. 根据乘方的意义，计算下列各式：

$(1) 2^5 \times 2^2 = $ _____；　　　　$(2) 2^5 \times 2^n = $ _____；

$(3) a^5 \times a^2 = $ _____；　　　　$(4) a^5 \times a^n = $ _____.

解后思考：观察你的计算结果与已知的算式，你发现它们的底数和指数分别有何关系？为此，你能猜想得出 $a^m \times a^n$ 的结果吗？请证明你的猜想，并将你的猜想与同伴进行分享交流.

2. 请用语言描述同底数幂的乘法法则，并用符号表示出来.

提示：两个同底数的幂相乘，底数不变，指数相加.

用符号表示为：$a^m \times a^n = a^{m+n}$（其中 m，n 都是正整数）.

3. 计算：

$(1) 10^7 \times 10^4$；　　　　$(2) x^2 \times x^5$；　　　　$(3) x^2 \times x^5 \times x^3$.

4. 根据乘方的意义及同底数幂的乘法法则，探究幂的乘方和积的乘方法则：

$(1) (a^m)^n$（m，n 都是正整数）；　　　　$(2) (a \times b)^n$（n 是正整数）.

提示：

$(1) (a^m)^n = a^{mn}$，用语言表述为：幂的乘方，底数不变，指数相乘.

$(2) (a \times b)^n = a^n \times b^n$，用语言表述为：积的乘方，等于把积的每一个因式分别乘方，再把所得的幂相乘.

(设计意图：通过以上问题，引导学生经历计算、观察、猜想、验证、归纳得出同底数幂的乘法法则的全过程，并在此基础上进一步探索得出幂的乘方和积的乘方法则，从中体会从特殊到一般的数学思想，发展学生数学抽象和数学

运算的素养）

（三）引导提升

1. 计算下列各题：

（1）$10^6 \times 10^3$；　　（2）$x^3 \times x^5 \times x^4$；　　（3）$(x^3)^4$；

（4）$(a^2)^n$；　　　（5）$(4x)^2$；　　　（6）$(-2ab)^3$.

2. 化简：

（1）$y^4 \times y^3 \times y^2 \times y$；　　　　　　（2）$(-x^3)^4$；

（3）$-(-a^3)^2$；　　　　　　　　　　（4）$(x^2)^3 \cdot x^2$.

（设计意图：通过以上问题，了解学生对幂的乘法运算的三个法则的掌握情况，使学生加深对所学新知识的理解和巩固，发展学生数学运算和应用意识的数学素养）

（四）归纳总结

1. 通过本节课的学习，你掌握了哪几种幂的乘法运算？你能用文字语言和符号语言表述其运算法则吗？

2. 在探究幂的乘法运算法则的过程中，你领悟到哪些数学思想方法？

3. 在运用幂的乘法运算法则进行计算时，需要注意哪些问题？

（五）达标反馈

1. 下列计算正确的是（　　　　）

A. $a^n \div a^n = 0$　　　　　　　　　　B. $(a^m)^n = a^{m+n}$

C. $(a^2 x)^5 = a^{10} x^5$　　　　　　　　D. $a^3 \cdot a^2 + (a^2)^3 = 2a^5$

2. 计算 $n^2 \cdot (-n)^4 - (-n)^2 \cdot n^3 \cdot (-n) + n^6$ 的结果为（　　　　）

A. n^6　　　　　B. $2n^6 - n^8$　　　　C. $3n^6$　　　　D. $-n^6$

3. 计算 $x^2 \cdot (-x)^2 - (-x)^3 \cdot x^3 \cdot (-x) + x^7$ 的结果为（　　　　）

A. $x^4 + 2x^7$　　　B. $x^4 - 2x^7$　　　C. x^4　　　　D. x^7

4. 计算 $a^3 \cdot a^4 \cdot a^3 - (-2a^5)^2 + a^{20} \div (-a^2)^5$ 的结果是（　　　　）

A. $-2a^{10}$　　　　　　　　　　　B. $-a^{13} + a^{10} - 4a^7$

C. $6a^{10}$　　　　　　　　　　　D. $-4a^{10}$

模块二　整式的乘除

一、模块内容解析

本模块主要包括单项式与单项式的乘法、单项式与多项式的乘法、多项式与多项式的乘法、平方差公式、完全平方公式、整式的除法等内容.

本模块内容是学生在掌握了整式的加减及幂的运算基础上的进一步学习. 首先学习单项式的乘除,单项式乘除的依据是幂的运算法则. 因此我们应先回顾有关幂的运算法则,为新知学习做好铺垫. 单项式乘单项式是本模块学习的基础和重点,教师要让学生弄清楚其运算的依据是乘法的交换律和结合律,其法则仍然是通过研究特殊的例子而得出的. 在得出法则后,教师要结合具体例子指出法则中包含的几个要点:①系数与系数相乘;②同底数幂相乘;③不是同底数幂的因式要照写,即可得出结果. 在此基础上,我们进一步开展多项式乘单项式、多项式乘多项式的学习,它们都可以通过乘法分配律转化为单项式乘单项式,这对学生来说不会感到困难. 学生在掌握整式乘法的基础上,进一步学习特殊的多项式乘多项式,即两个乘法公式——平方差公式和完全平方公式. 对于乘法公式,教师可引导学生通过多项式的乘法进行推导,让学生观察式子的结构和运算的结果,从中发现规律,即可得到两个公式,再进一步借助几何图形对公式进行直观解释,帮助学生更好地理解和掌握公式,并通过具体问题的解决,让学生体会乘法公式的价值.

本模块内容既是对整式的加减运算的深化拓展,也是以后学习因式分解、分式的化简、解一元二次方程、函数等内容的基础,是学生义务教育阶段学好数学必备的基础知识与基本技能.

本模块的学习重点是单项式与单项式的乘法和乘法公式,难点是单项式的乘法法则的推导以及运用整式的乘法法则进行运算.

模块知识线索图,如图 8-2-2 所示.

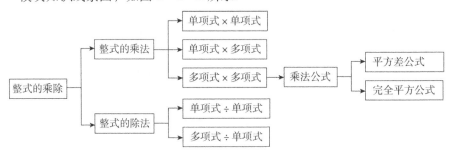

图 8-2-2　模块知识线索图

二、模块教学目标

1. 掌握单项式乘单项式、多项式乘单项式、多项式乘多项式的法则,并会运用它们进行运算.

2. 会推导乘法公式，了解公式的几何意义，能运用公式进行整式的乘法运算.

3. 掌握单项式除以单项式、多项式除以单项式的法则，能运用它们进行运算.

4. 通过对整式乘除运算及乘法公式的学习，强化学生的符号意识，发展学生数学抽象、数学运算和数学建模的素养.

三、模块教学建议

1. 课时安排建议

本模块的教学，建议安排 6 课时完成. 其中，第 1 课时学习整式的乘法；第 2 课时对整式的乘法进行巩固练习；第 3 课时学习乘法公式；第 4 课时对乘法公式进行巩固练习；第 5 课时学习整式的除法；第 6 课时对本模块内容进行综合复习.

2. 内容教学建议

在实施整式乘法运算教学时，教师要注意单项式乘单项式、单项式乘多项式、多项式乘多项式三种运算的紧密联系，建议采用整体教学思想将它们安排为一课时进行教学，其中重点是探究单项式与单项式相乘的法则，让学生通过计算、观察、归纳、总结得出运算的法则. 在此基础上，利用分配律进一步学习单项式乘多项式、多项式乘多项式等运算. 本模块的教学，要遵循由易到难，从简到繁，层层推进的原则，在推导得出整式的乘法各种运算法则后，可利用图形进行直观解释，体会数形结合的思想.

在实施乘法公式教学时，教师可先让学生回顾多项式乘多项式的法则，通过一些特殊的多项式乘法运算，引导学生对比式与其运算结果的形式特征，归纳得出乘法公式. 教师除了让学生掌握乘法公式的结构特征外，还要强调说明公式中字母 a，b 表示的意义，公式中的字母既可以表示具体的数，也可以表示一个式子等，然后给出一些较简单的例题，让学生观察题目是否符合公式的条件进行练习，比如：$(1)(-m+n)(-m-n)$；$(2)(5x-y)(-5x-y)$. 教师要教会学生如何判别一个式子是否可用平方差公式计算.

在实施完全平方公式教学时，教师可引导学生将平方差公式进行变式，即将符号相反的项变为相同的项，先让学生猜想结果会怎样，再进行验证，由此得出完全平方公式；接下来，教师引导学生观察公式的结构特征，并用文字语言描述公式，加深学生对公式的理解；然后，教师让学生自主举出完全平方式进行计算，达到巩固的目的；最后，师生再通过几何图形验证公式.

在实施整式的除法运算教学时，教师可根据除法是乘法的逆运算介绍单项式除以单项式，并以乘法的分配律、同底数幂的除法为依据，通过具体的实例计算，探索得到单项式除以单项式的法则. 在进行单项式除以单项式的教学时，教师需引导学生注意正确区分系数与指数不同的计算方法，系数与系数相除是按有理数除法法则进行计算，而相同字母相除是按同底数幂的除法法则进行计算，只在被除式里出现的字母要照写，不要遗漏. 接下来，教师带领学生进一步探索多项式除以单项式的法则，其基本思想方法是把多项式除以单项式转化为单项式除以单项式. 教学时教师需要强调多项式除以单项式，所得的结果仍然是多项式，且项数与被除式的项数相同.

3. 难度要求建议

整式包括单项式和多项式，因此整式的乘除就可能出现多种类型.《课程标准》要求学生掌握单项式乘单项式、单项式乘多项式、多项式乘多项式、单项式除以单项式、多项式除以单项式这五种类型，对于单项式除以多项式和多项式除以多项式等类型没做教学要求. 对于乘法公式，《课程标准》只要求学生掌握平方差公式和完全平方公式，对立方和、差公式不做要求，因此教师在教学时不要补充那些不要求的内容的相关练习题目，以免增加学生学习的负担.

四、模块教学案例

乘法公式

一、教学目标

1. 通过实例，理解掌握平方差公式和完全平方公式，能运用公式进行计算.

2. 经历探索平方差公式和完全平方公式的过程，发展学生数学建模的素养.

3. 了解乘法公式的几何背景，体会数形结合的思想，发展几何直观的素养.

二、教学重难点

1. 学习重点：平方差公式和完全平方公式.

2. 学习难点：运用平方差公式和完全平方公式进行计算.

三、教学过程

(一)自主学习

1. 计算：$(1)(a+b)(c+d)$ ；　　　　$(2)(x+2)(x-3)$.

思考：观察所得结果与已知的算式，你发现它们有什么特点？

2. 计算:

(1)$(x+2)(x-2)$;   (2)$(1+3m)(1-3m)$.

思考: 观察上面两个算式及所得的结果, 你发现它们有什么共同的特点?

3. 阅读人教版教材数学八年级上册第107页, 学习研究平方差公式.

要求: 初步了解平方差公式及其结构特点.

(设计意图: 通过计算, 唤起学生对多项式乘多项式的回忆, 为平方差公式的学习做好铺垫, 让学生经历从一般到特殊, 从具体到抽象的过程, 以此建立新旧知识之间的联系)

(二)交流分享

1. 什么叫平方差公式? 请用文字语言加以描述.

提示: 平方差公式为$(a+b)(a-b)=a^2-b^2$, 即两个数的和与这两个数的差的积, 等于这两个数的平方差.

2. 观察平方差公式$(a+b)(a-b)=a^2-b^2$, 你发现它有什么结构特征? 公式中字母a, b分别表示什么? 请写出两个符合平方差公式的式子, 并进行计算.

提示: 平方差公式的结构特征为: 两个二项式中, 有一项完全相同, 有一项互为相反数, 其乘积的结果为二项式.

3. 将平方差公式$(a+b)(a-b)=a^2-b^2$中左边的算式$(a+b)(a-b)$变形为$(a+b)(a+b)$或$(a-b)(a-b)$, 猜想其结果会变成什么呢?

猜想并归纳得出完全平方公式: $(a+b)^2=a^2+2ab+b^2$, $(a-b)^2=a^2-2ab+b^2$.

用语言表述为: 两个数的和(或差)的平方, 等于它们的平方和加上(或减去)它们的积的2倍.

4. 观察完全平方公式$(a+b)^2=a^2+2ab+b^2$, $(a-b)^2=a^2-2ab+b^2$, 你发现它们有什么结构特征? 公式中字母a, b分别表示什么? 请写出两个符合完全平方公式的式子, 并进行计算.

(设计意图: 通过以上问题的交流分享, 引导学生理解并掌握平方差公式和完全平方公式, 发展学生数学抽象、数学运算和数学建模的核心素养)

(三)引导提升

1. 判断下列算式是否能运用乘法公式进行计算, 若能, 请计算出结果:

(1)$(2m+n)(2m-n)$;   (2)$(-x+3y)(x-3y)$;

$(3)(4a-b)^2$; $\qquad\qquad\qquad\qquad$ $(4)(y+3)^2$.

2. 活动探究：

如图 $8-2-3(a)$ 所示，在边长为 a 的大正方形中有一个边长为 b 的小正方形.

(1)求图 $8-2-3(a)$ 中阴影部分的面积.

(2)如图 $8-2-3(b)$ ，将图 (a) 中的阴影部分拼成一个长方形，则这个长方形的长和宽分别是多少？此时长方形的面积为多少？

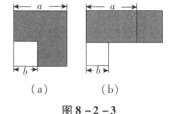

(a) $\qquad$ (b)

图 $8-2-3$

(3)比较 $(1)(2)$ 两问的结果，你能借助图形验证平方差公式吗？

3. 请仿照第 2 题，设计一个用几何图形验证完全平方公式的方法.

(设计意图：通过以上问题，使学生能运用乘法公式进行计算，学会用图形验证乘法公式，让学生体会数形结合思想，领悟乘法公式的几何意义，培养学生观察、比较、抽象、推理的能力，发展学生数学运算、几何直观和应用意识的数学素养)

(四)归纳总结

1. 通过本节课的学习，你学会了哪些乘法公式？

2. 请分别用符号和语言描述平方差公式和完全平方公式，并说明它们分别具有怎样的结构特征？

3. 在探究乘法公式的过程中，你领悟到了哪些数学思想方法？你运用乘法公式进行计算时，需要注意哪些问题？

(五)达标反馈

1. 计算：

$(1)(x+3)(x-3)$; $\qquad\qquad$ $(2)(-x-2y)(-x+2y)$;

$(3)(2n+3m)(-2n+3m)$; $\qquad$ $(4)(m+2)^2$;

$(5)(3x-4)^2$; $\qquad\qquad\qquad$ $(6)(-5x-y)^2$.

2. 在下列括号中填上合适的多项式，使等式成立：

$(1)(5x+2y)($ $\qquad$ $)=25x^2-4y^2$;

$(2)($ $\qquad$ $)(6-2m)=36-4m^2$.

3. 运用平方差公式计算：

$(1)501\times499$; $\qquad\qquad\qquad$ $(2)999^2$.

因式分解

一、模块内容解析

本模块主要包括因式分解的概念、因式分解的两种方法——提公因式法、公式法等内容. 另外,教材通过阅读与思考栏目介绍了十字相乘法,供学生选学.

本模块内容是在学生已掌握了整式乘法等知识的基础上的进一步学习,所研究的因式分解是代数式恒等变形中十分重要的内容. 从知识内容看,因式分解和整式的乘除关系极为密切,其理论依据就是多项式乘法的逆变形;从作用上看,因式分解可简化整式的计算,可用于分式的运算以及解一元二次方程等,还是高中阶段的指数方程、对数方程、三角方程、一元二次不等式等学习的基础;从思维培养看,因式分解具有培养学生的逆向思维和逻辑思维的作用. 因此,因式分解具有十分重要的工具作用,也是代数学中的关键内容之一,在中学数学中占有十分重要的地位和作用.

模块知识线索图,如图 8 - 2 - 4 所示.

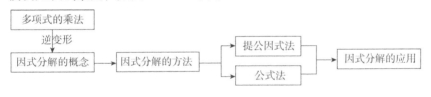

图 8 - 2 - 4 模块知识线索图

二、模块教学目标

1. 理解因式分解的意义,感受因式分解是与多项式的乘法方向相反的变形.

2. 掌握因式分解的两种基本方法——提公因式法和公式法(直接运用公式不超过两次),并能熟练地运用这两种方法进行多项式的因式分解.

2. 通过因式分解的学习,培养学生观察、分析、判断以及逆向思维的能力,发展学生数学运算和数学建模的核心素养.

三、模块教学建议

1. 课时安排建议

本模块的教学，建议安排 2 课时完成. 其中，第 1 课时学习因式分解的概念及因式分解的方法；第 2 课时对因式分解进行巩固练习.

2. 内容教学建议

在实施教学时，教师首先要引导学生了解"为什么要学习因式分解"，以此来激发学生的学习兴趣. 为此，教师可以创设问题情境，让学生运用所学知识解决较复杂的整式计算，比如：计算 $(1)(a+b+1)^2 - a(a+b+1) - b(a+b+1)$；$(2)(x+1)^2 - 2(x+1) + 1$；$(3)(x+y+z)^2 - (x-y-z)^2$. 通过计算学生可以发现，如果将乘法分配律和平方差公式、完全平方公式逆用，则可使运算简化，这样他们就可以感悟到学习因式分解的必要性了，由此教师引出因式分解的概念，并结合具体例子，剖析因式分解和整式乘法这两种变形的区别和联系，加深学生对因式分解概念的理解，使学生的学习经验得到重组和提升. 在此基础上，教师进一步引导学生探究因式分解的方法和原理，可结合前面所举的三个引例进行分析说明，从而引出因式分解的方法，再举例进行巩固. 对于提公因式法，重点是如何正确而又迅速地找出公因式，教师可结合具体的例子引导学生边找边分析. 对于平方差公式和完全平方公式法分解因式，重点是掌握各公式的结构特征，准确判断一个多项式能否运用公式分解因式，教师可引导学生尽量结合实例对各公式的项数、符号和各项特征以及各项间的关系加以分析，只有符合公式的结构特征的多项式才能用公式分解因式. 同时，教师要强化 a，b 的符号意义，渗透结构的不变性和字母的可变性思想.

因式分解与整式的乘法是方向相反的变形，看似简单，但对学生而言，却是一个新的知识，一种逆向的思维方式，学生常常会产生混淆，有一定的学习难度. 因此，学生需要进行适度的练习来加以掌握. 教师需注意练习题的设置要由浅入深，层层递进，比如：把提取的公因式从单项式过渡到多项式，然后再增加一些符号的变化，让学生通过不同层次和难度的题目训练进一步熟练地掌握因式分解的基本方法.

3. 难度要求建议

对于因式分解的学习，《课程标准》中只要求学生掌握提公因式法和公式法，对于公式，只要求掌握平方差公式和完全平方公式，对于立方和与立方差公式不做要求. 另外，对于十字相乘法，教材通过"阅读与思考"选学栏目呈现，只要求学有余力的学生通过自主学习加以认识和掌握，不必要求全体学生掌握．教学时，教师不要随意拓宽内容，也不要再补充其他因式分解的方法和技巧（比如：配方法、拆项补项法、双十字相乘法等），以免增加学生的学习负担，挫伤学生学习数学的积极性和兴趣．

四、模块教学案例

因式分解

一、教学目标

1. 通过实例，了解因式分解的概念及意义．

2. 掌握因式分解的两种方法——提公因式法、公式法，并能用它们把一个多项式因式分解．

3. 在探究因式分解的过程中，培养学生观察、分析及判断的能力，发展学生数学运算及数学建模的数学素养．

二、教学重难点

1. 学习重点：因式分解的两种基本方法，即提公因式法和公式法．

2. 学习难点：运用因式分解的方法分解因式．

三、教学过程

（一）自主学习

1. 比一比，看谁算得又快又准：

$(1)(a+b+1)^2 - a(a+b+1) - b(a+b+1)$；

$(2)(x+1)^2 - 2(x+1) + 1$；

$(3)(x+y+z)^2 - (x-y-z)^2$．

提示：让学生先做后说，引出多项式乘法的逆变形，从中体会学习因式分解的必要性．

2. 阅读人教版教材数学八年级上册第 $114 \sim 118$ 页，学习研究因式分解的概念和因式分解的方法．

要求：初步了解因式分解的概念及因式分解的方法．

（设计意图：通过三道题的计算比赛，引导学生发现，如果将乘法分配律、完全平方公式、平方差公式进行逆用，可达到简化计算、提高运算速度的目的，从而使其感受到学习新知的必要性和价值，激发其探求新知的好奇心．通过阅读教材，培养学生自主学习研究的能力）

(二)交流分享

1. 什么叫因式分解？请举例说明.

2. 判断下列由左边到右边的变形是不是因式分解，为什么？

A. $x(x-5) = x^2 - 5x$ 　　　　　　　　B. $2x^2 - 4x = 2x(x-2)$

C. $x^2 + 2x - 3 = x(x+2) - 3$ 　　　　D. $x^2 - 1 + 2x = (x+1)(x-1) + 2x$

3. 尝试将下列各式因式分解，由此发现因式分解有哪些方法？

(1) $x^2y + xy^2$；　　(2) $m^2 - 4$；　　　　(3) $a^2 - 8a + 16$.

提示：通过先做后说，引导学生发现和归纳得出因式分解的两种基本方法——提公因式法和公式法，其基本结构特征如下：

提公因式法：$pa + pb + pc = p(a+b+c)$.

公式法：平方差公式 $a^2 - b^2 = (a+b)(a-b)$；完全平方公式 $a^2 + 2ab + b^2 = (a+b)^2$，$a^2 - 2ab + b^2 = (a-b)^2$.

(设计意图：通过以上问题的交流分享，使学生了解因式分解的概念，初步掌握因式分解的方法，抽象出模型，发展学生数学抽象、数学运算和数学建模的核心素养)

(三)引导提升

1. 分解因式：

(1) $3m^2n - 6mn^2 - 9mn$；　　　　　　(2) $25m^2 - 36n^2$；

(3) $-m^2 + 10m - 25$.

2. 分解因式：

(1) $(x-y)^2 - 2(y-x)$；　　　　　　　　(2) $(x+y)^2 - (x-y)^2$；

(3) $(x-y)^2 - 18(x-y) + 81$.

(设计意图：选取具有典型性、代表性和层次性的练习题，让学生进一步理解并掌握因式分解的方法，积累经验，进一步发展学生数学运算和应用意识的素养)

(四)归纳总结

1. 通过本节课的学习，你掌握了因式分解的哪些知识和方法？

2. 谈一谈，因式分解与整式乘法有什么区别和联系？

3. 在本节课的学习中，你体会到哪些思想方法？在解题时，你需要注意哪些问题？

(五)达标测评

1. 下列各式由左到右的变形中，是因式分解的为(　　　　)

A. $m(x+y)=mx+my$ B. $6x^2-4x=2x(3x-2)$

C. $x^2-6x+5=x(x-6)+5$ D. $x^2-4+3x=(x+2)(x-2)+3x$

2. 分解因式:

$(1)3x^3-6x^2$; $(2)x^2-4y^2$;

$(3)x^4-14x^2+49$; $(4)x^2+10x+25$.

3. 分解因式:

$(1)x^3+x^2+x$; $(2)(x-y)^2-9(x+y)^2$;

$(3)(2x-y)^2+4(2x-y)+4$; $(4)4(x+y)^2-20(x+y)+25$.

第三节　整式的乘法与因式分解自主评估

整式的乘法与因式分解自主评估试题

(时间:45 分钟　满分:100 分)

一、选择题(每小题 5 分,共 30 分)

1. 下列运算正确的是(　　)

A. $a^2+2a=3a^3$ B. $(-2a^3)^2=4a^5$

C. $(a+2)(a-1)=a^2+a-2$ D. $(a+b)^2=a^2+b^2$

2. 下列各式中,能用平方差公式计算的是(　　)

A. $(-a+b)(a-b)$ B. $(a-b)(a-b)$

C. $(a+b)(-a-b)$ D. $(a-b)(-a-b)$

3. 能够表示图 8-3-1 中阴影部分面积的算式

有(　　)

①$ac+(b-c)c$; ②$ac+bc-c^2$; ③$ab-(a-c)(b-c)$; ④$(a-c)c+(b-c)c+c^2$.

A. ①②③④ B. ①②③

C. ①② D. ①

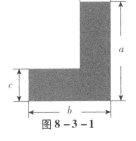

图 8-3-1

4. 将多项式 $x^2 - 8x + 16$ 分解因式，结果正确的是(　　　)

A. $(x+4)^2$ B. $(x-4)^2$

C. $x(x-8)+16$ D. $(x-8)^2$

5. 已知 $x^2 + mx + 25$ 是完全平方式，则 m 的值为(　　　)

A. 10 B. ± 10 C. 20 D. ± 20

6. 已知 $(x+m)(x+3)$ 的结果不含 x 的一次项，则 m 的值为(　　　)

A. -3 B. 3 C. 0 D. 1

二、填空题(每小题 5 分，共 30 分)

7. 分解因式：$x^2 y + 2xy =$ _____．

8. 计算：$\left(-\dfrac{2}{3}m+n\right)\left(-\dfrac{2}{3}m-n\right) =$ _____．

9. 计算：$\left(\dfrac{3}{4}\right)^{2007} \times \left(-\dfrac{4}{3}\right)^{2008} =$ _____．

10. 若代数式 $2a^2 + 3a + 1$ 的值是 6，则代数式 $6a^2 + 9a + 5$ 的值为_____．

11. 若多项式 $x^2 + ax + b$ 分解因式的结果为 $(x+1)(x-2)$，则 $a+b$ = _____．

12. 已知 $x^a = 3$，$x^b = 5$，则 $x^{3a-2b} =$ _____．

三、解答题(每小题 8 分，共 40 分)

13. 计算：

$(1)(ab^2)^2 \cdot (-a^3 b)^3 \div (-5ab)$；

$(2)3a(2a^2 - 9a + 3) - 4a(2a - 1)$．

14. 分解因式：

$(1)\ 3x - 12x^3$； $(2)(x+y)^2 + 2(x+y) + 1$．

15. 先化简，再求值：

$2(x-3)(x+2) - (3+a)(3-a)$，其中，$a = -2$，$x = 1$．

16. 若 $2x + 5y - 3 = 0$，求 $4^x \cdot 32^y$ 的值．

17. 已知：a，b，c 为 $\triangle ABC$ 的三边长，且 $2a^2 + 2b^2 + 2c^2 = 2ab + 2ac + 2bc$，试判断 $\triangle ABC$ 的形状，并证明你的结论．

自主评估说明

　　请在规定时间内独立完成自主评估试题，并在老师的引导下与同伴相互批阅. 成绩 80 分以上为优秀，60 ~ 79 分为合格，低于 60 分为不合格.

　　自主评估结果为：＿＿＿＿＿＿＿＿＿（选填：优秀、合格、不合格）.

　　若评估为优秀，则祝贺你可顺利进入下一单元《分式》的学习.

　　若评估为合格，则建议你及时纠错，查漏补缺，再进入下一单元的学习.

　　若评估为不合格，则希望你在老师和同学的帮助下找出问题，给予弥补，重新评估合格后再进入下一单元的学习.

（本章内容由任静撰写）

第九章

分式

第一节　分式总体构思

【单元内容说明】

本单元主要包括分式的有关概念，分式的基本性质，约分与通分，分式的加、减、乘、除、乘方等运算，整数指数幂，分式方程的概念及可化为一元一次方程的分式方程的解法和应用等内容.

本单元是《课程标准》中"数与代数"的课程内容，这些内容是在学生已经掌握了分数的运算、整式的运算及多项式的因式分解等知识基础上的拓展学习. 分式是把具体的分数一般化后的抽象代表，它在很多方面与分数具有一致性，即具有"数式通性"，因此，本单元尽可能采用类比的方法进行学习. 在学习分式的概念、分式的基本性质和分式运算时，均可类比分数的相关知识进行；而学习分式方程的解法时，可根据等式的基本性质将分式方程转化为整式方程来求解. 本单元内容是后续学习反比例函数、相似等知识的基础，且分式方程模型在生产和生活中有极其广泛的应用，因此，本单元内容具有承上启下的重要作用.

本单元的重点是分式的有关概念、分式的基本性质及分式的运算，难点是分式的混合运算，对分式方程所求根要进行检验的理解.

【单元课标要求】

1. 了解分式和最简分式的概念，能利用分式的基本性质进行约分和通分.

2. 能进行简单的分式加、减、乘、除运算.

3. 能根据具体问题中的数量关系列出方程，体会方程是刻画现实世界数量关系的有效模型.

4. 能解可化为一元一次方程的分式方程.

5. 能根据具体问题的实际意义，检验方程的解是否合理.

【核心素养要求】

1. 数学抽象：通过分式的概念和分式方程的解法学习，发展学生数学抽象和符号意识的素养.

2. 数学运算：通过分式加、减、乘、除等运算法则的学习，发展学生数学运算的素养.

3. 数学建模：通过列分式方程解决生活中的实际问题，发展学生应用意识和数学建模的素养.

【单元教学设想】

人教版数学八年级上册教材将本单元划分为三节：第一节分式（含分式的基本性质）；第二节分式的运算（整数指数幂及科学记数法）；第三节分式方程.根据本单元的知识结构特点和学生的认知特点，以及教学实际，我们在保持课程内容不变的情况下，设想将原教材的三节内容进行适度的整合，重新建构为如下三个模块：

模块一　分式及其基本性质

模块二　分式的运算

模块三　分式方程及其应用

本单元知识框架图，如图 9 - 1 - 1 所示.

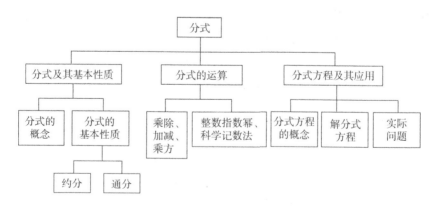

图 9 - 1 - 1　分式知识框架图

附：

表 9 - 1 - 1　人教版《教师教学用书》教学课时安排与单元教学课时安排对比表

人教版《教师教学用书》教学课时安排	单元教学课时安排
15.1　分式(3 课时)	模块一　分式及其基本性质(2 课时)
15.2　分式的运算(6 课时)	模块二　分式的运算(5 课时)
15.3　分式方程(3 课时)	模块三　分式方程及其应用(4 课时)
合计：12 课时	合计：11 课时

第二节　分式教学实施

模块一　分式及其基本性质

一、模块内容解析

本模块主要包括分式的有关概念和分式的基本性质等内容.

本模块的内容是在学生已学过分数、整式基础上的进一步拓展学习. 数与式是数学的重要研究对象，人们在研究整数和分数的过程中，为了更好地反映一般规律，又抽象出整式和分式的概念. 分式与分数是一般与特殊、抽象与具体的关系，两者有许多类似的性质，所以教师可采用类比的教学方法，这样既可温故知新，使知识的产生较为自然，也利于学生接受. 教师在引出分式的概念后，进一步探究分式有意义的条件以及分式的基本性质，最后引导学生运用分式的基本性质进行约分和通分，为"分式的运算"学习做好准备.

本模块内容是学习分式运算和分式方程的基础，体现了从具体到抽象，从特殊到一般的关系，学生可从中感受类比的思想. 因此，本模块在中学数学学习中具有重要的基础性地位和作用.

模块知识线索图，如图 9 - 2 - 1 所示.

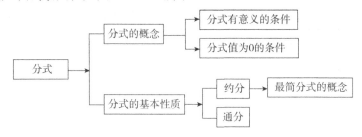

图 9 - 2 - 1　模块知识线索图

二、模块教学目标

1. 通过具体的生活实例，了解引入分式的必要性.

2. 通过类比分数，了解分式和最简分式的概念，能确定分式有意义或无意义以及分式的值为 0 的条件.

3. 掌握分式的基本性质，能利用分式的基本性质进行分式的约分和通分.

4. 通过分式概念、分式的基本性质的学习，发展数学抽象和符号意识的素养；通过分式的约分和通分，发展数学运算素养.

三、模块教学建议

1. 课时安排建议

本模块的教学，建议安排 2 课时完成. 其中，第 1 课时学习分式的概念及分式的基本性质；第 2 课时学习分式的约分与通分.

2. 内容教学建议

实施分式的概念教学时，教师先引导学生运用类比的方法，弄清楚分式与分数、分式与整式的异同点，再借助分数中分母不能为零的事实，引出分式有意义的条件，而分式的值为 0，则可以转化为 $\begin{cases} 分子 = 0, \\ 分母 \neq 0. \end{cases}$

实施分式的基本性质教学时，教师可类比分数的基本性质，由数到式抽象出分式的基本性质. 分式的基本性质是约分、通分的理论依据，也是分式化简和分式运算的依据，还是本模块学习的重点.

3. 难度要求建议

分式的概念、分式的基本性质、分式的约分与通分，都是本单元的基础知识，也是进一步学习分式运算和分式方程的基础，教师应使学生切实掌握. 教师在教学时应以基本试题为主，不要补充繁难的题目，以免增加学生的学习负担，使学生产生学习数学的畏难情绪.

四、模块教学案例

分式及其基本性质

一、教学目标

1. 通过具体实例了解学习分式的必要性，通过类比分数了解分式的概念，发展学生数学抽象的素养.

2. 类比分数有意义，掌握分式有意义及分式值为 0 的条件.

3. 类比分数的基本性质得出分式的基本性质，并能利用分式的基本性质进行分式的变形，体会类比的数学思想，发展数学运算的素养.

二、教学重难点

1. 教学重点：分式的概念及分式的基本性质.

2. 教学难点：分式的基本性质的应用.

三、教学过程

（一）自主学习

1. 已知三个整式：2，a，$x+y$，从中任选两个做"$+$、$-$、$\times$、$\div$"中的某种运算，组成一些新的代数式，并判断其中哪些是整式，哪些不是整式，为什么？

2. 观察第 1 题中不是整式的代数式，你发现它们有何特点？

3. 阅读人教版教材数学八年级上册第 127 页，学习研究分式的有关概念.

要求：初步了解分式的概念，能根据分式的概念写出具体的分式.

（设计意图：通过引导学生自主写出新的代数式，使学生发现其中既有整式，也有非整式，引发认知冲突，激发探究欲望. 通过阅读教材，让学生自主了解学习分式的有关概念）

（二）交流分享

1. 什么叫分式？它与分数有何异同？请举例说明.

提示：引导学生通过类比分数得出分式的概念，然后对概念进行剖析，并结合具体例子进行说明.

2. 要使一个分式有意义，需要满足什么条件？请以下列分式为例进行说明.

(1) $\dfrac{2}{3x}$；　　　　(2) $\dfrac{x}{x-1}$；　　　　(3) $\dfrac{x+y}{x-y}$；　　　　(4) $\dfrac{m^2-1}{m+1}$.

3. 要使一个分式的值为0，需要满足什么条件？请以上面第2题中的四个分式为例进行说明.

（设计意图：通过以上问题的交流分享，使学生理解分式的概念，进一步明确分式有意义的条件和分式的值为0的条件，发展学生数学抽象的核心素养）

（三）引导提升

1. 分数可以通过约分进行化简，比如 $\frac{2}{6} = \frac{1}{3}$，你知道分数化简的依据是什么吗？你认为 $\frac{2x}{6x} = \frac{1}{3}$ 成立吗？为什么？

2. 探究分式的基本性质：

已知图 $9-2-2$(a)中长方形的长为 m，宽为1，用这种长方形按图 $9-2-2$(b)，…，图 $9-2-2$(c)的方式进行拼图，

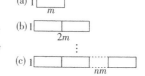

图 $9-2-2$

则图(a)，图(b)，…，图(c)的面积分别为 $S_1 = m$，$S_2 = 2m$，…，$S_n = nm$，则 $\frac{S_1}{m} = \frac{S_2}{2m} = \cdots = \frac{S_n}{nm} = \frac{m}{m} = \frac{2m}{2m} = \cdots = \frac{nm}{nm} = 1$.

观察 $\frac{m}{m} = \frac{2m}{2m} = \cdots = \frac{nm}{nm}$ 中各式的分子和分母，分别发生了怎样的变化，从中你能得出什么结论？

提示：引导学生探究得出分式的基本性质，即：分式的分子与分母都乘（或除以）同一个不等于0的整式，分式的值不变.

用符号表示为：$\frac{a}{b} = \frac{a \cdot m}{b \cdot m}$；$\frac{a}{b} = \frac{a \div m}{b \div m}(m \neq 0)$.

3. 填空：

$(1) \frac{x^3}{xy} = \frac{(\quad)}{y}$，$\frac{3x^2 + 3xy}{6x^2} = \frac{x+y}{(\quad)}$；

$(2) \frac{1}{ab} = \frac{(\quad)}{a^2 b}$，$\frac{2a-b}{a^2} = \frac{(\quad)}{a^2 b}$.

（设计意图：通过类比分数的基本性质得出分式的基本性质，并会运用性质进行分式变形，在此过程中，让学生领悟类比的数学思想，发展其数学运算的素养）

（四）归纳总结

1. 通过本节课的学习，你对分式有了哪些新的认识？当满足什么条件时，

分式有意义？当满足什么条件时，分式的值为 0？

2. 谈一谈，分式与整式有哪些区别？分式的基本性质与分数的基本性质有何异同？你从中体会到哪些数学思想方法？

(五)达标反馈

1. 在代数式 $\dfrac{x}{3}$，$\dfrac{1}{x}$，$\dfrac{m-n}{m+n}$，$\dfrac{x}{x^2-y^2}$，$\dfrac{2a-5}{3}$，$\dfrac{c}{3(a-b)}$ 中，分式有(　　　)

A. 5 个　　　　　　　B. 4 个　　　　　　　C. 3 个　　　　　　　D. 2 个

2. 当 $x \neq$ _____ 时，分式 $\dfrac{x^2-4}{2-x}$ 有意义；当 $x =$ _____ 时，分式 $\dfrac{x^2-4}{2-x}$ 的值为 0.

3. 在括号内填上适当的整式，使等式成立：

(1) $\dfrac{3a}{5xy} = \dfrac{(\quad)}{10axy}$；　　　　　　　　(2) $\dfrac{a+2}{a^2-4} = \dfrac{1}{(\quad)}$.

模块二　分式的运算

一、模块内容解析

本模块包括分式的加、减、乘、除、乘方、整数指数幂及用科学记数法表示绝对值小于 1 的数等内容.

分式的运算属于代数式的基础知识，是有理式恒等变形的重要内容之一，它是在分数和整式运算基础上的进一步深化和拓展. 由于分式的分子和分母都是整式，且分母中还必须含有字母，因此，分式的运算与整式的运算相比，其运算的步骤会增多，符号的变化更为复杂，方法也较为灵活. 尤其是分式的混合运算，它是整式运算、因式分解和分式运算的综合运用，由于运算时需要用到较多的代数基础知识，极容易产生错误，因此对学生来说，学习起来有一定的难度. 突破难点的关键是正确理解分式的概念和掌握分式的基本性质，以及能够熟练运用因式分解的相关知识，同时，还要通过一定数量的题目训练加以巩固. 学习用科学记数法表示绝对值小于 1 的数后，使数的表示更加完善. 本模块内容也是本单元的重点，还是以后学习分式方程、函数、相似和其他有关知识的基础，因此，学习和掌握这部分内容是十分重要的，应给予充分重视.

模块知识线索图，如图 9 - 2 - 3 所示.

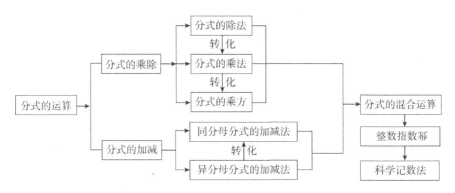

图 9 - 2 - 3 模块知识线索图

二、模块教学目标

1. 通过类比分数的运算，熟练掌握分式的加、减、乘、除、乘方的运算法则，并能根据运算法则进行分式的混合运算.

2. 了解负指数幂运算的规定及其合理性，理解整数指数幂的运算性质，能用科学记数法表示小于 1 的正数.

3. 通过分式运算的学习，掌握类比的学习方法，增强符号意识，发展数学运算和数学建模的素养.

三、模块教学建议

1. 课时安排建议

本模块的教学，建议安排 5 课时完成. 其中，第 1 课时学习分式的乘除运算；第 2 课时学习分式的加减运算；第 3 课时学习分式的混合运算；第 4 课时学习整数指数幂与科学记数法；第 5 课时对本模块进行综合复习.

2. 内容教学建议

对于本模块的教学，先学习分式的乘除和乘方运算，再学习分式的加减和混合运算，最后学习整数指数幂及科学记数法. 分式的乘除运算，是在学生学习了分数的乘除和分式的基本性质及约分等基础上的进一步学习，乘法运算的实质就是通过约分化成最简分式. 由于约分的依据是分式的基本性质，因此在实施分式的乘除运算教学时，教师要注意引导学生复习分数和分式的基本性质等内容，然后类比分数的乘除运算进行分式的乘除运算，这样学生比较容易理解和掌握这部分知识. 对分子、分母是多项式的分式的乘除运算, 教师需要引导学生先进行因式分解再约分, 然后进行乘除运算.

对于分式加减运算的教学, 同样可以类比分数的加减运算进行, 其中同分母分式的加减对学生来说比较简单, 只要让学生明白运算的法则即可, 而对于异分母分式的加减运算, 对学生来说有一定的难度, 教师需引导学生将异分母分式通过通分转化为同分母的分式再进行运算. 如果分母是多项式, 那么首先考虑将各分母分解因式, 再进行通分. 另外, 教师还要注意例题教学的示范, 使学生做到规范解题.

分式的混合运算是本单元的重点也是难点, 突破的方法就是让学生按照各运算法则步步有据地进行运算, 通过多练习, 不断积累学习经验, 提高运算能力.

对于整数指数幂与科学记数法的教学, 主要是根据幂的运算和分式运算, 在已经学过的非负整数指数幂的基础上学习负整数指数幂, 从而将指数幂拓展为整数指数幂, 使指数幂的知识结构更加完整. 在教学时, 教师要着重讲清楚负整数指数幂的规定的合理性, 在此基础上引导学生进一步学习用科学记数法表示绝对值小于 1 的数, 这样就能够使所学的数均可以用科学记数法表示了.

3. 难度要求建议

对于分式的运算, 《课程标准》要求"能进行简单的分式加、减、乘、除运算", 因此, 教师在教学时不要随意增加例题和练习题的难度, 不要随意拔高要求, 分式的运算的式子不宜太繁杂, 不要增加繁分式的化简和运算内容, 以免加重学生的学习负担.

四、模块教学案例

分式的加减

一、教学目标

1. 类比分数的加减, 掌握分式的加减法则.

2. 能熟练地进行分式的加减运算及其混合运算, 发展学生数学运算的素养.

二、教学重难点

1. 教学重点: 分式的加减运算法则.

2. 教学难点: 异分母的分式加减运算法则和分式加减的混合运算.

三、教学过程

(一)自主学习

1. 计算下列各式，并说明其运算的依据：

(1) $\dfrac{1}{5} + \dfrac{2}{5} =$ _____；　　　　　　(2) $\dfrac{1}{5} - \dfrac{2}{5} =$ _____；

(3) $\dfrac{1}{5} + \dfrac{1}{3} =$ _____；　　　　　　(4) $\dfrac{1}{5} - \dfrac{1}{3} =$ _____．

2. 如何将第 1 题中的分数加减运算变形为分式的加减运算？你能对变形后的分式进行运算吗？试一试.

3. 阅读人教版教材数学八年级上册第 140 页，学习研究分式的加减运算法则.

要求：初步了解分式的加减运算法则.

(设计意图：通过具体的分数的加减运算，唤起学生对已学分数加减运算的回忆，为分式的加减运算法则的学习做好铺垫. 通过将分数加减运算变形为分式的加减运算，使学生自然过渡到对新知的探究学习，通过阅读教材，让学生自主学习分式的加减运算法则，培养学生的自学能力)

(二)交流分享

1. 分式的加减分为几种情形？结合实例说明其运算法则，并用符号表示.

提示：分式的加减分为同分母分式相加减和异分母分式相加减两种情形.

其运算法则用符号表示如下：

$$\dfrac{a}{c} \pm \dfrac{b}{c} = \dfrac{a \pm b}{c};\qquad\qquad \dfrac{a}{b} \pm \dfrac{c}{d} = \dfrac{ad}{bd} \pm \dfrac{bc}{bd} = \dfrac{ad \pm bc}{bd}.$$

2. 写出两个同分母的分式相加减的式子，并进行计算，然后与同学分享交流.

比如：(1) $\dfrac{x+1}{x} - \dfrac{1}{x}$；　(2) $\dfrac{5}{x-2} + \dfrac{x+3}{2-x}$；　(3) $\dfrac{5x+3y}{x^2-y^2} - \dfrac{2x}{x^2-y^2}$ 等.

3. 请写出两个异分母的分式相加减的式子，并进行计算，然后展示出来与同学分享交流.

比如：(1) $\dfrac{1}{2c^2d} + \dfrac{1}{3cd^2}$；　(2) $\dfrac{1}{x+1} - \dfrac{2}{x-1}$；　(3) $\dfrac{3}{2m-n} - \dfrac{2m-n}{(2m-n)^2}$ 等.

提示：对于异分母的分式相加减，先找出各分母的最简公分母，然后通过通分将异分母的分式转化为同分母的分式进行运算.

(设计意图：通过以上问题，使学生理解并掌握分式的加减法则，通过让学

生自己写出同分母(或异分母)的分式相加减的式子,培养学生的创造力,发展其数学建模和数学运算的素养)

(三)引导提升

1. 计算:

(1)$\dfrac{b}{b+1}+\dfrac{2b}{b+1}-\dfrac{3b}{b+1}$;

(2)$\dfrac{2a}{a^2-b^2}-\dfrac{1}{a+b}+\dfrac{1}{a-b}$.

2. 计算:

(1)$a-1+\dfrac{a^2}{a+1}$;

(2)$\dfrac{a^2-4a+4}{a^2-4}+\dfrac{a-2}{a^2+2a}+2$.

(设计意图:通过上述问题的解答,使学生熟练掌握分式的加减运算,提升学生的运算技能,进一步发展学生数学运算的素养)

(四)归纳总结

1. 通过本节课的学习,你掌握了分式的加减运算的哪些知识?你能说出分式加减的运算法则吗?

2. 在分式加减的学习过程中,你感悟到了哪些数学思想方法?在运算时你需要注意哪些问题?

(五)达标反馈

1. 计算$\dfrac{1}{a}+\dfrac{1}{b}$的结果是(　　　　)

A. $\dfrac{1}{a+b}$ 　　　　 B. $\dfrac{2}{a+b}$ 　　　　 C. $\dfrac{a+b}{ab}$ 　　　　 D. $a+b$

2. 计算:

(1)$\dfrac{x}{x-1}-\dfrac{1}{x-1}$; 　　 (2)$\dfrac{1}{2p+3q}+\dfrac{1}{2p-3q}$; 　　 (3)$\dfrac{3y}{2x+2y}+\dfrac{2xy}{x^2+xy}$.

模块三　分式方程及其应用

一、模块内容解析

本模块主要包括分式方程的概念、解分式方程、分式方程的应用等内容.

本模块内容是在学生已经学习了简单的整式方程以及分式的有关运算的基础上的深化学习. 分式方程属于有理方程,是解决某些实际问题的数学模型,具有整式方程不可替代的作用. 其研究思路是通过实际问题,引出分式方程,体现学习分式方程的必要性和重要性；再通过分析分式方程的特点，得出分式方程的概念；接着研究分式方程的解法，主要研究可化为一元一次方程的分式方程，通过去分母将分式方程转化为整式方程，从而求出其解，但在去分母的过程中，可能产生增根，这就需要对所求的解进行检验，这一点对学生来说理解起来会有一定的难度，需要分析说明；最后，运用分式方程模型解决生活和生产中的实际问题，这不仅体现分式方程来源于实践又服务于实践的重要作用，而且可有效提高学生分析问题、解决问题的能力，发展学生的应用和创新意识.因此，本模块在中学数学学习中占有十分重要的地位.

　　本模块的重点是解分式方程和建立分式方程模型解决实际问题，难点是分式方程的增根问题和列出分式方程解应用题.

　　模块知识线索图，如图 9 - 2 - 4 所示.

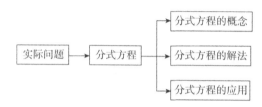

图 9 - 2 - 4　模块知识线索图

二、模块教学目标

1. 通过实例，了解分式方程的概念，能识别分式方程.

2. 了解解分式方程的基本思路，会解可化为一元一次方程的分式方程，体会化归的数学思想.

3. 通过列举产生增根的分式方程的例子，理解分式方程不一定有解，了解产生增根的原因，掌握分式方程验根的方法.

4. 能够利用分式方程模型解决一些简单的实际问题，提高分析问题和解决问题的能力，发展数学建模的素养.

三、模块教学建议

1. 课时安排建议

本模块的教学，建议安排 4 课时完成. 其中，第 1 课时学习分式方程的概念及其解法；第 2 课时学习解分式方程；第 3 课时学习分式方程与实际问题；第 4 课时对模块内容进行综合复习.

2. 内容教学建议

分式方程是在学习整式方程后的进一步拓展学习，是对有理方程体系的进一步扩充．教师应在分式概念的基础上引出分式方程的概念，因为这样可以使学生较容易理解和接受．教师在引入分式方程的解法之前，可先复习解一元一次方程的一般过程，引导学生学会将分式方程转化为整式方程，渗透类比和转化的数学思想．在去分母实现将分式方程转化为整式方程的过程中，由于变形过程不是同解变形，所以可能出现整式方程的解非分式方程的解的情况，即产生增根，教师在教学时务必给学生分析清楚，并通过具体的题目让学生了解产生增根的缘由，使其不断感知验根的必要性．

在实施分式方程与实际问题的教学时，教师需引导学生读题，审清题意，分析问题中的数量关系，并找出等量关系，列出分式方程求解．在求出所列方程的解后，教师应提醒学生从方程的根和问题中的实际情况两方面进行检验．

3. 难度要求建议

《课程标准》对解分式方程的教学要求是"能解可化为一元一次方程的分式方程"，不要求解去分母后是一元二次方程的分式方程，因此，教师在教学时应注意不要涉及超要求的练习题目．用分式方程解应用题对学生来说是一个难点，教师提出的实际问题要尽可能贴近学生的生活实际，以减轻学生对学习应用题的畏难情绪．

四、模块教学案例

分式方程及其解法

一、教学目标

1. 从分析实际问题中的数量关系抽象出分式方程的概念，并能识别分式方程．

2. 掌握可化为一元一次方程的简单分式方程的解法，体会化归的数学思想．

3. 了解解分式方程需要检验的原因，会检验分式方程的根．

二、教学重难点

1. 教学重点：解分式方程．

2. 教学难点：解分式方程时产生增根的原因．

三、教学过程

（一）自主学习

1. 解一元一次方程：$\dfrac{x}{3}+\dfrac{x-1}{2}=1$，说出其解题步骤及依据．

2. 如果将方程 $\dfrac{x}{3} + \dfrac{x-1}{2} = 1$ 变形为 $\dfrac{3}{x} + \dfrac{2}{x-1} = 1$，它还是一元一次方程吗？你能解这个方程吗？

3. 阅读人教版教材数学八年级上册第149页，学习研究分式方程的概念及解法.

要求：了解什么是分式方程，怎么解分式方程.

（设计意图：引导学生回顾所学过的一元一次方程的解法，为分式方程的学习做铺垫；通过阅读教材，使学生初步了解分式方程的概念及解法，培养学生的自学能力，养成良好的读书习惯）

（二）交流分享

1. 什么叫作分式方程？请写出几个分式方程.

2. 判断下列方程中，哪些是分式方程，哪些是整式方程？

(1) $\dfrac{x-3}{2} = 1$；　　　　　　　　　(2) $\dfrac{2}{x-3} = 1$；

(3) $\dfrac{1}{3x} + \dfrac{2}{x^2} = 1$；　　　　　　　(4) $\dfrac{90}{30+v} = \dfrac{60}{30-v}$.

解后反思：分式方程与整式方程有何异同？

3. 尝试解下列分式方程：

(1) $\dfrac{2}{x-3} = 1$；　　　　　　　　(2) $\dfrac{90}{30+v} = \dfrac{60}{30-v}$.

（设计意图：通过以上问题，使学生进一步理解分式方程的概念，能识别分式方程，并通过尝试解分式方程，理解解分式方程的基本思路是转化为整式方程，体现数学的化归思想，发展学生数学抽象和数学运算的素养）

（三）引导提升

1. 解分式方程 $\dfrac{1}{x-5} = \dfrac{10}{x^2-25}$.

提示：（1）先让学生通过去分母求出方程的解，得 $x=5$；（2）再引导学生将所求的解 $x=5$ 代入原分式方程进行检验，从而判断这个解是不是分式方程的解；（3）如果不是分式方程的解，探究其缘由.

2. 解分式方程：

(1) $\dfrac{x}{x-1} - 1 = \dfrac{3}{(x-1)(x+2)}$；　　　(2) $\dfrac{7}{x^2+x} + \dfrac{1}{x^2-1} = \dfrac{2}{x^2-x}$.

提示：先让学生自主求出方程的根，然后引导学生进行验根，并掌握验根的两种方法：一是将所得的方程的根代入原方程进行检验，看它的左、右两边的值是否相等. 若左、右两边的值相等，则是原方程的根；若使分式无意义，则不是原方程的根. 二是把所求整式方程的根代入最简公分母中，如果值不为零，那么这个根就是原分式方程的根，如果值为零，那么这个根就是原分式方程的增根，原分式方程无解.

（设计意图：通过以上问题的解答，使学生进一步掌握分式方程的解法，理解通过去分母将分式方程化为整式方程的过程中可能产生增根的缘由，了解验根的必要性，掌握验根的两种方法，进一步发展学生数学运算的素养）

（四）归纳总结

1. 通过本节课的学习，你知道什么是分式方程吗？

2. 解分式方程的基本思路是什么？为什么解分式方程一定要验根？怎样验根？

3. 在本节课的学习中，你体会到了哪些数学思想方法？这些思想方法对生活和学习有何指导意义？

（五）达标反馈

1. 下列方程中，属于分式方程的是（   ）

A. $\dfrac{1}{4} + \dfrac{x}{5} = 1$ B. $\dfrac{1}{x} + x = 1$ C. $2x = x + 1$ D. $x^2 = 1$

2. 解下列分式方程：

（1）$\dfrac{3}{x-3} = \dfrac{5}{x+1}$；   （2）$\dfrac{2}{x+1} - \dfrac{3}{x-1} = \dfrac{1}{x^2-1}$.

第三节　分式自主评估

分式自主评估试题

（时间：45分钟　满分：100分）

一、选择题（每小题5分，共30分）

1. 在代数式 $\dfrac{x}{5}$，$\dfrac{1}{a+b}$，$\dfrac{y}{x+3y}$，$\dfrac{m-n}{10}$，$\dfrac{m+6}{m}$ 中，分式共有（   ）

A. 2 个　　　　　　B. 3 个　　　　　　C. 4 个　　　　　　D. 5 个

2. 下列式子中，与 $\dfrac{x+y}{x-y}$ 相等的是（　　）

A. $\dfrac{(x-y)+5}{(x+y)+5}$　　B. $\dfrac{2x-y}{2x+y}$　　　　C. $\dfrac{5(x+y)}{5(x-y)}$　　　　D. $\dfrac{x^2-y^2}{x^2+y^2}$

3. 下列计算错误的是（　　）

A. $(-2)^0 = 1$　　　　　　　　　　　B. $2x^{-2} = \dfrac{2}{x^2}$

C. $3.2 \times 10^{-3} = 0.0032$　　　　　D. $(x^2 y^{-1}) \div (x^{-1} y^3) = xy$

4. 已知 $\dfrac{1}{a} - \dfrac{1}{b} = \dfrac{1}{2}$，则 $\dfrac{ab}{a-b}$ 的值等于（　　）

A. $\dfrac{1}{2}$　　　　　　B. $-\dfrac{1}{2}$　　　　　　C. 2　　　　　　D. -2

5. 把分式方程 $\dfrac{2}{x} - \dfrac{x}{x+1} = 1$ 化为整式方程，正确的是（　　）

A. $2(x+1) - x^2 = 1$　　　　　　　　B. $2(x+1) + x^2 = 1$

C. $2(x+1) - x^2 = x(x+1)$　　　　　D. $2x - (x+1) = x(x+1)$

6. 据林业专家分析，树叶在光合作用下产生的分泌物能够吸附空气中的一些悬浮颗粒物，具有滞尘净化空气的作用. 已知一片银杏树叶一年的平均滞尘量比一片国槐树叶一年的平均滞尘量的 2 倍少 4 毫克，若一年滞尘 1000 毫克所需的银杏树叶的片数与一年滞尘 550 毫克所需的国槐树叶的片数相同，求一片国槐树叶一年的平均滞尘量. 若设一片国槐树叶一年的平均滞尘量为 x 毫克，根据题意列出方程，正确的是（　　）

A. $\dfrac{1000}{2x-4} = \dfrac{550}{x}$　　　　　　　　　B. $\dfrac{1000}{2x+4} = \dfrac{550}{x}$

C. $1000(2x-4) = 550x$　　　　　　　D. $\dfrac{1000}{2(x-4)} = \dfrac{550}{x}$

二、填空题（每小题 5 分，共 30 分）

7. 若代数式 $(x+2)^0 - \dfrac{3}{2x+1}$ 有意义，则 x 的取值范围是_____.

8. 将 0.00000345 用科学记数法表示为_____.

9. 如果分式 $\dfrac{|x|-1}{(x-1)(x-2)}$ 的值为零，那么 $x = $_____.

10. 当 $x =$ _____时，分式 $\dfrac{2x}{x-1}$ 的值比分式 $\dfrac{x-1}{x}$ 的值大 1.

11. 某中学图书馆计划添置一批图书，用 240 元购进一种科普书，同时用 200 元购进一种文学书. 由于科普书的单价比文学书的单价高出一半，因此学校所购买的文学书比科普书多 4 本，则文学书的单价是_____元.

12. 关于 x 的方程 $\dfrac{2x+a}{x-1}=1$ 的解是正数，则 a 的取值范围是_____.

三、解答题(每小题 8 分，共 40 分)

13. 计算：

（1）$\left(-2a^{-1}b^{-2}c^2\right)^{-2}$；　　　　（2）$\left(m+\dfrac{2mn+n^2}{m}\right)\cdot\dfrac{m^2-mn}{m^2-n^2}$.

14. 解方程：

（1）$\dfrac{4}{y^2-1}+\dfrac{y-3}{1-y}+1=0$；　　　　（2）$\dfrac{2(x+1)^2}{x^2}-\dfrac{x+1}{x}=1$.

15. 在数学课上，老师对同学们说："只要你们任意说出一个 x 的值（$x\neq 0$，1，2），我立刻就能知道式子 $\left(1+\dfrac{1}{x-2}\right)\div\dfrac{x-1}{x^2-2x}$ 的计算结果." 你能说出其中的道理吗？试一试.

16. 王红和李英同学制作彩旗，已知王红每小时比李英多做 5 面彩旗，王红做 60 面彩旗与李英做 50 面彩旗所用的时间相等，问：王红、李英每小时各做多少面彩旗？

17. 某地修建了一个健身广场，于 2020 年底投入使用. 现计划在广场内种植 A，B 两种树木共 6600 棵，若 A 种树木数量比 B 种树木数量的 2 倍少 600 棵.

（1）求 A，B 两种树木的数量分别是多少棵.

（2）如果工程队安排 26 人同时种植这两种树木，每人每天能种植 A 种树木 60 棵或 B 种树木 40 棵，应分别安排多少人种植 A 种树木和 B 种树木，才能确保同时完成各自的任务？

自主评估说明

请在规定时间内独立完成自主评估试题，并在老师的引导下与同伴相互批阅. 成绩 80 分以上为优秀，60 ~ 79 分为合格，低于 60 分为不合格.

自我评估结果为：＿＿＿＿＿＿＿（选填：优秀、合格、不合格）.

若评估为优秀，则恭喜你可顺利进入下一单元《一元二次方程》的学习.

若评估为合格，则建议你及时纠错，查漏补缺，再进入下一单元的学习.

若评估为不合格，则希望你在老师和同学的帮助下巩固学习本单元知识，再进入下一单元的学习.

（本章内容由裴岚撰写）

第十章

一元二次方程

第一节　一元二次方程总体构思

【单元内容说明】

本单元主要包括一元二次方程的有关概念、解一元二次方程的方法、根的判别式、根与系数的关系，以及应用一元二次方程模型解决实际问题等内容.

本单元属于《课程标准》中"数与代数"的课程内容，在学习本章之前，学生已经学习了一元一次方程、二元一次方程组、可化为一元一次方程的分式方程，已经初步感受到了方程的模型作用，并且积累了一些建构方程模型解决实际问题的经验. 本单元是前面所学方程知识的继续和发展，也是后续学习二次函数、高次方程的基础，它在中学数学学习中起着承上启下的作用，具有重要的地位，学习这部分内容有助于发展学生的运算能力，加深其对方程建模思想的理解.

本单元的重点是一元二次方程的有关概念，用配方法、公式法、因式分解法解一元二次方程，以及建立一元二次方程的数学模型解决实际问题. 难点是用配方法解一元二次方程，以及建立一元二次方程模型解决实际问题.

【单元课标要求】

1. 经历由具体问题抽象出一元二次方程的过程，进一步体会方程是刻画现实世界中数量关系的有效数学模型.

2. 了解一元二次方程及其相关概念，能用直接开平方法、配方法、公式法、分解因式法解数字系数的一元二次方程，并在解一元二次方程的过程中体会转化等数学思想.

3. 会用一元二次方程根的判别式判别方程是否有实根和两个实根是否相等.

4. 能根据具体问题的实际意义, 检验方程的解是否合理.

5. 了解一元二次方程根与系数的关系; 通过丰富的实例建立一元二次方程的数学模型并解决简单的实际问题; 进一步增强学生的数学建模和数学应用意识.

【核心素养要求】

1. 数学运算: 通过一元二次方程的相关概念和一元二次方程的解法学习, 发展学生数学运算的素养.

2. 数学建模: 通过建立一元二次方程的数学模型解决实际问题, 发展学生数学建模和应用意识的素养.

【单元教学设想】

人教版数学九年级上册教材将本单元划分为三节: 第一节一元二次方程; 第二节解一元二次方程(含配方法、公式法、因式分解法); 第三节实际问题与一元二次方程. 根据本单元的知识体系和学生的认知特点, 并结合教学实际, 我们在保持课程内容不变的情况下, 设想将原教材的三节内容进行适度的整合, 重新建构为如下两个模块:

模块一　一元二次方程及其解法

模块二　一元二次方程的应用

本单元知识框架图, 如图 10 - 1 - 1 所示.

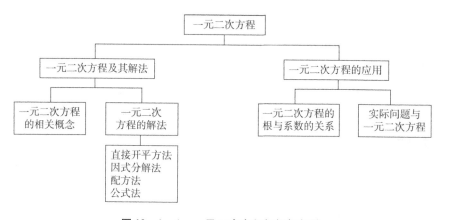

图 10 - 1 - 1　一元二次方程知识框架图

附:

表 10－1－1　人教版《教师教学用书》教学课时安排与单元教学课时安排对比表

人教版《教师教学用书》教学课时安排	单元教学课时安排
21.1　一元二次方程(1 课时)	模块一　一元二次方程及其解法
21.2　解一元二次方程(7 课时)	（5 课时）
21.3　实际问题与一元二次方程(3 课时)	模块二　一元二次方程的应用(4 课时)
合计：11 课时	合计：9 课时

第二节　一元二次方程教学实施

模块一　一元二次方程及其解法

一、模块内容解析

本模块主要包括一元二次方程的有关概念和一元二次方程的解法(含直接开平方法、配方法、公式法、因式分解法)等内容.

本模块首先通过实际问题抽象出一元二次方程的模型,再通过与前面所学过的整式方程进行观察、比较,从而归纳得出一元二次方程的概念及一般表达式. 由于方程中未知数的最高次数增加,因此一元二次方程的解法更加多样、更加复杂. 学生通过方程组的学习,知道解方程组的基本思路是将二元转化为一元,将未知转化为已知,类比可知解一元二次方程的基本思路就是将未知化为已知,即将二次方程化归为一次方程,所以降次是解一元二次方程的基本策略. 接着,通过具体实例,从整体观的角度让学生探究解一元二次方程的方法(含直接开平方法、配方法、公式法、因式分解法),避免不同解法之间的割裂. 教师需引导学生在面对具体问题时,学会根据方程的特点,选择恰当的方法解一元二次方程.

一元二次方程的解法是本模块的重点和难点,也是本单元的核心内容. 通过本模块内容的学习,学生不仅能拓展对原有方程知识的认知结构,完善知识体系,而且能从中领悟分类和化归的数学思想方法,因此,本模块具有十分重要的地位和作用.

模块知识线索图，如图 10-2-1 所示.

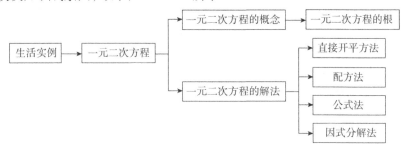

图 10-2-1 模块知识线索图

二、模块教学目标

1. 经历由具体问题抽象出一元二次方程的过程，进一步体会方程是刻画现实世界中数量关系的一个有效数学模型，培养学生数学建模的核心素养.

2. 了解一元二次方程及其相关概念，能用直接开平方法、配方法、公式法、分解因式法解数字系数的一元二次方程，并在解一元二次方程的过程中体会降次等数学思想方法，发展学生数学运算的核心素养.

三、模块教学建议

1. 课时安排建议

本模块的教学，建议安排 5 课时完成. 其中，第 1 课时学习一元二次方程的相关概念及其解法(包括：直接开平方法和因式分解法)；第 2 课时学习用配方法和公式法解一元二次方程；第 3 课时对配方法和公式法解一元二次方程进行巩固练习；第 4 课时进行解一元二次方程的综合练习；第 5 课时对本模块内容进行综合复习.

2. 内容教学建议

学生在学习一元二次方程之前，已经学过了一元一次方程、二元一次方程组和可以化为一元一次方程的分式方程的知识，对于解方程及其基本思路已经比较熟悉，因此教师可引导学生自主探究一元二次方程的解法. 一元二次方程与前面所学过的整式方程相比，特点在于方程中未知数的次数是二次. 师生需要解决的新问题是如何将二次方程转化为已经会解的一次方程. 由于一元二次方程的解法较多，因此我们建议教师在一元二次方程的解法教学时，让学生经历探究一元二次方程各种解法的完整过程，避免学生对不同解法的相互割裂，注意整体性介绍. 其中, 用直接开平方法得到方程 $x^2 = p$ 的解是最基本的解法, 特别要重视对 p 的分类讨论, 因为它蕴含了对判别式的分类讨论. 方程 $x^2 = p(p \geq 0)$ 可转化为 "$x^2 - p = 0$", 将其因式分解, 化为 "$(x + \sqrt{p})(x - \sqrt{p}) = 0$", 从而得出解一元二次方程的新方法——因式分解法, 所以就基本方程 $x^2 = p(p \geq 0)$ 而言, 可以将直接开平方法和因式分解法进行合并教学. 接着, 再将基本方程 "$x^2 = p$" 变式为 "$(x + n)^2 = p$", 从而引出配方法的教学, 其中渗透了整体和转化的数学思想. 我们知道, 配方法是公式法的基础, 公式法是配方法的应用, 只是省去了配方的过程. 教师在教学中, 注意将这些知识、方法和思想统一起来, 使学生建构较为完整的学习和探究一元二次方程的知识体系. 鉴于一元二次方程的解法较多, 学生容易混淆各种解法之间的区别与联系, 所以教师可以采取如下办法: 让学生在原来已经认识解方程的基础上, 注重类比及从特殊到一般等思想方法的渗透和应用, 让学生体会 "降次" 是很自然、很合理的产生, 再对一元二次方程进行练习, 这样学生就能熟练地掌握各种解法了.

3. 难度要求建议

对于 "解一元二次方程" 的教学, 重要的是教师要让学生熟练地掌握用直接开平方法、因式分解法、配方法、公式法解数字系数的一元二次方程, 不要在数字系数的方程上追求复杂性, 更不要让学生解含字母系数的一元二次方程, 注意把握好教学的难度.

四、模块教学案例

一元二次方程及其解法

一、教学目标

1. 通过具体实例掌握一元二次方程的概念及一般形式, 了解学习一元二次方程的必要性.

2. 会用直接开平方法、因式分解法、配方法、公式法解一些简单的一元二次方程, 建构解一元二次方程的基本思想和方法.

3. 在探究一元二次方程解法的过程中, 体会化归的数学思想, 进一步发展学生数学运算的素养.

二、教学重难点

1. 教学重点: 一元二次方程的概念以及用直接开平方法、因式分解法、配方法和公式法解简单的一元二次方程.

2. 教学难点: 用配方法解一元二次方程.

三、教学过程

(一) 自主学习

1. 请回想一下，你学过了哪几种方程？各举出一个实例，并求出它们的解.

2. 你能用一张长 16 厘米，宽 12 厘米的硬纸片做成一个底面积为 96 平方厘米的没有盖的长方体盒子吗？试一试.

分析：在纸片的四个角上剪去四个相同的小正方形，然后把四边折起来，就可以做成无盖的纸盒. 问题是能否使做成的盒子的底面积是 96 平方厘米，则实际问题转化为数学问题即是要求出截出的小正方形的边长.

(1) 你能根据题意列出方程吗？能尝试求出所列方程的解吗？

解：设截去的小正方形的边长为 x 厘米，则盒子的底面的长及宽分别为 $(16-2x)$ 厘米和 $(12-2x)$ 厘米.

由题意得：$(16-2x)(12-2x)=96$，整理得：$x^2-14x+24=0$（A）.

学生发现，方程（A）与过去所学的方程不同，因而不会求解.

(2) 比较方程 $3x-5=0$ 与方程 $x^2-14x+24=0$ 的异同，你能类比一元一次方程，给出方程（A）的名称吗？说说你的理由.

3. 阅读人教版教材数学九年级上册第 2~3 页，学习研究一元二次方程的有关概念.

要求：了解一元二次方程的概念及一般形式，能正确认识它的各项和系数.

（设计意图：通过回顾已学的方程知识，为新知学习做好准备；通过实际问题抽象出一元二次方程模型，从而引出本节课学习和研究的课题. 这样的设计，既找准了学生的认知起点，自然地引出新知，又有效激发了学生的求知欲望和探索精神，也有利于学生接受和理解新知）

(二) 交流分享

1. 什么叫一元二次方程？试自主写出两个一元二次方程.

2. 判断下列关于 x 的方程是不是一元二次方程？请说明理由.

(1) $x^2=4$；

(2) $(3x-1)(2x+3)=5x^2$；

(3) $3x-\dfrac{2}{x}=0$；

(4) $mx^2+m=nx^2-nx$.

3. 将下列方程化成一元二次方程的一般形式，并指出其二次项系数、一次项系数和常数项.

(1) $(x+1)^2-2(x-1)^2=6x-5$；

（2）$3x(x-1)=2(x+2)-4$；

（3）$(x+2)(x-4)=7$．

提示：方程（1）化简为：$x^2-4=0$．　　①

方程（2）化简为：$3x^2-5x=0$．　　②

方程（3）化简为：$x^2-2x-15=0$．　　③

（设计意图：通过以上问题的分享交流，加深学生对一元二次方程的相关概念的理解和掌握，发展学生数学运算的素养）

（三）引导提升

1. 你能运用所学的知识求出方程 $x^2-4=0$ 的解吗？

方法一：将方程转化为"$x^2=p(p\geq0)$"的形式，根据开平方的知识可求出方程的解．

解：移项，得 $x^2=4$，

两边开平方，得 $x=\pm2$，　　$\therefore x_1=2$，$x_2=-2$．

由此归纳得出一元二次方程的第一种解法——直接开平方法．

方法二：根据因式分解的知识和"如果两个因式的积等于0，那么这两个因式至少有一个等于0"，可求出方程的解．

解：将方程的左边分解因式，得 $(x+2)(x-2)=0$，

令 $x+2=0$ 或 $x-2=0$，　　$\therefore x_1=2$，$x_2=-2$．

由此归纳得出一元二次方程的第二种解法——因式分解法．

2. 学生分小组探究下面方程的解法，然后选派代表上台展示交流．

$x^2-2x-15=0$．

解：$x^2-2x-15=0$，

变形，得 $x^2-2x=15$，

配方，得 $x^2-2x+1=15+1$，

即 $(x-1)^2=16$，

$\therefore x-1=4$ 或 $x-1=-4$，$\therefore x_1=5$，$x_2=-3$．

由此，归纳得出解一元二次方程的第三种方法——配方法．

拓展思考：我们知道，任意一个一元二次方程都可以转化为一般形式 $ax^2+bx+c=0(a\neq0)$，你能用配方法得出它的解吗？

提示：移项，得 $ax^2+bx=-c$，

二次项系数化1，得 $x^2+\dfrac{b}{a}x=-\dfrac{c}{a}$，

配方，得 $x^2 + \dfrac{b}{a}x + \left(\dfrac{b}{2a}\right)^2 = -\dfrac{c}{a} + \left(\dfrac{b}{2a}\right)^2$ ，

即得 $\left(x + \dfrac{b}{2a}\right)^2 = \dfrac{b^2 - 4ac}{4a^2}$ ．

当 $b^2 - 4ac \geq 0$ 时，$\dfrac{b^2 - 4ac}{4a^2} \geq 0$ ，

直接开平方，得 $x + \dfrac{b}{2a} = \pm \dfrac{\sqrt{b^2 - 4ac}}{2a}$ ，即 $x = \dfrac{-b \pm \sqrt{b^2 - 4ac}}{2a}$ ，

$\therefore x_1 = \dfrac{-b + \sqrt{b^2 - 4ac}}{2a}$ ，$x_2 = \dfrac{-b - \sqrt{b^2 - 4ac}}{2a}$ ．

用配方法解一元二次方程 $ax^2 + bx + c = 0 (a \neq 0)$ ，当有解时，它的解是用含系数 a，b，c 的式子表示的，我们把它叫作一元二次方程的求根公式，我们以后可以直接用这个公式来求一元二次方程的解．

由此得到解一元二次方程的第四种方法——公式法．

3. 用公式法解一元二次方程 $2x^2 + 3x - 1 = 0$．

(设计意图：通过引导学生对上述问题的解答，归纳得出解一元二次方程的不同方法，使学生整体感知解一元二次方程解法的多样性，避免学生对各种解法之间的割裂，初步建构解一元二次方程的基本思路和基本方法的框架体系，发展学生数学抽象和数学运算的素养)

(四)归纳总结

1. 通过本节课的学习，你对一元二次方程有了哪些认识？

2. 你掌握了哪几种解一元二次方程的方法？试举例说明．

3. 在本节课学习中，你领悟到了哪些数学思想方法？解一元二次方程时你需要注意哪些问题？

(五)达标反馈

1. 下列方程中哪些是一元二次方程？如果是一元二次方程，请化为一般形式，并指出其中的二次项系数、一次项系数和常数项；如果不是，请说明理由．

(1) $x^2 = 1$；

(2) $2x^2 - x = 3$；

(3) $4x^2 - 3xy + 6y = 0$；

(4) $-x + 4 = 0$；

(5) $x^2 + 3x = \dfrac{3}{x}$；

(6) $(3x - 2)(x + 1) = 8x - 3$．

2. 用适当的方法解下列一元二次方程：

(1) $(x + 6)^2 = 9$；

(2) $x^2 - 2x = -1$；

$(3) 2x^2 - 8x - 1 = 0$；

$(4) 3x(2x + 1) = 4x + 2.$

模块二　一元二次方程的应用

一、模块内容解析

本模块主要包括一元二次方程的根与系数的关系、一元二次方程与实际问题等内容.

一元二次方程的根与系数的关系是一元二次方程及其解法的简单应用. 本模块首先通过实例，探究发现二次项系数为 1 的一元二次方程的根与系数存在的关系；然后探究二次项系数不为 1 的一元二次方程根与系数的关系；最后归纳总结出一般的一元二次方程 $ax^2 + bx + c = 0$（其中 a，b，c 为常数，且 $a \neq 0$）的根与系数的关系. 在此基础上，本模块通过列一元二次方程模型解决有关"传染传播""变化率"和"几何图形"等实际问题，培养学生分析和解决实际问题的能力，发展其数学建模的素养.

列一元二次方程解决实际问题是本模块的核心内容，而解所列的一元二次方程属于巩固性内容. 由于本模块中的实际问题数量关系比较隐蔽，所以建立一元二次方程模型是难点，突破难点的关键是弄清问题的背景和数量关系，特别是找出其中的等量关系，可通过列表或画示意图进行分析.

通过对本模块内容的学习，学生不仅能建构起用一元二次方程分析解决实际问题的知识体系，而且能感受到数学在实际问题中的应用价值. 因此，本模块在中学数学学习中具有十分重要的作用.

模块知识线索图，如图 10 - 2 - 2 所示.

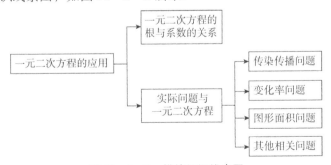

图 10 - 2 - 2　模块知识线索图

二、模块教学目标

1. 了解一元二次方程根与系数的关系(不要求学生应用这个关系解决其他问题),培养和发展学生数学运算的核心素养.

2. 经历由具体问题抽象出一元二次方程的过程,进一步体会方程是刻画和描述现实世界中数量关系的一个有效的数学模型.

3. 通过建立一元二次方程模型解决简单的实际问题,进一步培养学生分析问题、解决问题的能力. 经历在具体情境中估计一元二次方程解的过程,增强学生的估算意识和发展学生数学建模和数据分析的核心素养.

三、模块教学建议

1. 课时安排建议

本模块的教学,建议安排 4 课时完成. 其中,第 1 课时学习一元二次方程的根与系数的关系;第 2 课时学习实际问题与一元二次方程;第 3 课时对实际问题与一元二次方程进行巩固练习;第 4 课时对本模块的内容进行综合复习.

2. 内容教学建议

首先,通过解具体的一元二次方程,探究发现一元二次方程的根与系数之间存在某种关系,并归纳得出结论,体会一元二次方程根与系数的本质联系,更为全面地认识一元二次方程. 然后,建立一元二次方程模型解决生活中的实际问题. 教师在教学时,要注意引导学生经历"审题"(提取问题中的数量信息并理解问题中的关键性语句);"分析"(借用图表、图形、式子等工具使问题中的数量关系明朗化);"列方程"(设未知数,把问题中的等量关系转化为一元二次方程);"解方程"(用适当的方法解所列的一元二次方程);"检验"(验证解的正确性及解是否符合实际意义);"作答"(用方程的解回答实际问题的答案);"反思"(方程及解法是否具有多样性,问题能否进一步拓展,方程能否赋予不同的意义)的过程. 从一元一次方程、二元一次方程(组)和分式方程的实际应用到一元二次方程的实际应用,列方程和解方程都是教学的核心内容,教师要让学生体会一元二次方程是刻画现实世界的有效模型,要让学生不断积累学习经验,从中体会数学与生活实际、数学与其他知识的联系以及学习数学的价值.

3. 难度要求建议

对于"一元二次方程根与系数的关系"的教学,《课程标准》中把它作为选学内容，只对学有余力的学生有学习要求，教师可适当补充计算 $x_1^2 + x_2^2$，$\dfrac{1}{x_1} + \dfrac{1}{x_2}$ 之类的问题. 运用一元二次方程解决实际问题是教学的一个难点，问题的背景要尽量贴近学生的生活实际，难度最好以教材中的难度为限，不需要教师再补充过多的习题.

四、模块教学案例

一元二次方程的根与系数的关系

一、教学目标

1. 理解一元二次方程的根与系数的关系，并能运用其解决一些较简单的问题，体会转化和整体代入的思想方法.

2. 让学生经历探索一元二次方程根与系数的关系的过程，培养学生发现、探索、归纳总结和创新能力，让学生体会从特殊到一般和化归的数学思想方法，发展学生数学建构和数学运算的素养.

二、教学重难点

1. 教学重点：一元二次方程根与系数关系的探索及简单应用.

2. 教学难点：一元二次方程根与系数的关系.

三、教学过程

(一)自主学习

1. 解方程：

① $x^2 - 4x + 3 = 0$；② $x^2 + 3x - 4 = 0$；③ $x^2 - 2x - 1 = 0$.

2. 在实数范围内分解因式：

① $x^2 - 4x + 3$；② $x^2 + 3x - 4$；③ $x^2 - 2x - 1$.

思考：观察问题 2 中的 3 个二次三项式的分解结果和问题 1 中对应的一元二次方程的两根有什么联系. 一元二次方程 $x^2 + bx + c = 0(b^2 - 4c \geq 0)$ 的两根分别是 x_1，x_2，那么 $x^2 + bx + c$ 在实数范围内的分解结果是什么？

3. 阅读人教版教材数学九年级上册第 15~16 页，学习研究一元二次方程的根与系数的关系.

要求：初步了解一元二次方程的根与系数的关系.

(设计意图：通过以上问题，引导学生探索发现：若一元二次方程 $x^2 + bx + c = 0(b^2 - 4c \geq 0)$ 的两根分别是 x_1，x_2，则 $x^2 + bx + c = (x - x_1)(x - x_2)$. 这为后面学生探究韦达定理提供了思路，更重要的是它蕴含了两根之和 $x_1 + x_2$ 和两根

之积 x_1x_2 与系数之间的关系，而不是刻意根据特例去计算 x_1+x_2 与 x_1x_2 的结果，这体现了一元二次方程根与系数关系的生成过程. 再通过阅读教材，初步了解一元二次方程的根与系数的关系)

(二)交流分享

1. 你能猜想出一元二次方程 $x^2+bx+c=0(b^2-4c\geq0)$ 的两根之和 x_1+x_2 和两根之积 x_1x_2 分别与该方程的系数之间有何关系？请证明你的猜想.

提示：猜想得到一元二次方程 $x^2+bx+c=0(b^2-4c\geq0)$ 的两根之和 $x_1+x_2=-b$，两根之积 $x_1x_2=c$.

2. 若一元二次方程变为 $ax^2+bx+c=0(a\neq0$ 且 $b^2-4ac\geq0)$ ，则它的两根之和 x_1+x_2 和两根之积 x_1x_2 与方程的各项系数之间又有什么关系？

提示：将一元二次方程 $ax^2+bx+c=0$ 变形为 $x^2+\dfrac{b}{a}x+\dfrac{c}{a}=0$，则转化为问题1的情形，可得其两根之和 $x_1+x_2=-\dfrac{b}{a}$，两根之积 $x_1x_2=\dfrac{c}{a}$.

(设计意图：从特殊的二次项系数为1的一元二次方程 $x^2+bx+c=0(b^2-4c\geq0)$ 根与系数关系的探索，拓展到一般的一元二次方程 $ax^2+bx+c=0$ 根与系数关系的探究，遵循由易到难的学习原则，体现了从特殊到一般的数学思想，发展了学生的数学运算和数学推理的核心素养)

(三)引导提升

1. 若 x_1，x_2 是方程 $3x^2+7x-9=0$ 的两个根，试求下列各式的值.

(1)x_1+x_2；　　　(2)x_1x_2；　　　(3)$x_1^2+x_2^2$；　　　(4)$\dfrac{1}{x_1}+\dfrac{1}{x_2}$.

2. 已知关于 x 的一元二次方程 $ax^2+bx+c=0$.

(1)若 $a=1$，且该方程的两根分别为1和3，求 b，c 的值.

(2)若 $a=1$，$b=4$，$c=2m+1$，且该方程的一个根为1，求 m 的值和方程的另一个根.

(设计意图：通过以上问题的解答，巩固掌握一元二次方程的根与系数的关系，并能解决相关的新问题，发展学生的数学运算和应用意识等核心素养)

(四)归纳总结

1. 通过本节课的学习，你能说出一元二次方程的根与系数有怎样的关系吗？请用符号把它们的关系表示出来.

2. 一元二次方程的根与系数的关系有哪些应用？解题时你需要注意哪些

问题?

(五)达标反馈

1. 求下列方程两根的和与两根的积:

(1)$x^2 - 4x - 3 = 0$;　　　　(2)$2x^2 = 3x$;　　　　(3)$5x^2 - 2 = x + 3$.

2. 已知关于 x 的一元二次方程 $x^2 - 6x + (2m + 1) = 0$ 有实数根.

(1)求 m 的取值范围;

(2)如果方程的两个实数根为 x_1,x_2,且 $2x_1x_2 + x_1 + x_2 \geqslant 20$,求 m 的取值范围.

第三节　一元二次方程自主评估

一元二次方程自主评估试题

(时间:45分钟　满分:100分)

一、选择题(每小题5分,共30分)

1. 下列方程属于一元二次方程的是(　　)

A. $x - 2y + 1 = 0$ 　　　　　　　B. $x^2 - 2x - 3 = 0$

C. $2x + 3 = 0$ 　　　　　　　　D. $x^2 + 2y - 10 = 0$

2. 一元二次方程 $x(x - 1) = 0$ 的解为(　　)

A. 0 　　　　　　　　　　　　B. 1

C. $x = 0$ 或 $x = 1$ 　　　　　　D. $x = 0$ 或 $x = -1$

3. 关于 x 的一元二次方程 $x^2 + ax - 1 = 0$ 的根的情况是(　　)

A. 没有实数根 　　　　　　　　B. 只有一个实数根

C. 有两个相等的实数根 　　　　D. 有两个不相等的实数根

4. 用配方法解方程 $x^2 - 2x - 1 = 0$ 时,配方后所得的方程为(　　)

A. $(x + 1)^2 = 0$ 　　　　　　　B. $(x - 1)^2 = 0$

C. $(x + 1)^2 = 2$ 　　　　　　　D. $(x - 1)^2 = 2$

5. 若关于 x 的一元二次方程 $mx^2 - 2x + 1 = 0$ 无实数根，则一次函数 $y = (m - 1)x - m$ 的图像不经过(　　)

A. 第一象限　　　B. 第二象限　　　C. 第三象限　　　D. 第四象限

6. 某班同学毕业时都将自己的照片向全班其他同学各送一张表示留念，全班共送 1035 张照片，如果全班有 x 名同学，根据题意，列出方程为(　　)

A. $x(x + 1) = 1035$　　　　　　　B. $x(x - 1) = 1035 \times 2$

C. $x(x - 1) = 1035$　　　　　　　D. $2x(x + 1) = 1035$

二、填空题(每小题 5 分，共 30 分)

7. 一元二次方程 $2x^2 - 1 - 3x = 0$ 的二次项系数是_____，一次项系数是_____，常数项是_____.

8. 请写出一个根为 $x = \pm 2$ 的一元二次方程：_____.

9. 已知 $x = -1$ 是方程 $x^2 - x + m = 0$ 的根，则 m 的值为_____.

10. 在实数范围内定义一种运算"※"，其规则为 $a ※ b = a^2 - b^2$，根据这个规则，方程 $(x + 2) ※ 5 = 0$ 的解为_____.

11. 三角形两边长分别为 3 和 6，第三边长是方程 $x^2 - 13x + 36 = 0$ 的根，该三角形的周长为_____.

12. 如图 10-3-1 所示，某小区规划在一个长 30 m，宽 20 m 的长方形 $ABCD$ 上修建三条同样宽的通道，使其中两条与 AB 平行，另一条与 AD 平行，其余部分种花草. 要使每一块花草的面积都为 78m²，那么通道的宽应设计成多少？设通道的宽为 x m，则根据题意列方程，得_____.

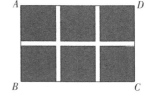

图 10-3-1

三、解答题(每小题 8 分，共 40 分)

13. 用适当的方法解下列方程：

(1) $9(x + 1)^2 = 25$；　　　　　　(2) $x^2 - 1 = 3x - 3$.

14. 已知关于 x 的一元二次方程 $kx^2 + (2k - 1)x + k + 2 = 0$ 有两个不相等的实数根，求 k 的取值范围.

15. 某种电脑病毒传播非常快，如果一台电脑被传染，经过两轮感染后就会有 81 台电脑被感染. 请你用学过的知识分析，每轮感染中平均一台电脑会感染几台电脑？若病毒得不到有效控制，三轮感染后，被感染的电脑会不会超过700台？

16. 阅读下面的例题并解答问题.

例题：解方程 $x^2 - |x| - 2 = 0$.

解：（1）当 $x \geq 0$ 时，原方程化为 $x^2 - x - 2 = 0$，

解得：$x_1 = 2$，$x_2 = -1$（其中 $x_2 = -1$ 不合题意，舍去）.

（2）当 $x < 0$ 时，原方程化为 $x^2 + x - 2 = 0$，

解得：$x_1 = -2$，$x_2 = 1$（其中 $x_2 = 1$ 不合题意，舍去）.

$\therefore$ 原方程的根是 $x_1 = 2$，$x_2 = -2$.

请参照例题的解法解方程 $x^2 - |x-1| - 1 = 0$.

17. 某百货商场销售一批名牌衬衫，平均每天可售出 20 件，每件盈利 45 元，为了扩大销售、增加盈利，尽快减少库存，商场决定采取适当的降价措施，经调查发现，如果每件衬衫每降价 1 元，商场平均每天可多售出 4 件，若要使商场平均每天盈利 2100 元，每件衬衫应降价多少元？

自主评估说明

请在规定时间内独立完成自主评估试题，并在老师的引导下与同伴相互批阅. 成绩 80 分以上为优秀，60～79 分为合格，低于 60 分为不合格.

自我评估结果为：＿＿＿＿＿＿＿（选填：优秀、合格、不合格）.

若评估为优秀，则祝贺你可顺利进入下一单元《二次函数》的学习.

若评估为合格，则建议你及时纠错，查漏补缺，再进入下一单元的学习.

若评估为不合格，则希望你在老师和同学的帮助下找出问题，给予弥补，重新评估合格后再进入下一单元的学习.

（本章内容由刘丽华撰写）

第十一章

二次函数

第一节　二次函数总体构思

【单元内容说明】

本单元主要包括二次函数的概念、二次函数的图像与性质、二次函数与一元二次方程的关系以及二次函数的应用等内容.

本单元属于《课程标准》中"数与代数"的课程内容，是在学生已学过一次函数基础上的深化学习. 在一次函数的学习中，学生已初步了解研究函数的基本思路，即先通过具体的事例抽象出函数的概念，然后探究函数的图像与性质，最后运用函数的概念及性质解决问题. 二次函数的图像是抛物线，是中学数学重点研究的曲线之一，这种形状的曲线在生活和建筑上有着广泛的应用. 另外，二次函数与一元二次方程和一元二次不等式等也有紧密的关系，也是高中学习圆锥曲线、幂函数、指数函数、对数函数等的基础. 本单元不仅是初中数学学习的重要内容，也是一种重要的数学思想方法及工具，它渗透了数形结合、运动变化和函数模型等数学思想，因此，本单元具有承上启下的基础地位和作用.

本单元的重点是二次函数的图像与性质，难点是二次函数与一元二次方程的关系以及二次函数的应用.

【单元课标要求】

1. 通过对实际问题的分析，体会二次函数的意义.

2. 会用描点法画出二次函数的图像，通过图像了解二次函数的性质.

3. 会用配方法将二次函数 $y = ax^2 + bx + c (a \neq 0)$ 化为 $y = a(x - h)^2 + k$ 的形

式，并能由此得到二次函数图像的顶点坐标，说出图像的开口方向，画出图像的对称轴，并能解决简单的实际问题.

4. 会利用二次函数的图像求一元二次方程的近似解.

5. 知道给定不共线三点的坐标可以确定一个二次函数.

【核心素养要求】

1. 数学抽象：在探究二次函数概念的过程中，强化符号意识，发展数学抽象的素养.

2. 几何直观：在探究二次函数图像和性质的过程中，培养学生动手能力和观察能力，发展学生几何直观的素养.

3. 数学运算：在研究二次函数与一元二次方程（或一元二次不等式）之间的关系时，进一步发展学生的数学运算素养.

4. 数学建模：在运用二次函数模型解决实际问题的过程中，发展学生数学建模和应用意识的素养.

【单元教学设想】

人教版数学九年级上册教材将本单元划分为三节：第一节是二次函数的图像和性质；第二节是二次函数与一元二次方程；第三节是实际问题与二次函数. 教科书在编写二次函数的图像与性质时，根据由简到繁的顺序把它们分成了三个小节进行研究，如果按照教科书的编写进行教学，那么学生对二次函数的图像和性质的认识显然比较零碎，缺乏整体认知. 另外，第二节的二次函数与一元二次方程和第三节的实际问题与二次函数都属于二次函数的应用范畴，教科书却将它们分为了两节编排. 除此之外、二次函数与前面所学的一次函数、二次函数与几何图形之间都有广泛的联系及综合应用. 为此，我们根据本单元的知识结构特点和学生的认知特点，以及教学实际，在保持原课程内容不变的情况下，设想将教材的三节内容进行适度的整合，重新建构为如下三个模块：

模块一　二次函数的概念

模块二　二次函数的图像与性质

模块三　二次函数的应用

本单元知识框架图,如图 11 - 1 - 1 所示.

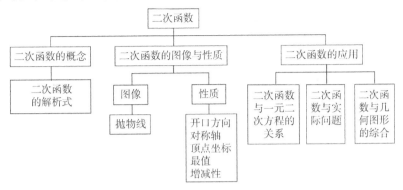

图 11 - 1 - 1　二次函数知识框架图

附:

表 11 - 1 - 1　人教版《教师教学用书》教学课时安排与单元教学课时安排对比表

人教版《教师教学用书》教学课时安排	单元教学课时安排
22.1　二次函数的图像和性质(6 课时)	模块一　二次函数的概念(1 课时)
	模块二　二次函数的图像与性质(4 课时)
22.2　二次函数与一元二次方程(1 课时)	模块三　二次函数的应用(6 课时)
22.3　实际问题与二次函数(3 课时)	
合计:10 课时	合计:11 课时

第二节　二次函数教学实施

模块一　二次函数的概念

一、模块内容分析

本模块主要包括二次函数的概念和根据给定的条件确定二次函数的解析式以及自变量的取值范围等内容,它是在一次函数的基础上对函数类型的拓展学习.

本模块首先通过具体问题引入二次函数模型,然后引导学生观察所列函数表达式的特征, 归纳总结出二次函数的概念, 并对其解析式的各项系数进行识别. 最后结合实际问题确定出函数解析式中自变量的取值范围. 其中二次函数的相关概念是本模块学习的重点, 运用二次函数进行简单建模是难点.

学生在学习完本模块内容后, 不仅可以巩固已学函数的概念, 还可进一步完善函数的学习体系和知识结构. 通过运用二次函数表述实际问题中的变化关系, 让学生体会到数学建模的重要作用, 提升其对二次函数学习的兴趣和积极性. 二次函数的概念是后面学习函数的图像和性质的基础, 同时也是高中学习圆锥曲线的基础, 因此, 本模块在数学学习中具有基础性作用.

模块知识线索图, 如图 11 - 2 - 1 所示.

图 11 - 2 - 1   二次函数模块知识线索图

二、模块教学目标

1. 通过实例了解二次函数源于生活的事实.

2. 借助解析式理解二次函数的概念, 会识别二次函数的各项及其系数.

3. 会根据实际问题确定二次函数解析式及自变量的取值范围.

4. 在经历用二次函数表达实际问题的过程中体会运动变化及数学建模思想.

三、模块教学建议

1. 课时安排建议

本模块的教学, 建议安排 1 课时完成.

2. 内容教学建议

在实施二次函数的概念教学中, 教师可以通过具体问题的引入, 引导学生找出实际问题中变化的量及其数量关系, 根据题意建立模型. 在学生探索得出问题的函数表达式后, 教师引导学生对函数表达式进行化简整理, 按照变量的次数由高到低排列, 然后类比一次函数的概念引导学生观察表达式的特征, 归纳得出二次函数的概念. 随后, 教师让学生相互列举出各种二次函数的解析式, 并将它们化成一般形式, 再识别一般式中的各项系数, 也可以让学生再自主举出与二次函数相关的生活实例，建立二次函数模型，并确定自变量的取值范围，使学生达到学以致用的目的.

3. 难度要求建议

对于实际问题的引入，教师要注意学生对问题情景的认知程度，要尽可能使问题情景贴近学生的生活实际. 教学时，教师可以适当更换教材提供的实例素材，要充分预估学生对素材的熟悉程度，同时还要注意问题中的变量关系不宜过于复杂，否则学生会遇到很大的障碍，影响对二次函数概念的学习和学好二次函数的信心.

四、模块教学案例

二次函数的概念

一、教学目标

1. 经历从实际问题抽象出二次函数的过程，了解二次函数源于生活的事实.

2. 从解析式的形式上理解二次函数的概念，会识别二次函数的各项系数.

3. 会根据实际问题中的数量关系确定二次函数解析式及自变量的取值范围.

4. 在通过实际问题建立二次函数模型的过程中，体会运动变化和数学建模的思想.

二、教学重难点

1. 教学重点：二次函数的概念.

2. 教学难点：根据实际问题确定二次函数的解析式及自变量取值范围.

三、教学过程

(一)自主学习

1. 知识回顾

(1)什么叫函数？你学过哪类函数？试举例说明.

(2)对于函数的学习，我们主要从哪几个方面进行研究？

2. 阅读人教版教材数学九年级上册第 28～29 页，学习研究二次函数的概念.

要求：了解二次函数的概念和表达式，并列举二次函数的生活实例.

(设计意图：通过回顾已学函数的相关知识，唤起学生对已有知识的回忆，同时为新知学习做好铺垫，为后阶段学习二次函数提供研究思路. 引导学生阅读教材，培养其自主学习能力)

（二）交流分享

1. 根据下列问题列出相应的函数关系式.

（1）如果正方体的棱长为 x，表面积为 y，试写出 y 与 x 的关系.

（2）已知一个矩形的周长是 60 m，一边长是 a m，试写出这个矩形的面积 $S(\mathrm{m}^2)$ 与这个矩形的一边长 a 之间的关系式.

（3）某农机厂第一个月水泵的产量为 50 台，第三个月水泵的产量 y（台）与月平均增长率 x 之间的关系如何表示？

2. 将上述三个问题中的表达式按照自变量次数由高到低的顺序进行整理，观察它们有什么特点？

提示：先让学生独立思考；然后进行小组交流，讨论说出表达式的特点；最后师生一起归纳出二次函数的概念.

教师板书：形如 $y = ax^2 + bx + c$（a，b，c 是常数，$a \neq 0$）的函数叫作二次函数. a 叫作二次项系数，b 叫作一次项系数，c 叫作常数项.

3. 请列举一个二次函数，指出其中的自变量和函数，并说出各项的系数.

（设计意图：通过列式、整理、观察、归纳得出二次函数的概念，让学生经历概念的探索过程，理解函数与生活的联系，激发学生学习的兴趣. 通过交流分享，概念辨析，加深学生对二次函数概念的理解. 在对各项系数辨析的过程中，强化学生的符号意识，发展其数学建模的素养）

（三）引导提升

1. 下列函数中，哪些是二次函数？哪些不是二次函数？若是二次函数，请指出解析式的各项系数.

（1）$y = 2 - 3x^2$； （2）$S = t(t - 4)$；

（3）$y = \dfrac{1}{4}x^2 + 3x - 8$； （4）$y = \dfrac{5}{x - 1}$.

2. 已知函数 $y = (m + 2)x^{m^2 - 2}$.

（1）当 m 为何值时，此函数是关于 x 的一次函数？

（2）当 m 为何值时，此函数是关于 x 的二次函数？

3. 你能举出一个生活中能用二次函数表达的实例吗？请求出自变量的取值范围.

比如，已知圆的面积是 S cm^2，圆的半径是 r cm，圆的面积 S 与半径 r 之间的函数关系式.

提示：函数关系式为 $S = \pi r^2$，自变量 r 的取值范围为：$r > 0$.

再比如，王先生存入银行 2 万元，先存一个一年定期，一年后银行将本息自动转存为又一个一年定期，两年后王先生共得本息 y 万元与年存款利率 x 的关系.

提示：函数关系为 $y = 2(1 + x)^2$，自变量 x 的取值范围为 $x > 0$.

归纳：通过以上问题探索，归纳得出实际问题列二次函数关系式的一般步骤：

（1）弄清题意，明确问题中的关键信息；

（2）分析并找出变量之间的关系；

（3）根据变量关系列出函数关系式；

（4）根据题意，确定自变量的取值范围.

其中二次函数自变量的取值范围为：（1）对于一般式：$y = ax^2 + bx + c$（a，b，c 是常数，$a \neq 0$），自变量的取值范围通常为一切实数；（2）对于根据实际问题列出的二次函数，其自变量的取值范围要由实际问题的条件决定.

（设计意图：通过寻找生活中二次函数模型并列出二次函数的关系式，培养学生发现问题、提出问题、分析问题和解决问题的能力，让学生通过实例感受列二次函数解析式的一般步骤，进一步发展学生数学建模的素养）

（四）归纳总结

1. 通过本节课的学习，你掌握了二次函数哪些知识？写出其一般式和它的二次项系数、一次项系数以及常数项.

2. 根据实际问题列二次函数关系式的一般步骤有哪些？

3. 在二次函数的学习中，你领悟到哪些数学思想方法？请与同学进行分享.

（五）达标反馈

1. 请写出一个二次函数的解析式，并指出它的各项及其系数.

2. 下列函数中，属于二次函数的有（　　　　）

（1）$y = 3(x - 1)^2 + 1$；　　　　　　（2）$y = x + \dfrac{1}{x}$；

（3）$y = x^2$；　　　　　　　　　　（4）$y = (3 - x)(2 + x)$.

A. 1 个　　　　　　　　　　　B. 2 个

C. 3 个　　　　　　　　　　　D. 4 个

3. 若 $y = (m^2 + m)x^{m^2 - 2m - 1}$ 是关于 x 的二次函数，则 $m = $ _____.

4. 如图 $11 - 2 - 2$ 所示，50 m 长的护栏全部用于建造一块靠墙的长方形花园，写出长方形花园的面积 $y(\text{m}^2)$ 与它和墙平行的边的长 $x(\text{m})$ 之间的函数关系式：$y =$ _____ ，其中自变量 x 的取值范围为 _____.

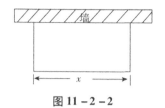

图 11 - 2 - 2

模块二　二次函数的图像与性质

一、模块内容分析

本模块包括二次函数 $y = ax^2$，$y = ax^2 + k$，$y = a(x - h)^2$，$y = a(x - h)^2 + k$，$y = ax^2 + bx + c$ 的图像与性质及其简单的应用，这些内容是在学习二次函数基本概念基础上的进一步学习.

本模块先通过对函数 $y = ax^2$ 的图像与性质的探究，得出二次函数图像的形状和基本性质，以及函数研究的基本思路；再结合图像平移的知识，进一步研究 $y = ax^2 + k$，$y = a(x - h)^2$ 的图像的形状与开口方向、对称轴、顶点坐标、图像变化趋势等性质；最后通过图像的平移得出二次函数 $y = a(x - h)^2 + k$ 的图像，运用类比的方法进一步归纳得出其性质. 对于一般式 $y = ax^2 + bx + c$ 的图像与性质的学习，教师在教学时要引导学生找到它们之间的关联，可通过两种方式进行学习研究，一是将其配成顶点式 $y = a(x - h)^2 + k$，再得出图像性质；二是直接利用顶点坐标公式和对称轴公式得出图像的相关性质.

本模块的教学，重点是引导学生在认识二次函数的概念基础上进一步探究其图像性质，研究得出二次函数图像的形状、开口方向、顶点坐标、对称轴以及增减趋势等特征，强化学生在函数学习过程中领悟数形结合思想的运用. 本模块是本单元学习的核心内容，将为二次函数的应用打下坚实的基础.

模块知识线索图，如图 11 - 2 - 3 所示.

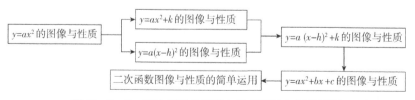

图 11 - 2 - 3　二次函数的图像与性质模块知识线索图

二、模块教学目标

1. 会用列表、描点、连线的方法画出二次函数 $y = ax^2$ 的图像，并通过图像了解其性质.

2. 在 $y = ax^2$ 图像的基础上，会利用平移变换得出 $y = ax^2 + k$ 和 $y = a(x - h)^2$ 的图像.

3. 会用配方法将 $y = ax^2 + bx + c$ 化为 $y = a(x - h)^2 + k$ 的形式，通过平移得出其图像，并通过图像探究其性质.

4. 会用待定系数法确定二次函数的解析式.

5. 会用二次函数图像与性质解决一些数学问题和实际问题.

6. 在探究二次函数图像与性质的过程中，体会数形结合的思想，发展几何直观的数学素养.

三、模块教学建议

1. 课时安排建议

本模块的教学，建议安排 4 课时完成. 其中，第 1 课时学习二次函数的图像与性质(1)(包括：$y = ax^2$，$y = ax^2 + k$，$y = a(x - h)^2$)；第 2 课时学习二次函数的图像与性质(2)(包括：$y = a(x - h)^2 + k$，$y = ax^2 + bx + c$)；第 3 课时学习二次函数的图像与性质的简单应用；第 4 课时对本模块内容进行综合复习.

2. 内容教学建议

在实施二次函数的图像与性质教学时，教师要注意遵循由特殊到一般，由简单到复杂的教学原则，运用"类比"和"数形结合"思想指导教学. 对于基本函数 $y = ax^2(a \neq 0)$ 的图像和性质的探究，教师应先让学生从最简单的 $y = x^2$ 和 $y = -x^2$ 入手进行探究，通过列表、描点、连线，画出函数的图像，并引导学生从函数的解析式、列表及图像等角度，观察发现自变量的取值范围及函数的性质. 在此基础上，将二次函数 $y = ax^2$ 中的 a 变为具体的数，比如 2 和 -2，或 $\frac{1}{2}$ 和 $-\frac{1}{2}$ 再进一步尝试画出其图像，通过"画图""观察""探究"和"归纳"等环节，最后得到二次函数 $y = ax^2$ 的图像及性质.

为探究函数 $y = ax^2 + k$ 的图像和性质，教师可引导学生从解析式入手，将它们与函数 $y = ax^2$ 进行比较，先猜想其图像，再通过画图进行验证，从而探究得出其图像和性质. 同时教师可以引导学生从函数解析式、表格和图像三个角度进行综合对比，得出它们图像的形状都是抛物线，只是位置发生了平移变换. 同理，可以探究函数 $y = a(x - h)^2$ 的图像和性质.

在经历上述三个不同形式的函数的图像与性质的学习后，教师让学生自主探究学习 $y = a(x - h)^2 + k$ 的图像与性质，在此基础上，进一步探究一般形式的二次函数 $y = ax^2 + bx + c$ 的图像与性质. 教学时，重点和关键是引导学生如何将二次函数 $y = ax^2 + bx + c$ 化为 $y = a(x - h)^2 + k$ 的形式，通过观察、比较，师生找到突破的方法就是利用配方将一般式化为顶点式，从而将新知转化为旧知，使问题得以解决.

3. 难度教学建议

对二次函数 $y = ax^2$，$y = ax^2 + k$、$y = a(x - h)^2$，$y = a(x - h)^2 + k$，$y = ax^2 + bx + c(a \neq 0)$ 的图像与性质的学习，教师让学生达到《课程标准》的要求即可. 教师可适当补充一些求二次函数的最值的训练题目. 另外，教师在讲授图像的变化趋势时，最好不要涉及含参系数的二次函数图像变化趋势的分类讨论问题. 在探究和学习二次函数的图像和性质后，教师可安排一节本模块的综合复习，但最好以打好基础为主，不要补充与实际问题相关的最值问题，以及动态变化等综合性较强的问题.

四、模块教学案例

二次函数 $y = ax^2$，$y = ax^2 + k$，$y = a(x - h)^2$ 的图像与性质

一、教学目标

1. 会用描点法画出二次函数 $y = ax^2$ 的图像，并通过图像了解其性质.

2. 会通过平移变换探究二次函数 $y = ax^2 + k$，$y = a(x - h)^2$ 的图像和性质，掌握平移的方法.

3. 在探究二次函数图像与性质的过程中，进一步体会学习研究函数图像与性质的一般方法和数形结合的思想，发展几何直观的素养.

二、教学重点、难点

1. 学习重点：二次函数 $y = ax^2$ 的图像与性质.

2. 学习难点：通过平移探究 $y = a(x - h)^2$ 的图像与性质.

三、教学过程

(一)自主学习

1. 回顾旧知:

(1)画函数的图像有哪几个步骤?

(2)在平面直角坐标系中,画出函数 $y = 2x$ 和 $y = 2x + 3$ 的图像,并观察函数的解析式及其图像,你从中能发现哪些结论?

2. 类比第(2)问,猜想二次函数 $y = 2x^2$ 和 $y = 2x^2 + 1$ 的图像之间有何关系?

3. 阅读人教版教材数学九年级上册第 29 ~ 32 页,学习研究二次函数 $y = ax^2$ 的图像和性质.

(设计意图:通过回顾旧知,唤起学生对已学一次函数知识的回忆. 通过阅读教科书,使学生对二次函数 $y = ax^2$ 的图像和性质有初步的认识和了解,养成阅读的良好习惯,培养学生自学能力)

(二)交流分享

1. 在同一坐标系中画出二次函数 $y = 2x^2$ 和 $y = -2x^2$ 的图像,并观察所画的图像,你发现有什么特征?

提示:引导学生按照画函数图像的三个步骤,即"列表、描点、连线"画出二次函数 $y = 2x^2$ 与 $y = -2x^2$ 的图像.

① 列表,如表 11 - 2 - 1 所示:

表 11 - 2 - 1

x	$\cdots$	-2	-1	0	1	2	$\cdots$
$y = 2x^2$	$\cdots$	8	2	0	2	8	$\cdots$
$y = -2x^2$	$\cdots$	-8	-2	0	-2	-8	$\cdots$

② 描点:把表里各组对应值作为点的坐标,在平面直角坐标系中描点.

③ 连线:用光滑曲线顺次连接各点,得到函数 $y = 2x^2$ 与 $y = -2x^2$ 的图像,如图 11 - 2 - 4 所示.

2. 观察二次函数 $y = 2x^2 + 1$ 与 $y = 2x^2$ 的解析式有何异同,由此猜想它们的图像有何关系,请画图验证你的猜想,并比较它们的图像形状、开口方向、对称轴和顶点有何不同.

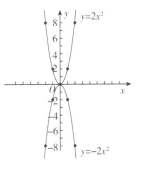

图 11 - 2 - 4

变式1：二次函数 $y = -2x^2 + 1$ 的图像可由函数 $y = -2x^2$ 的图像进行怎样的平移得到？

变式2：一般地，二次函数 $y = ax^2 + k$ 的图像可由 $y = ax^2$ 的图像进行怎样的平移得到？它具有哪些性质？

（设计意图：通过动手操作、观察发现、小组讨论、交流分享等环节，让学生逐步掌握二次函数 $y = ax^2 + k$ 与 $y = ax^2$ 的关系，并根据其图像探索其性质，发展学生数学抽象和几何直观的数学素养）

（三）引导提升

1. 你能由二次函数 $y = -2x^2 + 1$ 的图像通过平移得到 $y = -2x^2$ 和 $y = -2x^2 - 3$ 的图像吗？请说明理由．

2. 请将二次函数 $y = 2x^2$ 的图像通过平移得到二次函数 $y = 2(x-1)^2$ 和 $y = 2(x+1)^2$ 的图像，并画图说明．

变式：二次函数 $y = a(x-h)^2$ 与 $y = ax^2$ 的图像之间有何关系？请结合图像探究其性质．

（设计意图：通过以上问题的学习探究，一方面加深学生对二次函数 $y = ax^2 + k$ 与 $y = ax^2$ 的图像之间的变换理解；另一方面引导学生类比探究二次函数 $y = a(x-h)^2$ 与 $y = ax^2$ 的图像关系，发展学生数学抽象和几何直观的素养）

（四）归纳总结

1. 通过本节课的学习，你对二次函数的图像和性质有了哪些认识？

提示：引导学生自主归纳出如图 11-2-5 所示的结构图．

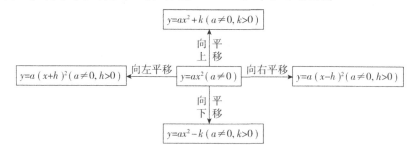

图 11-2-5

2. 二次函数 $y = ax^2$，$y = ax^2 + k$ 和 $y = a(x-h)^2$ 各有什么性质？

3. 在本节课的学习中，你体会到哪些数学思想方法，从中获得了哪些经验？

（五）达标反馈

1. 完成下列表格，如表 11-2-2 所示.

表 11-2-2

解析式	图像的开口方向	图像的顶点坐标	图像的对称轴
$y = -x^2$			
$y = 2x^2 - 3$			
$y = 2(x-1)^2$			
$y = -(x+3)^2$			
$y = -\dfrac{1}{2}x^2 - 5$			

2. 抛物线 $y = x^2$ 的顶点坐标为_____；若点 $(a, 4)$ 在其图像上，则 a 的值是_____；若点 $A(3, m)$ 是此抛物线上一点，则 $m =$ _____.

3. 如图 11-2-6 所示，已知函数的图像是以原点为顶点，以 y 轴为对称轴的抛物线，且经过点 $A(2, -8)$.

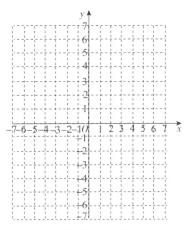

图 11-2-6

（1）求这个函数的解析式.

（2）在给定的平面直角坐标系中，画出该函数的图像.

（3）观察所画函数的图像，写出它的两条性质.

模块三　二次函数的应用

一、模块内容分析

本模块包含二次函数与一元二次方程的关系、二次函数与实际问题以及二次函数与几何图形的综合应用等内容. 这些内容是建立在学生已掌握二次函数的图像与性质基础上的进一步学习.

本模块先研究二次函数与一元二次方程的关系, 教师引导学生学会用二次函数观点看一元二次方程, 能用一元二次方程的相关知识判断二次函数的图像与 x 轴的交点个数并求出交点坐标. 在此基础上, 本模块进一步研究二次函数与一次函数的关系, 而这两种函数图像的交点坐标将会继续运用一元二次方程的知识来解决, 这样便于知识体系的形成和方法的延续. 在处理二次函数与实际问题中, 会涉及营销问题和面积问题等. 二次函数的最值问题是本模块的难点, 可按照问题的性质分类解决, 一是实际问题中的最值问题, 另一个是与几何图形综合应用相关的最值问题. 本模块的最后一个内容就是二次函数与几何动态问题进行专题研究, 以增强知识之间的联系和提升学生对二次函数的综合运用能力.

二次函数与几何图形的综合应用是教学的难点, 其为后续进一步学习其他函数做好方法上的铺垫, 可进行专题学习. 二次函数与实际问题是学生感受和理解建模思想的重要途径, 是教学的重点和难点. 因此本模块在初中数学学习中具有十分重要的地位和作用.

模块知识线索图, 如图 11 - 2 - 7 所示.

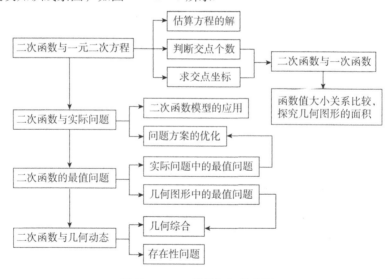

图 11 - 2 - 7 模块知识线索图

二、模块教学目标

1. 了解二次函数与一元二次方程之间的关系, 会利用函数图像求简单一元二次方程的近似解；会根据函数图像比较函数值的大小，发展学生数学运算素养.

2. 会用一元二次方程的相关知识解决二次函数与一次函数的综合应用问题.

3. 了解二次函数模型及其意义，会用二次函数知识分析问题、解决问题，发展学生数学建模的素养.

4. 会综合运用所学知识解决二次函数与几何图形的动态变化问题，发展学生几何直观的素养.

三、模块教学建议

1. 课时安排建议

本模块的教学，建议安排 6 课时完成. 其中，第 1 课时学习二次函数与一元二次方程；第 2 课时学习二次函数与一次函数的综合应用；第 3 课时学习二次函数与实际问题；第 4 课时学习二次函数的最值问题；第 5 课时学习二次函数与几何动态问题；第 6 课时对本模块内容进行综合复习.

2. 内容教学建议

二次函数与一元二次方程、二次函数与实际问题都属于二次函数的应用，前者是数学知识之间的综合应用，后者是在实际问题中的应用. 二次函数除了在上述两方面的应用外，还常常涉及与其他函数、几何图形的综合应用，因此本模块应在教材的基础上增加一些专题教学课时.

在探究二次函数与一元二次方程的关系时，教师应先让学生了解一元二次方程根的几何意义，即抛物线与 x 轴交点的横坐标，知道抛物线与 x 轴的三种位置关系对应一元二次方程根的三种情况，会运用一元二次方程根的判别式判断抛物线与 x 轴的交点情况，同样会根据二次函数的图像估算一元二次方程的近似解，对学有余力的学生还可以增加二次函数与一元二次不等式、二次三项式之间的关系等内容. 在本模块的学习中，学生经常会遇到二次函数与一次函数的综合问题，这些问题往往与一元二次方程（或一元二次不等式）有很大的相关性，因此教师紧接着安排二次函数与一次函数的专题学习是十分必要的，这个主题着重解决求交点坐标、函数值大小比较以及围成简单几何图形的面积等问题. 至于二次函数在实际问题中的应用，教师可以采用分类教学的方式，一类是用二次函数解决实际问题中的营销问题、面积问题，另一类是解决生活中具有抛物线形状的实际问题（如喷泉、拱桥等），可将这两类问题分为两个课时分别处理. 在研究二次函数与实际问题后，教师再安排与二次函数最值相关的专题学习，一方面巩固二次函数在营销中利润最大和生活中几何图形面积最大等问题中的应用；另一方面结合简单的几何图形探究线段和纯几何图形面积的最值，这既是对"二次函数与一次函数"中几何图形面积问题的巩固，又为后面学习"二次函数与几何动态"做好铺垫.

3. 难度要求建议

用函数的观点讨论方程的根的问题时，学生可先复习已学过的一次函数与一元一次方程（或不等式）的相关知识，为进入新知识的学习做好铺垫. 二次函数在实际问题中的应用与一元二次方程比较类似，但它们的表达式和最终目的却不同，一元二次方程的应用属于定量求解问题，二次函数的应用属于变量求值问题，因此二次函数在实际问题中的应用对学生来说，学习难度不是很大，但结合实际问题求解二次函数的最值问题对学生来说是一种新的尝试，教师应特别注意强化自变量取值的合理性. 抛物线模型问题由于比较抽象，学生在对实际问题情境的转化过程中会存在一定的困难，所以教师要引导学生理解题意，建立恰当的平面直角坐标系，将实际问题中的数量与二次函数的自变量和函数值建立对应关系，使模型最简化，数值最小化.

二次函数与几何动态问题是学习的一个难点，这类问题往往会伴随着一次函数、三角形或四边形的出现，点的运动、线段或三角形的平移或旋转最为常见. 解决这类问题所运用的知识涉及一元二次方程、勾股定理、三角形全等以及面积等，综合性较强，难度较大. 因此，在进行专题教学时，教师应本着由易到难、由简到繁的原则，从基本模型入手，注重变式教学，引导学生学会将综合问题进行分解，将复杂图形进行简化，采用各个击破的解题策略.

四、模块教学案例

二次函数与一元二次方程

一、教学目标

1. 理解用二次函数图像解一元二次方程的方法.

2. 会求二次函数 $y = ax^2 + bx + c$ 的图像与坐标轴的交点坐标.

3. 了解二次函数 $y = ax^2 + bx + c$ 与一元二次方程 $ax^2 + bx + c = 0$ 和一元二次不等式 $ax^2 + bx + c > 0$（或 $ax^2 + bx + c < 0$）之间的关系，体会数形结合的思想方法.

4. 理解二次函数的图像与 x 轴的交点个数和一元二次方程根的判别式的关系.

二、教学重点、难点

1. 教学重点：借助二次函数的图像求一元二次方程的根.

2. 教学难点：二次函数的图像与 x 轴的交点个数和一元二次方程根的判别式的关系.

三、教学过程

(一) 自主学习

1. 回顾：

(1) 如何求一次函数 $y = 2x - 1$ 的图像与 x 轴的交点坐标？写出一次函数 $y = kx + b(k \neq 0)$ 的图像与 x 轴的交点坐标.

(2) 不解方程，你能判断 $x^2 - 2x - 1 = 0$ 的根的情况吗？

(3) 不解方程，你能判断一元二次方程 $ax^2 + bx + c = 0 (a \neq 0)$ 的根的情况吗？

2. 阅读人教版教材数学九年级上册第 43~46 页，学习研究二次函数与一元二次方程的关系.

要求：(1) 探索判断二次函数图像与 x 轴的交点个数的方法；(2) 探索如何求二次函数图像与 x 轴的交点以及与其他函数的交点问题.

(设计意图：通过复习一次函数的图像与 x 轴交点坐标的求法和一元二次方程根的个数的判别等知识，渗透数形结合的思想，为进一步学习探究二次函数与一元二次方程之间的关系打下基础)

(二) 交流分享

1. 画出二次函数 $y = x^2 + x - 2$ 的图像，并根据图像求方程 $x^2 + x - 2 = 0$ 的解.

2. 观察第 1 问中所画二次函数 $y = x^2 + x - 2$ 的图像，当 x 取何值时，$y > 0$？$y = 0$？$y < 0$？

提示：可先引导学生回顾画二次函数图像的三个步骤，再动手画出二次函数 $y = x^2 + x - 2$ 的图像，然后观察函数图像与 x 轴的位置关系，最后探究当 $y > 0$，$y = 0$ 和 $y < 0$ 时，自变量 x 的取值范围. 或者先让学生独立思考，再分组讨论和展示交流.

(设计意图：通过引导学生画二次函数的图像，培养学生的动手能力；通过观察图像求解一元二次方程的根，建立函数与方程的联系，体现数形结合的思想. 在利用二次函数图像求二次方程的根的基础上，进一步探究二次函数与一元二次不等式之间的关系以及函数值大小的比较，使得知识结构更加完整)

（三）引导提升

1. 探究：下列二次函数的图像与 x 轴有交点吗？如果有，请求出交点的坐标；如果没有，请说明理由．

(1) $y = x^2 - 6x + 9$；　　　　　　　　(2) $y = -x^2 + 2x - 4$．

2. 通过第 1 题的探究，你能发现判断二次函数 $y = ax^2 + bx + c(a \neq 0)$ 的图像与 x 轴的交点个数的方法吗？请将你的发现说出来与同学分享．

引导学生发现得出如下结论：

(1) 当 $b^2 - 4ac > 0$ 时，有两个交点；

(2) 当 $b^2 - 4ac = 0$ 时，有一个交点；

(3) 当 $b^2 - 4ac < 0$ 时，没有交点．

想一想：若将以上结论的条件和结论反过来还成立吗？

引申拓展：特别地，当 $b^2 - 4ac > 0$ 时，二次函数解析式可以表示为交点式：

$y = a(x - x_1)(x - x_2)(a \neq 0)$，其中 $(x_1, 0)$，$(x_2, 0)$ 为抛物线与 x 轴的交点坐标．

3. 已知二次函数 $y = x^2 - 2(m - 1)x + m^2 - 2m - 3$，其中 m 为实数．

求证：不论 m 取何值，这个二次函数的图像与 x 轴必有两个交点．

（设计意图：通过问题探究，将函数图像与 x 轴的交点个数问题转化为一元二次方程根的判别问题，强化数与形的联系，发展学生几何直观的数学素养）

（四）归纳总结

1. 通过本节课的学习，你能说出二次函数 $y = ax^2 + bx + c$ 与一元二次方程 $ax^2 + bx + c = 0$ 的根以及一元二次不等式 $ax^2 + bx + c > 0$，$ax^2 + bx + c < 0$ 的解集之间有何关系吗？你从中体会到哪些数学思想方法？请与同学进行分享交流．

2. 通过学习，你会求二次函数 $y = ax^2 + bx + c$ 的图像与 x 轴的交点坐标吗？能判断它与 x 轴交点的个数吗？试举例说明．

（五）达标反馈

1. 抛物线 $y = -x^2 + 3x + 4$ 与 x 轴的交点坐标为_____．

2. 如图 11 - 2 - 8 所示的是二次函数 $y = ax^2 + bx + c$ 图像的一部分，其对称轴为直线 $x = 1$．已知该二次函数的图像与 x 轴的一个交点为 $A(3，0)$，则由图像可知，不等式

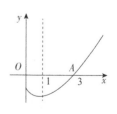

图 11 - 2 - 8

$ax^2 + bx + c < 0$ 的解集是_____.

3. 抛物线 $y = ax^2 + bx + c$ 上部分点的横坐标 x，纵坐标 y 的对应值如表 11 - 2 - 3 所示：

表 11 - 2 - 3

x	...	-2	-1	0	1	2	...
y	...	0	4	6	6	4	...

从上表可知，下列说法中正确的是_____（填写序号）.

① 抛物线与 x 轴的一个交点为 $(3, 0)$；

② 函数 $y = ax^2 + bx + c$ 的最大值为 6；

③ 抛物线的对称轴是直线 $x = \dfrac{1}{2}$；

④ 在对称轴左侧，y 随 x 的增大而增大.

第三节　二次函数自主评估

二次函数自主评估试题

（时间：45 分钟　满分：100 分）

一、选择题（每题 5 分，共 30 分）

1. 抛物线 $y = x^2 - 4$ 的顶点坐标是（　　　）

A. $(2, 0)$ B. $(-2, 0)$

C. $(1, -3)$ D. $(0, -4)$

2. 抛物线 $y = ax^2 + bx + c$ 上的两点为 $(2, 5)$，$(4, 5)$，则它的对称轴是直线（　　　）

A. $x = -5$　　　B. $x = 1$　　　C. $x = 2$　　　D. $x = 3$

3. 抛物线 $y = ax^2 + bx + c$ 的形状与抛物线 $y = -2x^2$ 的形状相同，且与 x 轴

的交点为（ -1，0），（3，0），则它的解析式为（　　）

A. $y = -2x^2 - x + 3$ 　　　　　　　B. $y = -2x^2 + 4x + 5$

C. $y = -2x^2 + 4x + 8$ 　　　　　　　D. $y = -2x^2 + 4x + 6$

4. 抛物线 $y = \frac{1}{2}x^2$ 向左平移 2 个单位，再向下平移 1 个单位，则所得抛物线的解析式为（　　）

A. $y = \frac{1}{2}x^2 + 2x - 2$ 　　　　　　B. $y = \frac{1}{2}x^2 + 2x + 1$

C. $y = \frac{1}{2}x^2 - 2x - 1$ 　　　　　　D. $y = \frac{1}{2}x^2 - 2x + 1$

5. 如图 11 - 3 - 1 所示，从地面竖直向上抛出一个小球，小球的高度 h（单位：m）与小球运动时间 t（单位：s）之间的关系式为 $h = 30t - 5t^2$，那么小球从抛出至回落到地面所需要的时间是（　　）

A. 6 s 　　　　　　　　　　B. 4 s

C. 3 s 　　　　　　　　　　D. 2 s

图 11 - 3 - 1

6. 在同一直角坐标系中，函数 $y = ax^2 + b$ 与 $y = ax + b$（$ab \neq 0$）的图像大致是（　　）

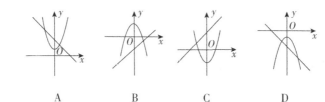

A 　　　　　　B 　　　　　　C 　　　　　　D

二、填空题（每题 5 分，共 30 分）

7. 二次函数 $y = -x^2 - 2x$ 的图像的开口_____，对称轴是_____.

8. 抛物线 $y = \frac{1}{2}x^2 + x - \frac{3}{2}$ 的顶点坐标为_____，当 x _____时，y 随 x 的增大而增大.

9. 抛物线 $y = x^2 + 3x - 4$ 与 y 轴的交点坐标是_____，与 x 轴的交点坐标是_____.

10. 把二次函数 $y = 3x^2$ 的图像向左平移 2 个单位，再向上平移 1 个单位，所得到的图像对应的二次函数关系式是_____.

11. 如图 11 - 3 - 2 所示，某农场要盖一排三间长方形的羊圈，打算一面利用旧墙，其余各面用木材围成栅栏，计划用木材围成总长 24m 的栅栏，设每间羊圈的一边长为 x(m)，三间羊圈的总面积为 S(m^2)，则 S 关于 x 的函数关系式为_____，当 $x =$ _____时，S 最大.

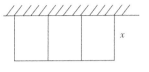

图 11 - 3 - 2

12. 抛物线 $y = -x^2 + bx + c$ 上部分点的横坐标 x，纵坐标 y 的对应值如表 11 - 3 - 1 所示.

表 11 - 3 - 1

x	···	-2	-1	0	1	2	···
y	···	0	4	6	6	4	···

从上表可知，下列说法正确的序号是_____.

① 抛物线与 x 轴的一个交点为 $(-2，0)$；

② 抛物线与 y 轴的交点为 $(0，6)$；

③ 抛物线的对称轴是直线 $x = 1$；

④ 在对称轴左侧，y 随 x 的增大而增大.

三、解答题(每小题 8 分，共 40 分)

13. 如图 11 - 3 - 3 所示，已知二次函数 $y = x^2 + bx - 1$ 的图像经过点 $(3，2)$.

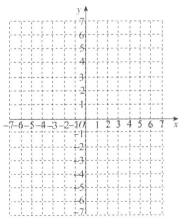

图 11 - 3 - 3

（1）求这个二次函数的关系式；

（2）在给定的平面直角坐标系中，画出它的图像，并指出其顶点坐标；

（3）当 $x>0$ 时，求使 $y \geqslant 2$ 的 x 的取值范围.

14. 如图 11 - 3 - 4 所示，已知二次函数 $y = ax^2 + bx$ $+ c$ 的图像经过 A，B，C 三点.

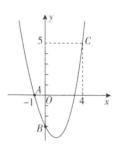

（1）观察图像，写出 A，B，C 三点的坐标，并求出该抛物线的解析式.

（2）求该抛物线的顶点坐标和对称轴.

（3）观察图像，当 x 取何值时，$y < 0$？$y = 0$？$y > 0$？

图 11 - 3 - 4

15. 如图 11 - 3 - 5 所示的是一座抛物线形拱桥，当桥下面处于正常水位 AB 时，其宽 $AB = 20$ m，当水位上升3 m就达到警戒线 CD，这时水面宽 $CD = 10$ m.

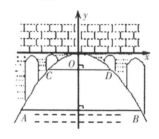

图 11 - 3 - 5

（1）建立如图 11 - 3 - 5 所示的平面直角坐标系，求该抛物线的解析式；

（2）若洪水到来时，水位以每小时 0.2 m的速度上升，从警戒线开始，再持续多少小时才能到达拱桥顶？

16. 有一种螃蟹，从海上捕获后不放养最多只能存活两天，如果放养在塘内，可以延长存活时间，但每天也有一定数量的蟹死去，假设放养期内蟹的个体重量基本保持不变. 现有一经销商，按市场价收购了这种活蟹1000 千克放养在塘内，此时市场价为每千克30 元. 据测算，此后每千克活蟹的市场价每天可上升 1 元，但放养一天需支出各种费用 400 元，且平均每天还有 10 千克蟹死去，假定死蟹均于当天全部售出，售价是每千克20 元.

（1）设 x 天后每千克活蟹的市场价为 P 元，写出 P 关于 x 的函数关系式.

（2）如果放养 x 天后将活蟹一次性出售，并记1000 千克蟹的销售总额为 Q 元，写出 Q 关于 x 的函数关系式.

（3）该经销商将这批蟹放养多少天后出售，可获得最大利润？最大利润是多少?

17. 如图 $11-3-6$ 所示,在平面直角坐标系中,抛物线 $y = ax^2 + bx + c$ 的顶点坐标为 $(2,9)$,与 y 轴交于点 $A(0,5)$,与 x 轴交于点 E,B.

(1)求二次函数 $y = ax^2 + bx + c$ 的表达式;

(2)过点 A 作 AC 平行于 x 轴,交抛物线于点 C,点 P 为抛物线上的一点(点 P 在 AC 上方),作 PD 平行于 y 轴交 AB 于点 D,问当点 P 在何位置时,四边形 $APCD$ 的面积最大? 请求出最大面积.

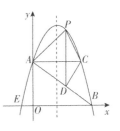

图 $11-3-6$

自主评估说明

请在规定时间内独立完成自主评估试题,并在老师的引导下与同伴相互批阅. 成绩 80 分以上为优秀,$60 \sim 79$ 分为合格,低于 60 分为不合格.

自我评估结果为:_____(选填:优秀、合格、不合格).

若评估为优秀,则祝贺你可顺利进入下一单元《旋转》的学习.

若评估为合格,则建议你及时纠错,查漏补缺,再进入下一单元的学习.

若评估为不合格,则希望你在老师和同学的帮助下找出问题,给予弥补,重新评估合格后再进入下一单元的学习.

（本章内容由丁庆彬撰写）

第一节　旋转总体构思

【单元内容说明】

本单元主要包括图形的旋转、中心对称、中心对称图形等概念和性质，关于原点对称的点的坐标，以及图案设计的课题学习等内容.

本单元属于《课程标准》中"图形与几何"的课程内容，是义务教育阶段研究图形运动变化的重要内容之一，属于图形的基本变换. 在学习本内容之前，学生在小学阶段已结合实例初步感知过平移、轴对称、旋转等图形变换，并能在方格纸上画出轴对称图形的对称轴，能补充简单的轴对称图形，能按水平或垂直方向将简单图形平移，还能将简单图形旋转90°. 在七年级、八年级学生又进一步系统学习了平移、轴对称等图形变换知识，初步积累了研究图形变换的基本方法和经验. 在此基础上，本单元将进一步系统研究图形的旋转，学习图形旋转的基本概念和性质，学习特殊的旋转——中心对称和中心对称图形，学习运用旋转或综合运用旋转与平移、轴对称进行图案设计. 这些内容是后续学习圆、三角函数、立体几何等知识的基础，在生活和科技生产中都有广泛的应用，比如钟表、风车、电扇、旋转开关等. 本单元内容有助于发展学生动手能力、审美观念以及形象思维和创新思维，因此本单元在中学数学学习中具有重要的地位和作用.

本单元的重点是旋转、中心对称的概念及性质；难点是根据要求画出旋转后的图形或中心对称图形.

【单元课标要求】

1. 通过具体实例认识平面图形关于旋转中心的旋转. 探索它的基本性质：一个图形和它经过旋转所得到的图形中, 对应点到旋转中心的距离相等, 两组对应点分别与旋转中心连线所成的角相等.

2. 了解中心对称、中心对称图形的概念, 探索它的基本性质：成中心对称的两个图形中, 连接对应点的线段经过对称中心, 且被对称中心平分.

3. 探索线段、平行四边形、正多边形、圆的中心对称性质.

4. 认识并欣赏自然界和现实生活中的中心对称图形.

【核心素养要求】

1. 几何直观：通过旋转、中心对称、中心对称图形及相关概念的学习, 发展学生几何直观和空间观念的数学素养.

2. 应用意识与创新意识：通过综合应用平移、旋转以及轴对称进行图案设计, 发展学生应用意识和创新意识的素养.

【单元教学设想】

人教版数学九年级上册教材将本单元划分为三节：第一节图形的旋转；第二节中心对称；第三节课题学习图案设计. 根据本单元的知识结构特点和学生的认知特点, 结合教学实际, 我们在保持课程内容不变的情况下, 设想将原教材的三节内容进行适度的整合, 重新建构为如下两个模块：

模块一　旋转及其性质

模块二　旋转的应用

本单元知识框架图, 如图 12－1－1 所示.

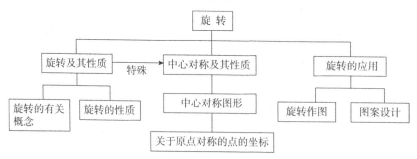

图 12－1－1　旋转知识框架图

附:

表 12 - 1 - 1　人教版《教师教学用书》教学课时安排与单元教学课时安排对比表

人教版《教师教学用书》教学课时安排	单元教学课时安排
23.1　图形的旋转(2 课时)	模块一　旋转及其性质(5 课时)
23.2　中心对称(3 课时)	
23.3　课题学习　图案设计(1 课时)	模块二　旋转的应用(1 课时)
合计: 6 课时	合计: 6 课时

第二节　旋转教学实施

模块一　旋转及其性质

一、模块内容解析

本模块主要包括图形旋转的有关概念及性质、中心对称和中心对称图形的概念及性质、关于原点对称的点的坐标等内容.

本模块是在前面学习平移变换和轴对称变换基础上的拓展学习. 首先通过现实生活中的钟表指针的转动和风车车轮叶片的转动等实例引出旋转, 使学生了解学习旋转的必要性. 在此基础上, 学习了解旋转的概念及旋转中心、旋转角、旋转方向. 然后通过动手操作探索旋转的性质. 接着研究一种特殊的旋转——中心对称和中心对称图形, 结合实例介绍中心对称和中心对称图形的概念、性质及画与已知图形成中心对称的图形的方法, 并进一步探究关于原点对称的点的坐标的关系. 最后综合运用平移、轴对称、旋转等图形变换进行图案设计.

本模块学习的关键是正确认识并理解旋转的相关概念和性质, 这也是本单元学习的关键. 旋转的性质是后面研究中心对称和中心对称图形, 关于原点对称的点的坐标以及利用旋转画图、进行简单图案设计的重要依据.

模块知识线索图，如图 12 - 2 - 1 所示.

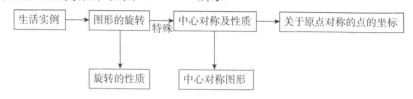

图 12 - 2 - 1 模块知识线索图

二、模块教学目标

1. 通过生活中的实例，认识旋转、中心对称和中心对称图形，探索并理解旋转和中心对称的性质.

2. 能按要求画出简单平面图形旋转后的图形.

3. 探索并理解关于原点对称的点的坐标之间的关系.

4. 会运用旋转或综合运用平移、轴对称、旋转的组合进行图案设计，认识和欣赏图形变换在现实生活中的应用及价值，提高审美能力.

5. 通过旋转、中心对称和中心对称图形的学习，进一步让学生体会从一般到特殊的数学思想，提高其审美能力，发展其几何直观、应用意识和创新意识的素养.

三、模块教学建议

1. 课时安排建议

本模块的教学，建议安排 5 课时完成. 其中，第 1 课时学习旋转及其性质；第 2 课时学习中心对称和中心对称图形及其性质；第 3 课时学习关于原点对称的点的坐标；第 4 课时开展课题学习——图案设计；第 5 课时对本模块内容进行综合复习.

2. 内容教学建议

在学习本模块内容之前，学生对几何图形的运动变换有初步了解，且系统学习了平移和轴对称变换，并且能够初步辨认图形的旋转，能运用平移、旋转及轴对称在方格纸中设计简单的图案，因此学生对本模块所要研究的内容已有一定的认知基础. 在教学时，教师最好采用类比的教学方法，将旋转和平移、轴对称进行类比学习，准确而有效地把握旋转的有关概念，系统地构建图形变换的知识体系. 比如，引入旋转的概念时，教师可以类比轴对称的概念引导学习，并从生产或生活中的实例引入，如从钟表的指针的转动、风车(风扇)叶片的转动，以此激发学生的学习兴趣和热情，体会学习新知的价值．在中心对称及其性质的学习过程中，按照从一般到特殊的思想进行教学处理，在探究一般旋转及其性质后，再引导探究旋转角为180°的特殊情形，自然地过渡到对中心对称和中心对称图形的研究，并引导学生找出特殊的旋转(中心对称)与一般旋转的联系与区别，学会在一般旋转性质基础上进一步提炼和归纳得出特殊的中心对称的特有性质．

教学时，要引导学生弄清旋转变换与平移、轴对称变换的区别和联系，注意强调两点：①明确运动变换的要素，弄清楚平移、轴对称、旋转变换各自有哪些要素？比如平移有两个要素：方向和距离；轴对称有两个要素：对称轴和折叠；旋转有三个要素：旋转中心、旋转方向和旋转角．②找出共同的性质：运动变换前后的图形全等．另外，还要注意中心对称与中心对称图形的区别与联系，避免把两个概念混淆，可以类比轴对称与轴对称图形的关系来学习．中心对称是指两个图形之间的一种特殊的位置关系，中心对称图形则是指一个图形，只不过这个图形本身具有中心对称性．中心对称和中心对称图形的联系是：如果将成中心对称的两个图形看成一个整体(也就是一个图形)，那么这个整体就是一个中心对称图形；而一个中心对称图形，如果把它的对称部分看成是两个图形，那么这两部分就关于一个中心对称．此外，还要强调不要把轴对称图形与中心对称图形混淆，一个是关于直线(轴)对称的图形，另一个是关于点(中心)对称的图形．

教学时，要重视旋转性质的理解，其本质是对应点所连线段的数量和位置关系，对应点到旋转中心的距离相等；对应点与旋转中心连线的夹角等于旋转角；旋转前、后的两个图形全等．对旋转，要抓住其"不变性"，即有旋转必有全等图形，最终体现为有旋转必有等角和等线段．有意识地引导学生体会和感受"旋转不变性"，培养他们研究相关问题时具有运动变换的思想，以便为简单图形的旋转作图、简单的图案设计等打下坚实基础．

本单元的教学，特别要重视学生的动手操作，通过作图让学生体会和感受旋转(含中心对称)的不变性．如果教学时条件允许，可适当考虑借助多媒体教学手段辅助教学．现在电脑软件的功能十分强大，应充分利用多媒体设备，特别是相关计算机软件(如几何画板)进行辅助教学，适当借助它们来准确而又快速地发现有关几何结论以及进行图案设计，这对激发学生学习兴趣，调动他们的学习积极性，提高其审美意识有积极推动的作用．

3. 难度要求建议

本模块的教学，尽量以常见的生活图案和基本的几何图形为主引导学习，在作旋转图形或中心对称图形时，以直线型图形为主，少用曲线型的图形．另外，本模块不要求学生用旋转的性质和中心对称的性质独立地进行证明，注意课标要求，把控好难度．

四、模块教学案例

旋转及其性质

一、教学目标

1. 通过生活中的实际例子，认识旋转及相关概念，感受学习旋转的必要性．

2. 探究并理解旋转的性质，能运用其性质解决简单的旋转问题．

3. 认识旋转是全等变换，感受其美学价值．

二、教学重难点

1. 学习重点：旋转及其性质．

2. 学习难点：利用旋转性质解决简单的旋转问题．

三、教学导引

（一）自主学习

1. 生活中存在很多转动的物体，你能举出几个例子吗？

2. 观察图 12 - 2 - 2 中钟表的时针，它是怎样转动的？从 3 点到 5 点，时针转动了多少度？

3. 阅读人教版教材数学九年级上册第 58～61 页，学习研究旋转的概念及性质．

要求：初步了解图形的旋转概念及其要素，以及图形旋转前后哪些在变，哪些不变．

（设计意图：通过列举旋转实例，感悟旋转与生活的紧密联系，体现学习旋转的价值；通过观

图 12 - 2 - 2

察钟表时针的转动，直观感知旋转，为新知学习搭建台阶，降低学习难度；通过阅读教材，了解旋转的概念及性质，使学生养成自学和读书的习惯）

（二）交流分享

1. 什么叫图形的旋转？它涉及哪些要素？结合上面的图 12 - 2 - 2 进行说明．

2. 请举出生活中旋转的例子，并指出其旋转中心．

3. 如图 12 - 2 - 3 所示，将△ABC 绕点 O 旋转一定角度得到 △A′B′C′，连接 OA，OB，OC，OA′，OB′，OC′．试探究：

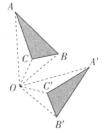

(1)OA 与 OA′，OB 与 OB′，OC 与 OC′之间有什么关系？

(2)∠AOA′ 与 ∠BOB′ 有何关系？∠AOA′ 与 ∠COC′ 呢？

(3)△A′B′C′ 与 △ABC 有何关系？

4. 通过第 3 题的探究，你能归纳得出旋转的性质吗？

图 12 - 2 - 3

师生共同归纳得出旋转的如下性质：

① 经过旋转，图形上对应点到旋转中心的距离相等；

② 经过旋转，图形上对应点与旋转中心所连线段的夹角与旋转角相等；

③ 经过旋转，图形上对应线段相等，对应角相等，旋转前后的两个图形全等．

(设计意图：通过上述问题的解答，进一步认识旋转的有关概念及要素，探索得出旋转的性质，在合作交流中加深对知识的理解和掌握，发展学生数学抽象、几何直观及逻辑推理的数学素养)

(三)引导提升

1. 如图 12 - 2 - 4 所示，E 是正方形 ABCD 中 CD 边上任意一点，以点 A 为中心，把△ADE 顺时针旋转90°，画出旋转后的图形．

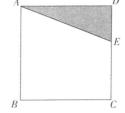

分析：①题目中已知了哪几个条件？要求什么？②所求旋转的基本图形是什么？关键点是什么？其旋转的中心、方向和旋转角分别是什么？③你能想到几种方法来作出符合要求的图形？

2. 如果把第 1 题中的条件"以点 A 为中心"变为"以点 C 为中心"，其余不变，则所画出的图形会相同吗？由此说明什么问题？

图 12 - 2 - 4

提示：先让学生独立思考完成，然后教师再用几何画板演示．

(设计意图：通过以上问题，引导学生根据条件画旋转图形，进一步巩固理解旋转的有关知识，加深对旋转的认识，培养学生动手操作能力，发展学生几何直观及应用意识的数学素养)

(四)归纳总结

1. 通过本节课的学习，你对图形的旋转有了哪些新的认识？说出什么叫图形的旋转，旋转有哪几个要素．

209

2. 图形的旋转具有哪些性质？运用其性质作一个图形绕某点旋转后的图形的基本步骤有哪些？

3. 在本节课的学习中，你体会到了哪些数学思想方法？旋转在生活中有哪些体现？请与同伴进行分享交流.

（五）达标反馈

1. 下列生活现象中，不属于旋转变换的是（　　　）

A. 钟摆的运动

B. 行驶中汽车的车轮

C. 方向盘的转动

D. 电梯的升降运动

2. 如图 12-2-5 所示，有一块含 30°角的直角三角板 ABC，在水平桌面上绕点 B 顺时针旋转到 △A'BC' 的位置，使 C，B，A' 在同一直线上，则这个旋转变换的旋转中心是_____，旋转角为_____度，旋转前后两个图形对应点分别是_____，对应线段分别是_____.

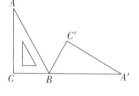

图 12-2-5

3. 如图 12-2-6 所示，可把图案看成是一个梯形绕某个点旋转若干次所得到的，请在图中用字母 O 标出该点，则在该图的形成过程中，梯形共旋转了_____次，每次旋转了_____度.

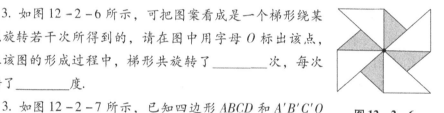

图 12-2-6

3. 如图 12-2-7 所示，已知四边形 ABCD 和 A'B'C'O 均为正方形，且边长相等，请指出通过绕点 O 旋转可以相互得到的图形，并说明旋转的角度. 如果正方形 ABCD 的边长为 2，那么能求出旋转过程中形成的四边形 OEBF 的面积是多少吗？

4. 如图 12-2-8 所示，在等边三角形 ABC 的 BC 边的延长线上有一点 D，连接 AD，将 △ACD 绕点 A 顺时针旋转 60°，画出旋转后的图形，图中哪些角可以看作是旋转角？

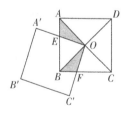

图 12-2-7

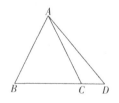

图 12-2-8

模块二 旋转的应用

一、模块内容解析

本模块主要包括简单的旋转作图,以及综合运用平移、轴对称、旋转的图形变换进行图案设计等内容.

本模块内容是在学生学习了平移、轴对称、旋转等图形变换之后而进行的综合应用. 它既是对前面所学图形变换的巩固练习,也是通过图案的设计不断地去发现美、创造美、欣赏美,所以本模块在培养学生的动手实践能力,发展应用意识、创新意识和审美观念等方面起着重要的作用.

模块知识线索图,如图 12-2-9 所示.

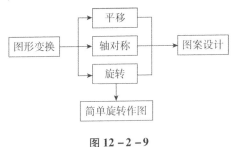

图 12-2-9

二、模块教学目标

1. 会运用旋转以及综合运用平移、轴对称、旋转的组合进行图案设计,能够用数学的眼光欣赏自然界和现实生活中的相关图案,感受图形之美和数学之美.

2. 通过图案设计,深化对旋转及平移、轴对称等全等变换的理解,体会数学在生活中的应用,学会用数学的眼光和数学的思维去发现美、创造美,不断提高学生的审美能力,发展学生的创新意识素养.

三、模块教学建议

1. 课时安排建议

本模块的教学,建议安排 1 课时完成.

2. 内容教学建议

学生学习本模块内容之前,已经分别在七年级和八年级学习了平移的简单作图和轴对称的简单作图,在本单元又学习了旋转以及中心对称的简单作图等知识,因此实施本模块的教学时,要引导学生了解既可以运用单一的旋转变换进行图案设计,也可以综合运用所学的平移、轴对称、旋转等图形变换进行图案设计,要注意给学生充分的自主学习的时间和空间,放飞他们的想象去进行图案设计,多给学生展示交流的机会和舞台,尽可能用学生设计的图案作品进行展示、鉴赏,以此提高学生创造美、欣赏美的能力. 同时,避免设计的图案单一枯燥,鼓励学生设计有创意的新颖图案. 对学生设计的图案多给予肯定和鼓励,增强学生的审美能力和学习信心. 目前计算机软件(如几何画板)的功能很强大,对有条件的学校,可以借助现代技术辅助教学,它既能够准确、快速地进行各种图案设计,又可快速地发现或验证有关几何结论,这对激发学生的学习兴趣、调动学生的学习积极性、培养学生的审美意识发挥着很强的作用,如果学校的硬件设施配备好,还可以尝试让学生自己动手操作相关软件进行图案设计.

3. 难度要求建议

对于图案设计,《课程标准》的要求是能运用图形的轴对称、旋转、平移进行图案设计. 鉴于本学段学生的特点,只要求能用简单的基本图案,通过运动变换作出简单组合图案即可,不宜盲目拔高. 对电脑辅助作图也只需以教师展示引导为主,学生尝试为辅,教学时主要强调学生动手作图、动脑思考.

四、模块教学案例

课题学习 图案设计

一、教学目标

1. 通过旋转或综合运用平移、轴对称和旋转进行简单图案设计.

2. 体会平移、轴对称、旋转等图形变换在生活中的应用;能从图形变换的视角欣赏图案的结构美.

3. 在图案设计中,发展学生发现美、创造美、欣赏美的能力,感受数学的美育价值,发展学生几何直观和空间观念的素养.

二、教学重难点

1. 学习重点:综合应用平移、轴对称和旋转等图形变换进行图案设计.

2. 学习难点:设计新颖美观的创新图案.

三、教学过程

(一)自主学习

1. 观察如图 12-2-10 所示的图形，分别体现了哪种图形变换？请指出各图形变换的特征.

图 12-2-10

2. 观察如图 12-2-11 所示的垃圾分类的两个商标图案，它们是通过怎样的图形变换得到的？

图 12-2-11

3. 阅读人教版教材数学九年级上册第72页，学习研究图案的设计.

要求：初步了解图案设计的意义和方法.

(设计意图：通过问题驱动，引导学生回顾所学的平移、轴对称、旋转等三种图形变换，为图案设计的学习做准备；通过阅读教材，初步了解图案设计的意义和方法，培养学生的自学能力)

(二)交流分享

1. 观察如图 12-2-12 所示的图案，想一想它们是怎么设计出来的.

图 12-2-12

思考下列问题.

(1)组成该图案的最基本图案是什么?

(2)图案可由哪一个基本图案经过怎样的图形变换得到? 说出变换过程.

提示:引导学生观察发现组成图案的基本图案是 ，再用多媒体动态演示变换过程，如图 12 − 2 − 13 所示.

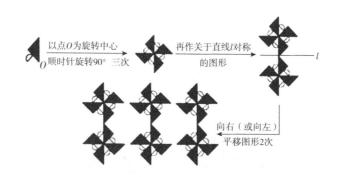

图 12 − 2 − 13

2. 观察如图 12 − 2 − 14 所示的图案，分析它是由哪种基本图形经过哪些变换后得到的.

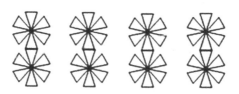

图 12 − 2 − 14

(设计意图：通过对由一些基本图形经过图形变换组合的图案的辨析和欣赏，初步感悟复杂图形与简单图形之间的关系，了解图案设计的基本方法，体会图形变换的应用价值，增强学生的审美能力)

(三)引导提升

1. 请从等腰三角形、菱形、圆中任意选择一种或两种图形，利用平移、轴对称、旋转等变换设计一幅图案，并与同伴进行分享交流，比比谁设计的图案最有创意.

2. 用现代技术进行图案设计.

利用几何画板综合运用平移、旋转、轴对称作出一个组合图案，让学生体会计算机软件在图案设计时的优越性.

如图 12 - 2 - 15 所示，分别是由一个任意三角形和矩形经过旋转、轴对称、平移等变换后所得的图案.

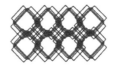

图 12 - 2 - 15

3. 欣赏生活中地砖的图案设计(如图 12 - 2 - 16 所示).

图 12 - 2 - 16

(设计意图：通过动手操作图案设计、运用多媒体辅助进行图案设计以及欣赏生活中的地砖图案设计，使学生掌握用简单的基本图形设计复杂图案的方法和技能，学会用数学的眼光欣赏图案的美妙，提高其设计能力和鉴赏能力，发展学生几何直观和创新意识的素养)

(四)归纳总结

1. 通过本节课的学习，你对图案设计有了哪些新的认识？

2. 应用图形变换进行图案设计的关键是什么？学习图案设计对优化生活有哪些益处？如何用数学知识和数学的眼光去欣赏图案？

(五)达标反馈

1. 综合运用平移、轴对称和旋转等变换进行图案设计时，其基本图案总保持_____和_____不变.

2. 请用平移、轴对称和旋转等变换分析如图 12 - 2 - 17 所示的图案的形成过程.

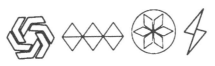

图 12 - 2 - 17

3. 以顶角为 30°的等腰三角形为基本图案，综合应用平移、轴对称和旋转设计一个图案，并与同学进行交流，比比看，谁设计的图案最有创意.

215

第三节 旋转自主评估

旋转自主评估试题

（时间：45 分钟 满分：100 分）

一、选择题（每小题 5 分，共 30 分）

1. 下列图形，既是中心对称图形，又是轴对称图形的是（ ）

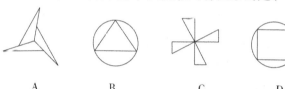

      A   B   C   D

2. 已知点 $A(-2, 1)$ 与点 B 关于原点对称，则点 B 的坐标为（ ）

A. $(-2, 1)$ B. $(2, -1)$

C. $(2, 1)$ D. $(-2, -1)$

3. 如图 12-3-1 所示，边长为 2 的正方形 $ABCD$ 的对角线相交于点 O，过点 O 的直线分别交边 AD，BC 于 E，F 两点，则阴影部分的面积是（ ）

    A. 1   B. 2

    C. 3   D. 4

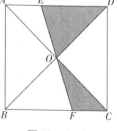

图 12-3-1

4. 如图 12-3-2 所示，如果正方形 $ABCD$ 旋转后能与正方形 $CDEF$ 重合，那么在图形所在平面内，可作为旋转中心的点的个数有（ ）

    A. 1 个   B. 2 个

    C. 3 个   D. 4 个

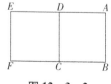

图 12-3-2

5. 如图 12 - 3 - 3 所示，已知 △DEF 是由 △ABC 绕定点 P 顺时针旋转得到的. 如果用 (2，1) 表示方格纸上 A 点的位置，(1，2) 表示 B 点的位置，那么点 P 的位置为(　　)

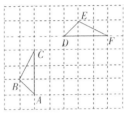

A. (5，2)　　　　　　　B. (2，5)

C. (2，1)　　　　　　　D. (1，2)

图 12 - 3 - 3

6. 如图 12 - 3 - 4 所示，Rt △ABC 中，AB = AC，∠BAC = 90°，点 D 为 BC 中点，∠MDN = 90°，∠MDN 绕点 D 旋转，DM，DN 分别与边 AB，AC 相交于 E，F 两点. 下面给出了五个结论:

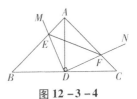

图 12 - 3 - 4

① $BE + CF = \frac{\sqrt{2}}{2}BC$；② $S_{\triangle AEF} \leqslant \frac{1}{4}S_{\triangle ABC}$；

③$S_{四边形AEDF} = AD \cdot EF$；④$AD \geqslant EF$；⑤$AD$ 与 EF 可能互相平分.

其中正确结论的个数有(　　)

A. 1 个　　　　　B. 2 个　　　　　C. 3 个　　　　　D. 4 个

二、填空题(每小题 5 分，共 30 分)

7. 时钟的时针匀速旋转一周需要 12 小时，那么经过 2 小时，时针所转的角度为＿＿＿＿.

8. 如图 12 - 3 - 5 所示，在 △ABC 中，∠B = 45°，将 △ABC 绕点 A 逆时针旋转至 △ADE 的位置，使点 B 落在 BC 的延长线上的点 D 处，则 ∠BDE = ＿＿＿＿.

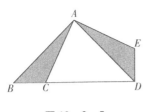

图 12 - 3 - 5

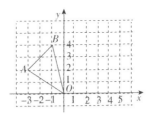

图 12 - 3 - 6

9. 从对称性的角度分析：矩形、线段、等边三角形、正六边形这四种图形，其中与众不同的一种图形是＿＿＿＿.

10. 在方格纸上建立如图 12 - 3 - 6 所示的平面直角坐标系，将 △ABO 绕点 O 按顺时针方向旋转 90° 得 △A'B'O，则点 A 的对应点 A' 的坐标为＿＿＿＿.

11. 如图 12 - 3 - 7 所示，在平面直角坐标系 xOy 中，△AOB 可以看作是由 △OCD 经过若干次图形的变换(平移、轴对称、旋转)而得到的，试写出一种由 △OCD 得到 △AOB 的变换过程：_____.

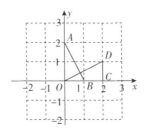

图 12 - 3 - 7

12. 如图 12 - 3 - 8 所示，在 Rt△ABC 中，∠ACB = 90°，∠A = 30°，$AC = 6\sqrt{3}$，BC 的中点为 D，将 △ABC 绕点 C 顺时针旋转一个角度得到 △FEC，EF 的中点为 G，连接 DG，在旋转过程中，DG 的最大值是_____.

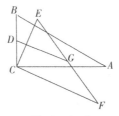

图 12 - 3 - 8

三、解答题(每小题 8 分，共 40 分)

13. 已知平面直角坐标系中第二象限内的点 $P(x^2 + 2x, 3)$ 与另一点 $Q(x + 2, y)$ 关于原点对称，试求 $x + 2y$ 的值.

14. 根据图 12 - 3 - 9，解答下列问题.

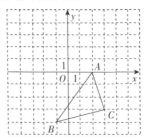

图 12 - 3 - 9

(1)写出图中 A，B 两点的坐标；

(2) 将 △ABC 绕点 A 顺时针旋转 90°，画出旋转后的 △AB₁C₁.

15. 如图 12 – 3 – 10 所示，在 △ABC 中，∠CAB = 70°，在同一平面内，将 △ABC 绕点 A 逆时针旋转到 △AB'C' 的位置，使得 CC'∥AB，求 ∠BAB' 的度数.

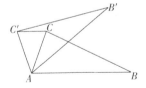

图 12 – 3 – 10

16. 如图 12 – 3 – 11 所示，在等腰三角形 ABC 中，∠CAB = 90°，P 是 △ABC 内一点，PA = 1，PB = 3，PC = $\sqrt{7}$，将 △APB 绕点 A 逆时针旋转后与 △AQC 重合.

求：(1) 线段 PQ 的长；(2) ∠APC 的度数.

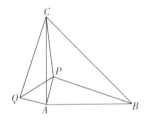

图 12 – 3 – 11

17. 如图 12 – 3 – 12 所示，在 □ABCD 中，AB⊥AC，AB = 1，BC = $\sqrt{5}$，对角线 BD，AC 交于点 O. 将直线 AC 绕点 O 顺时针旋转分别交 BC，AD 于点 E，F.

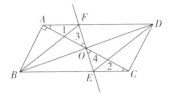

图 12 – 3 – 12

(1) 说明直线 AC 在旋转过程中，AF 与 CE 总保持相等.

(2) 证明：当旋转角为 90° 时，四边形 ABEF 是平行四边形.

(3) 直线 AC 在旋转过程中，所得的四边形 BEDF 可能是菱形吗？如果不可能，请说明理由；如果可能，求出此时 AC 绕点 O 顺时针旋转的角度.

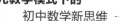

自主评估说明

　　请在规定时间内独立完成自主评估试题，并在老师的引导下与同伴相互批阅. 成绩 80 分以上为优秀，60 ~ 79 分为合格，低于 60 分为不合格.

　　自我评估结果为：_____（选填：优秀、合格、不合格）.

　　若评估为优秀，祝贺你可顺利进入下一单元《圆》的学习.

　　若评估为合格，建议你及时纠错，查漏补缺，再进入下一单元的学习.

　　若评估为不合格，希望你在老师和同学的帮助下找出问题，给予弥补，重新评估合格后再进入下一单元的学习.

（本章内容由杨高撰写）

第一节　圆总体构思

【单元内容说明】

本单元主要包括圆的有关概念、圆的有关性质、点与圆的位置关系、直线与圆的位置关系、正多边形与圆、弧长和扇形面积的计算等内容.

本单元属于《课程标准》中"图形与几何"的课程内容，它是在小学学习了圆的基本概念以及初中学习了直线形图形的基础上，进一步系统地研究圆的有关知识. 圆是生活中常见的几何图形，也是平面内最简单的封闭曲线，学生由直线形图形的学习转向曲线形图形的学习，在认识上是一个飞跃. 圆与直线形图形相比，有其独特的对称性，这种独特的性质使它在实际生活和生产中有着极其广泛的应用，比如车轮、方向盘、硬币、圆形桌面、各种圆形建筑及生活物品等，可以说生活中到处都可看见圆的身影. 通过本单元的学习，学生不仅可深化对圆的认识，还可从中领悟出许多数学思想和研究方法，拓宽视野和思维. 同时，也为进一步学习高中的立体几何、圆锥曲线等打下基础. 因此，本单元内容无论在理论上还是在实际中都有十分重要的地位，是现代社会每个公民都必须掌握的基础知识，它在几何学习中起着承上启下的作用.

本单元的重点是圆的有关概念、圆的有关性质，直线与圆的相切关系. 本单元的难点是运用圆的知识解决有关几何问题和生活中的问题.

【单元课标要求】

1. 理解圆、弧、弦、圆心角、圆周角的概念；了解等圆、等弧的概念；探索并了解点与圆的位置关系.

2. 探索并证明垂径定理：垂直于弦的直径平分弦并且平分弦所对的两条弧.

3. 探索圆周角与圆心角及其所对弧的关系，了解并证明圆周角定理及其推论：一条弧所对的圆周角等于它所对的圆心角的一半；直径所对的圆周角是直角；90°的圆周角所对的弦是直径；圆内接四边形的对角互补.

4. 知道三角形的内心和外心.

5. 了解直线和圆的位置关系，掌握切线的概念，探索切线与过切点的半径的关系，会用三角尺过圆上一点画圆的切线.

6. ＊探索并证明切线长定理：过圆外一点所画的圆的两条切线长相等.

7. 会计算圆的弧长、扇形的面积.

8. 了解正多边形的概念及正多边形与圆的关系.

（说明：标有"＊"的内容为选学内容的要求）

【核心素养要求】

1. 数学抽象和几何直观：通过圆、弧、弦、圆心角、圆周角等概念及性质的学习，培养学生的符号意识，发展学生数学抽象和几何直观的素养.

2. 逻辑推理：通过与圆有关的位置关系、切线的判定定理和性质定理以及切线长定理的学习，发展学生逻辑推理的素养.

3. 数学运算：通过正多边形和圆、扇形的弧长和面积的学习，发展学生数学运算的素养.

【单元教学设想】

人教版数学九年级上册教材将本单元划分为四节：第一节圆的有关性质；第二节点和圆、直线和圆的位置关系；第三节正多边形和圆；第四节弧长和扇形面积. 根据本单元的知识结构特点和学生的认知特点，以及教学实际，我们在保持课程内容不变的情况下，设想将教材原有的四节内容进行适度的整合，重新建构为如下三个模块：

模块一 圆及其有关性质

模块二 图形与圆的位置关系

模块三 与圆有关的计算

本单元知识框架图，如图 13 - 1 - 1 所示.

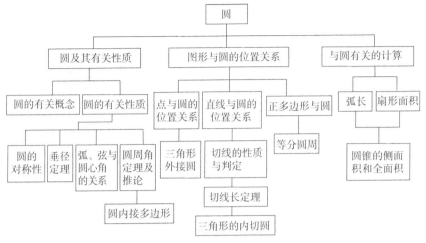

图 13 - 1 - 1　圆知识框架图

（说明：因为《课程标准》对圆与圆的位置关系已不做要求，所以本单元知识建构图中未涉及这部分内容）

附：

表 13 - 1 - 1　人教版《教师教学用书》教学课时安排与单元教学课时安排对比表

人教版《教师教学用书》教学课时安排	单元教学课时安排
24.1　圆的有关性质(5 课时)	模块一　圆及其有关性质(5 课时)
24.2　点和圆、直线和圆的位置关系(5 课时)	模块二　图形与圆的位置关系(5 课时)
24.3　正多边形和圆(2 课时)	
24.4　弧长和扇形面积(2 课时)	模块三　与圆有关的计算(2 课时)
合计：14 课时	合计：12 课时

第二节　圆教学实施

模块一　圆及其有关性质

一、模块内容解析

本模块主要包括圆、弧、弦、等圆、等弧、圆心角、圆周角等概念，以及垂径定理、弧、弦、圆心角的关系和圆周角定理及其推论等内容.

　　本模块是在小学学习圆的基础上进一步对圆进行系统的研究. 内容看似较多，但实际都是与圆紧密相关的概念及基本性质，是进一步研究圆和其他曲线图形的基础，也是学生在中学阶段应掌握的必备基础知识和基本方法. 虽然学生在小学已接触过圆，对圆有一些感性认识，但并没有对圆给出严格的定义，本模块在回顾小学学过圆的基础上给出了圆的两种定义，一种是通过画图，用"发生法"给出了圆的定义，同时定义了圆心和半径，这个定义与小学的认识没有多大区别，学生容易接受；另一种是通过分析画圆的过程给出了圆的集合定义，即圆可以看成是到定点的距离等于定长的点的集合. 这样，学生对圆的认识就比小学加深了，也容易得出同圆的半径相等的结论，这为以后判定点是否在圆上等问题找到了理论依据. 接下来，结合图形介绍了弧、弦、等圆、等弧、圆心角、圆周角等概念，最后根据圆的对称性探究并证明了垂径定理、弧、弦、圆心角的关系，圆周角定理及推论等基本性质，这些性质是本模块的重点，也是证明线段相等、角相等、弧相等的重要依据，同时还为圆的计算和作图提供了方法. 由于圆的这些性质涉及的条件和结论比较复杂，容易混淆，所以它们也是学习的难点.

　　本模块内容是后续研究圆及曲线图形的基础，学习过程中体现了分类讨论、化一般为特殊的数学思想方法，因此，本模块在中学数学学习中具有十分重要的地位和作用.

　　模块知识线索图，如图 13 - 2 - 1 所示.

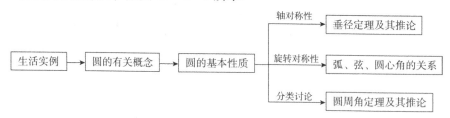

图 13 - 2 - 1　模块知识线索图

二、模块教学目标

　　1. 借助图形，理解圆及其有关概念(包括圆、圆心、半径、弦、弧、直径、半圆、等圆、等弧、圆心角、圆周角、圆内接多边形和多边形的外接圆等).

　　2. 通过折叠、旋转等动手实验，了解圆既是轴对称图形，又是中心对称图形，能利用圆的对称性探索并证明垂径定理.

3. 通过观察图形，探索发现圆中弧、弦、圆心角之间的关系.

4. 探索同弧所对的圆周角与圆心角的关系，理解并证明圆周角定理及其推论.

5. 通过圆的有关概念及性质定理的学习，体会从一般到特殊、转化和分类等数学思想方法，进一步增强学生的符号意识，发展数学抽象、几何直观和逻辑推理的数学素养.

三、模块教学建议

1. 课时安排建议

本模块的教学，建议安排 5 课时完成. 其中，第 1 课时学习圆的有关概念；第 2 课时学习垂径定理及其推论；第 3 课时学习弧、弦、圆心角的关系；第 4 课时学习圆周角定理及其推论；第 5 课时对本模块内容进行综合复习.

2. 内容教学建议

本模块的教学，应注意与小学时所学圆的知识的衔接，小学是以"发生法"给出的圆的定义，而本单元在给出圆的定义时，给出了两种定义，其中一种是圆上每一点与圆心的距离都等于定长，另一种是到定点的距离等于定长的点都在圆上，后一种定义是从点和集合的角度来认识圆，其呈现过程，可进一步加深学生对圆的认识，同时强调确定一个圆的要素——圆心和半径. 在认识了圆的定义的基础上，引出圆的半径、直径、弦、弧等概念. 这部分内容一定要结合图形让学生认识，分清各概念之间的异同. 另外，圆有许多重要性质，其中最主要的是圆的对称性（包括轴对称性和旋转不变性），本模块主要探究并证明了垂径定理，弧、弦、圆心角的关系，圆周角定理及其推论等圆的基本性质. 圆的轴对称的性质体现在以圆的直径为对称轴的背景下的弦、弧与直径的位置关系，这种位置关系的刻画又是通过垂直弦与平分弦来实现的，在讲解垂径定理时，要注意文字语言、图形语言和符号语言的相互转化. 而圆的旋转不变性体现在弧及所对的弦与圆心角的数量关系上，"同弧或等弧所对的圆心角相等"这个结论一方面可以通过圆旋转任何角度都和自身重合去演绎，让学生通过同弧或等弧的圆心角与圆周角的关系，体会以圆为背景下的角的关系的研究，其基本方法是通过弧来刻画角的数量关系，将研究的方法转化到其他的位置关系上，这是一种解决证明问题的新方法，要求学生能够掌握这种方法；在进行圆周角的教学时，要重视对同弧所对的圆心角与圆周角的数量关系的分析，先从它们的位置关系的研究开始，让学生能够从圆心角的顶点也就是圆心与同弧所对的圆周角的位置关系入手分析，即分别讨论圆心角的顶点在圆周角内、在圆周角上及在圆周角外三种情况，对其数量关系的研究，首先选择圆心角的顶点在圆周角上这种特殊位置，这样研究显得比较自然. 对于圆周角定理及其推论的证明，通过分类讨论，把一般问题转化为特殊情况进行证明，这种证明方法与过去所学的证明方法有所不同，教学时要特别加以重视，让学生掌握这种方法. 圆的这些基本性质为证明角相等、证明弧相等、证明弦相等以及角的计算等问题提供了简便的方法和理论依据，运用它们解决问题时，注意引导学生审清题意，弄清楚各性质的条件和结论，避免混淆.

3. 难度要求建议

本模块是学生系统研究圆的概念和性质的起始章节，其内容对学生来说有一定的难度，教学时要按照《课程标准》的要求，注意各内容所要求掌握的程度. 对于圆的集合概念，只要求学生知道它有两层意思就可以了，对于圆的基本性质，只要求学生掌握教材所提出的几个性质，不必补充其他的性质，更不要要求学生利用对称的性质去证明其他的结论.

四、模块教学案例

圆的有关概念

一、教学目标

1. 通过生活中的圆形图案及动手画圆，了解圆的描述性定义和集合定义.

2. 结合图形理解圆的半径、直径、同圆、同心圆、等圆、弦、弧(含优弧和劣弧)、等弧等概念.

3. 经历圆及其相关概念的形成过程，培养学生观察、思考、归纳的良好习惯，发展学生数学抽象和几何直观的数学素养.

二、教学重难点

1. 教学重点：圆及其有关的概念.

2. 教学难点：圆的集合定义.

三、教学过程

(一)自主学习

1. 在生活中，你见过哪些圆形物品？请举出实例.

2. 请用小学学过的知识画一个圆，并回答什么是圆，它涉及哪些要素.

3. 阅读人教版数学九年级上册教材第79~80页，学习研究圆的有关概念.

要求：了解圆的两种定义，理解圆的有关概念.

（设计意图：通过列举生活中的圆形物品，感受圆与生活紧密相关，体现学习圆的必要性和价值；通过用小学所学知识画圆，唤醒学生对圆的已有认知；通过阅读教材，使学生对圆的有关概念知识有一个初步认识，培养其自学能力）

（二）交流分享

1. 什么叫作圆？什么是圆心和半径？如何用符号表示一个圆？请结合图形进行说明.

提示：一条线段绕着它的一个端点旋转一周所形成的图形叫作圆. 如图 $13-2-2$ 所示，以点 O 为圆心，OA 为半径的圆，记作 $\odot O$，读作"圆 O".

图 13 - 2 - 2

由圆的定义可知：

（1）要确定一个圆，需要两个基本条件，一个是圆心的位置，另一个是半径的长短，其中，圆心确定圆的位置，半径长确定圆的大小.

（2）圆上的各点到圆心的距离都等于半径长；在一个平面内，到圆心的距离等于半径长的点都在同一个圆上. 因此，圆可以看作是在一个平面内，所有到一个定点的距离等于定长的点组成的图形.

2. 什么叫同圆、同心圆和等圆？请画图说明.

提示：如图 $13-2-3$ 所示.

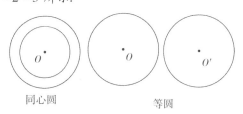

同心圆　　　　　　　　等圆

图 13 - 2 - 3

圆心相同且半径相等的圆叫作同圆；

圆心相同，半径不相等的两个圆叫作同心圆；

能够重合的两个圆叫作等圆. 如图 $13-2-3$ 所示，$\odot O$ 与 $\odot O'$ 是等圆.

4. 什么叫弦？什么叫直径？什么叫弧？什么叫半圆？什么叫劣弧和优弧？什么叫等弧？请结合图形进行说明.

提示：如图 $13-2-4$ 所示.

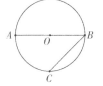

图 13 - 2 - 4

（1）连接圆上任意两点的线段叫作弦，经过圆心的弦叫作直径. 显然，直径是圆中最长的弦，它等于半径的 2 倍. 如图 $13-2-4$，弦 AB，BC，且 AB 是直径.

（2）圆上任意两点间的部分叫作圆弧，简称弧．图 13-2-4 中以 B，C 为端点的劣弧记作 $\overarc{BC}$，读作圆弧 BC 或弧 BC．特别地，圆的任意一条直径的两个端点把圆分成两条弧，每一条弧都叫作半圆．大于半圆的弧叫作优弧，小于半圆的弧叫作劣弧．如图 13-2-4 中 $\overarc{ABC}$ 是优弧，而 $\overarc{AC}$ 是劣弧．

（3）在同圆或等圆中，能够互相重合的弧叫作等弧．

（设计意图：通过问题驱动，引导学生结合图形学习圆的有关概念，通过交流分享加深对概念的理解和辨析，为后面进一步学习圆的性质打下基础）

（三）引导提升

1. 如图 13-2-5 所示，已知点 A，B，C 是 $\odot O$ 上的点，则图中_____是 $\odot O$ 的弦，最长的弦是_____；图中的劣弧有_____；优弧有_____．

2. 下面有四个命题：

① 直径相等的两个圆是等圆；

② 长度相等的两条弧是等弧；

③ 半径相等的两个半圆是等弧；

④ 一条弦把圆分成两条弧，这两条弧不可能是等弧．

其中真命题为（　　）

A. ①②　　　　　B. ①③　　　　　C. ①④　　　　　D. ①③④

3. 如图 13-2-6 所示，已知矩形 $ABCD$ 的对角线 AC，BD 相交于点 O．

求证：A，B，C，D 在以点 O 为圆心的同一个圆上．

（设计意图：通过以上问题的研讨，加深学生对圆的有关概念的理解和掌握，发展学生几何直观和逻辑推理的数学素养）

（四）归纳总结

图 13-2-6

1. 通过本节课的学习，你对圆有了哪些新的认识？你掌握了哪些与圆有关的概念？请结合图形进行说明．

2. 在学习圆的有关概念的过程中，你体会到了哪些数学思想方法，积累了哪些学习经验？

（5）达标反馈

1. 已知圆中最长的弦为 16 cm，则该圆的半径为_____．

2. 等于 $\frac{1}{3}$ 圆周的弧是(　　)

　　A. 劣弧　　　　　　B. 半圆　　　　　　C. 优弧　　　　　　D. 圆

3. 已知线段 $AB = 10$ cm，以 AB 为直径作圆，那么到线段 AB 的距离等于 5 cm 的圆上的点共有(　　)

　　A. 1 个　　　　　　B. 2 个　　　　　　C. 4 个　　　　　　D. 无数个

4. 求证：直角三角形的三个顶点在同一个圆上.

模块二　图形与圆的位置关系

一、模块内容解析

　　本模块主要包括点和圆的位置关系、直线和圆的位置关系、切线的判定定理和性质定理、切线长定理、三角形的外接圆和外心、三角形的内切圆和内心以及正多边形和圆的关系等内容.

　　本模块内容是在学习了圆及其有关性质的基础上的拓展学习. 首先通过生活实例引出点和圆存在三种不同的位置关系，并通过点和圆心的距离与圆的半径的大小关系来判断它们的位置关系，这样就把点和圆的位置关系与数量关系对应起来了；反之，由数的研究可以判断图形的位置，实现图形与数的有机统一. 在此基础上探究作圆的条件，并归纳得出结论：不在同一直线上的三个点确定一个圆，进而引出三角形的外接圆、三角形的外心以及反证法等内容. 类似地，借助生活中太阳升起的现象，引出直线和圆也存在三种不同的位置关系，而且通过点到直线的距离与半径的大小关系，直观地说明直线和圆的三种位置关系的判定和性质，再一次体现数形结合的思想方法. 在这部分内容的学习中，重点研究了圆的切线的判定和性质，并引申得出切线长定理及三角形的内切圆和三角形的内心等内容. 在本模块的最后，研究了正多边形与圆的关系，介绍了正多边形及相关的概念，并利用等分圆的方法探究了正多边形有关计算，以及常见正多边形的作图和近似画图等问题.

　　本模块内容中，直线和圆的位置关系是重点，其中切线的判定定理、性质定理，切线长定理等是研究直线和圆的有关问题时常用的定理，是本模块的重要内容. 而切线的判定定理和性质定理的证明学生不易理解，因此是学习的难点. 另外本模块的内容中涉及了反证法，它属于间接证法，对开拓学生思维起着桥梁和纽带的作用，但对学生来说也是一个难点.

模块知识线索图，如图 13 - 2 - 7 所示.

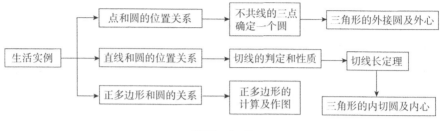

图 13 - 2 - 7

二、模块教学目标

1. 了解点和圆、直线和圆的位置关系；掌握切线的概念；探索切线与过切点的半径之间的关系；能判断一条直线是否为圆的切线；会用三角尺过圆上一点画圆的切线；探索并证明切线长定理.

2. 了解三角形的内心和外心；会利用基本作图作三角形的外接圆、内切圆.

3. 了解正多边形的概念及正多边形与圆的关系；会利用基本作图作圆的内接正方形和正六边形.

4. 通过点与圆、直线和圆位置关系以及切线相关定理的探索培养学生数学抽象、逻辑推理的核心素养；通过对正多边形和圆的关系的研究，发展学生数学运算的核心素养.

三、模块教学建议

1. 课时安排建议

本模块的教学，建议安排 5 课时完成. 其中，第 1 课时学习点与圆、直线与圆的位置关系；第 2 课时学习切线的判定和性质；第 3 课时学习切线长定理；第 4 课时学习正多边形和圆；第 5 课时对本模块内容进行综合复习.

2. 内容教学建议

对于点和圆的位置关系的教学，要给学生充分的时间和空间，让他们通过动手操作实践，自主发现点和圆的三种不同位置关系，再通过点到圆心的距离与圆的半径的大小的比较，用数量来判断点和圆的位置关系，从中感悟数形结合的思想. 为了说明"过同一直线上的三点不能作圆"，引出一种新的证明方法——反证法，由于反证法是一种间接证法，学生理解起来有一定的困难，因此教师在教学时要注意帮助学生理解其证明思路.

对于直线和圆的位置关系的教学，可先类比点与圆的位置关系，猜想引出直线和圆的三种位置关系，并通过圆心到直线的距离与半径的大小比较来判断出直线与圆的位置关系，再一次渗透数形结合的思想方法. 然后重点研究直线和圆相切的情况，分别探索并证明直线和圆相切的判定定理和性质定理，以及切线长定理，在此基础上得出三角形的内切圆及内心的概念. 由于切线的判定定理和性质定理的条件和结论容易混淆，性质定理的证明又要用到反证法，因此这两个定理的教学是难点，教师在教学时要注意通过适当的练习训练加以突破.

对于正多边形与圆的教学，建议先引导学生回顾已学过的正多边形的概念，并以正五边形为例，引导学生利用等分圆周的方法作出该圆的正多边形，并给予证明，从中体现正多边形与圆的密切关系，并进一步引出正多边形的中心、半径、中心角、边心距等概念. 由于学生已经学过了直角三角形的解法，而正多边形总可以分成若干个直角三角形，所以有关正多边形的计算问题都可以转化为直角三角形的计算，因此没必要再列出新的计算公式. 另外，利用等分圆的方法，还可以解决许多常见的正多边形的作图或近似作图的问题.

3. 难度要求建议

本模块涉及的内容多、定理多，对大多数的学生来说，学习本模块有一定难度. 因此，教师在教学时不要随意增加《课程标准》不要求的课程内容，比如弦切角定理、切割线定理等，更不要补充《课程标准》已删除的内容，比如，圆和圆的位置关系等内容. 对于反证法，只要求让学生了解反证法的证明思路和步骤即可，不必要求学生做过多过难的关于反证法的习题. 另外，还要注意控制综合训练题的难度，尽量不增加学生学习几何的负担.

四、模块教学案例

点和圆、直线和圆的位置关系

一、教学目标

1. 理解并掌握点和圆、直线和圆的三种位置关系以及判定方法，从中体会运动变化及数形结合的思想.

2. 探索不在同一直线上的三个点确定一个圆，了解反证法的证题思路.

3. 了解三角形的外接圆和外心的概念.

4. 通过点和圆、直线和圆的位置关系的学习，发展学生几何直观和逻辑推理的数学素养.

二、教学重难点

1. 教学重点：点和圆、直线和圆的位置关系以及判定方法.

2. 教学难点：用反证法证明不在同一直线上的三个点确定一个圆.

三、教学过程

（一）自主学习

1. 任意画一个⊙O，再任意取一个点P，观察点P与⊙O有怎样的位置关系，并与周围同学所画的图形进行比较，从中发现点和圆有几种不同的位置关系？

2. 阅读人教版教材数学九年级上册第92页，学习研究点和圆的位置关系.

要求：初步了解点和圆的三种位置关系及判定方法.

（设计意图：通过让学生画图，从中去发现点与圆的位置关系，再与同伴所画的图形比较，进一步发现点和圆的不同的位置关系，激发学生探求新知的欲望. 通过阅读教材，初步了解点和圆的三种位置关系，培养学生的自主学习能力）

（二）交流分享

1. 请结合图形说明点和圆有哪几种位置关系？如何用数量关系来描述其位置关系？

提示：如图13 - 2 - 8所示，点与圆有三种位置关系，即点A在圆内，点B在圆上，点C在圆外.

若设点到圆心的距离为d，圆的半径为r，则容易得到如下结论：

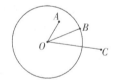

点在圆内$\Leftrightarrow d < r$；

点在圆上$\Leftrightarrow d = r$；

点在圆外$\Leftrightarrow d > r$.

图13 - 2 - 8

2. 点和圆的位置关系在生活中有何体现，试举例说明.

比如：掷飞镖，射击打靶，掷铅球等，如图13 - 2 - 9所示.

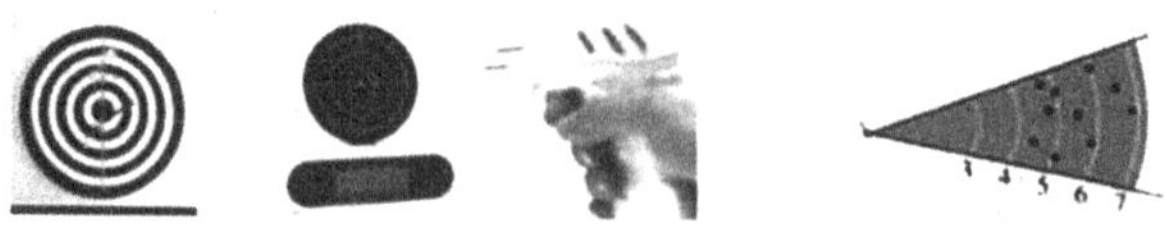

图13 - 2 - 9

3. 类比点和圆的位置关系, 你能猜想并探索直线和圆有哪几种位置关系吗? 请举出生活中的实例.

提示: 直线和圆也有三种位置关系, 如图 13－2－10 所示.

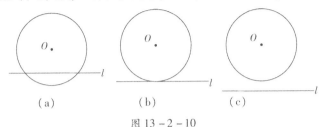

图 13－2－10

图 13－2－10(a) 中的直线和圆有两个公共点, 这时就说这条直线与圆相交, 这条直线叫作圆的割线;

图 13－2－10(b) 中的直线和圆有一个公共点, 这时就说这条直线与圆相切, 这条直线叫作圆的切线;

图 13－2－10(c) 中的直线和圆没有公共点, 这时就说这条直线与圆相离.

生活中的实例, 如图 13－2－11 所示.

如果把太阳看作一个圆, 把海平面看作一条直线, 太阳升起的过程中, 太阳和海平面之间就会出现三种不同状态, 也就是直线和圆的三种位置关系.

图 13－2－11

4. 如何用数量关系来描述直线和圆的位置关系?

提示: 如图 13－2－12 所示, 设 $\odot O$ 的半径为 r, 圆心 O 到直线 l 的距离为 d.

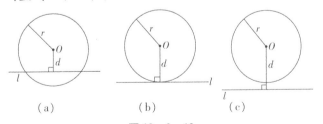

图 13－2－12

根据直线和圆相交、相切、相离的概念, 容易得到:

直线 l 和 $\odot O$ 相交 $\Leftrightarrow d < r$;

直线 l 和 $\odot O$ 相切 $\Leftrightarrow d = r$;

直线 l 和 $\odot O$ 相离 $\Leftrightarrow d > r$.

(设计意图:通过以上问题,使学生理解点和圆、直线和圆的位置关系,并能用数量关系进行判断,体会数形结合和类比的思想方法;通过列出生活中的实例,体现学习该知识的价值,发展学生几何直观、数学抽象和逻辑推理的素养)

(三)引导提升

1. 在平面直角坐标系 xOy 中,点 A 的坐标为 $(-3,4)$,以点 A 为圆心,4 为半径作 $\odot A$,则点 O 与 $\odot A$ 的位置关系是_____; x 轴与 $\odot A$ 的位置关系是_____; y 轴与 $\odot A$ 的位置关系是_____.

2. 探究:

(1)经过点 A 作圆,你能作出几个?动手试一试.

(2)经过两点 A,B 作圆,你能作出几个?动手画一画.

(3)经过不在同一直线上的三点 A,B,C,能不能作圆?如果能,你能作出几个?动手试一试.

(4)经过同一直线上的三点 A,B,C,能不能作圆?请说明理由.

提示:如图 13-2-13 所示.

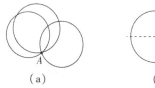 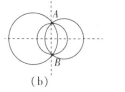

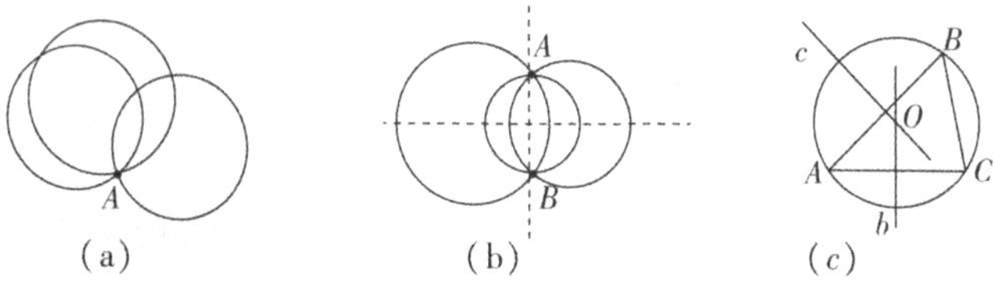

(a)　　　　　　(b)　　　　　　(c)

图 13-2-13

(1)经过点 A 可作无数个圆(如图 13-2-13(a)所示).

(2)经过两点 A,B 也可作无数个圆,且这些圆的圆心在线段 AB 的垂直平分线上(如图 13-2-13(b)所示).

(3)经过不在同一条直线上的三个点 A,B,C 能作圆,且只能作一个圆(如图 13-2-13(c)所示).

(4)经过同一直线上的三点 A,B,C 不能作圆. 请通过阅读人教版教材数学九年级上册第 94 页中的内容,了解其缘由,从中学习一种新的证明方法——反证法,并了解反证法的证题思路.

3. 想一想:过 $\triangle ABC$ 的三个顶点是否可以作一个圆?如果可以,这个圆叫作 $\triangle ABC$ 的什么圆?其圆心叫什么?

提示:引导学生画出如图 13-2-14 所示的图形,并说明 $\odot O$ 叫作 $\triangle ABC$ 的外接圆,圆心叫作 $\triangle ABC$ 的外心.

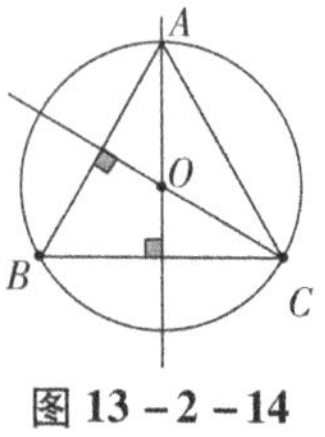

图 13-2-14

（设计意图：通过以上问题，进一步巩固点和圆、直线和圆的位置关系的判定方法，通过探究发现不共线的三点可确定一个圆，从而引出三角形的外接圆及外心等概念．同时发现共线的三点不能确定一个圆，从而引出一种新的证明方法——反证法，并通过阅读教材加以认识和理解，以此发展学生的应用意识、几何直观和逻辑推理的数学素养）

（四）归纳总结

1. 通过本节课的学习，你对点和圆、直线和圆位置关系有了哪些认识？如何用数量判断它们的位置关系？

2. 你知道几个点可以确定一个圆？什么是三角形的外接圆和外心？

3. 什么叫反证法？用反证法证题的基本思路是什么？

4. 在本节课的学习中，你领悟到了哪些数学思想方法？这些思想方法对你的学习和生活有何启示？

（五）达标反馈

1. 已知⊙O 的半径 $r = 5$ cm，点 A 为线段 OP 的中点，根据下列条件，判断点 A 与⊙O 的位置关系．

（1）$OP = 6$ cm；　（2）$OP = 10$ cm；　（3）$OP = 14$ cm．

2. 已知⊙O 的直径是 13 cm，如果圆心 O 与直线 l 的距离 d 分别是：（1）$d = 4.5$ cm；（2）$d = 6.5$ cm；（3）$d = 8$ cm．试判断直线 l 和⊙O 的位置关系．

3. 如图 $13 - 2 - 15$ 所示，在△ABC 中，$AB = AC = 10$，$BC = 16$，⊙A 的半径为 7，判断直线 BC 与⊙A 的位置关系，并说明理由．

图 $13 - 2 - 15$

模块三　与圆有关的计算

一、模块内容解析

本模块主要包括弧长、扇形面积、圆锥的侧面积和圆锥的全面积等内容．

本模块内容是在小学学过圆周长和圆面积公式的基础上，进一步推导得出弧长公式和扇形的面积公式，由于圆锥的侧面展开图是扇形，因此在扇形之后接着介绍了圆锥的侧面积和全面积的计算，既是对弧长和扇形知识的巩固和应用，也为后续高中学习立体图形打下基础. 本模块内容，不仅可以计算一些与圆有关的简单组合图形的周长和面积，也可以解决生活和生产中有关轨道、拱桥等曲线和曲面问题，同时还可以培养学生的几何直观和空间观念，因此，这些内容在中学数学学习中具有一定的基础作用和应用价值.

本模块的重点是弧长公式和扇形的面积公式，难点是弧长和扇形的面积的推导.

模块知识线索图，如图 13 - 2 - 16 所示.

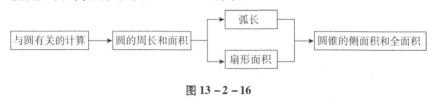

图 13 - 2 - 16

二、模块教学目标

1. 会计算圆的弧长、扇形的面积以及圆锥的侧面积和全面积.

2. 通过弧长和扇形面积的公式推导，体会类比、转化的数学思想，通过计算简单组合图形的周长和面积，培养学生分析问题、解决问题的能力，发展学生数学运算、数学推理和数学建模的核心素养.

三、模块教学建议

1. 课时安排建议

本模块的教学，建议安排 2 课时完成. 其中，第 1 课时学习弧长和扇形面积；第 2 课时学习圆锥的侧面积和全面积.

2. 内容教学建议

本模块的教学应注意学生的认知起点，弧长和扇形面积都是根据小学学过的圆周长、面积公式推导出来的，因此教师教学时，要引导学生回顾复习圆的周长和圆的面积公式，观察发现弧长与圆周长、扇形面积与圆面积之间是部分与整体的关系，从而将计算弧长和扇形面积的问题转化为求圆周长和圆面积的一部分问题加以解决. 在探究公式的过程中，教师要注意引导学生理解圆的圆心角为 $360°$，圆心角为 $1°$ 的弧长等于圆周长的 $\dfrac{1}{360}$，则圆心角为 $n°$ 的弧长等于圆周长的 $\dfrac{n}{360}$，这是建立弧长公式的关键. 同理，引导学生理解圆心角为 $1°$ 的扇形面积等于圆的面积的 $\dfrac{1}{360}$，则圆心角为 $n°$ 的扇形的面积等于圆的面积的 $\dfrac{n}{360}$，这是建立扇形的面积公式的关键，明白了这个道理，有助于记住公式，避免死记硬背，从中体会部分与整体、特殊与一般及转化的数学思想方法．对于圆锥的侧面积和全面积的教学，不要求学生掌握圆锥的概念，只要求了解其形状特征即可．教学时，注意结合图形引导学生分清圆锥的各元素与它的展开图——扇形的各元素之间的关系，避免出现把圆锥的底面半径当成扇形的半径．

3. 难点要求建议

本模块内容《课程标准》的要求是会计算圆的弧长和扇形的面积，对圆锥没有提出具体的要求，因此，本模块的学习重点应是圆的弧长和扇形的面积的有关计算，对于圆锥的侧面积和全面积的计算可根据学生的实际情况选择性讲解．除圆锥以外，最好不要再补充其他繁难的几何体的展开图问题，以免加重学生的学习负担．

四、模块教学案例

弧长和扇形面积

一、教学目标

1. 经历探索弧长和扇形的面积公式的过程，会运用公式计算弧长和扇形的面积．

2. 会运用弧长、扇形的面积公式计算简单组合图形的周长和面积．

3. 在弧长和扇形面积计算公式的探究过程中，感受部分与整体、类比和转化的数学思想方法，发展学生数学运算、数学推理和数学建模的素养．

二、教学重难点

1. 教学重点：弧长公式和扇形的面积公式．

2. 教学难点：弧长公式和扇形的面积公式的推导及运用．

三、教学过程

（一）自主学习

1. 回顾复习：

（1）已知 $\odot O$ 的半径为 4，求 $\odot O$ 的周长和面积．

（2）若 $\odot O$ 的半径为 R，则 $\odot O$ 的周长和面积为多少？

（3）如图 $13-2-17$ 所示，已知 $\odot O$ 的半径为 R，A，B 是

图 $13-2-17$

⊙O 上的两点，试探究，$\overset{\frown}{AB}$ 与圆的周长之间有何关系？你能求出 $\overset{\frown}{AB}$ 的长吗？

2. 阅读人教版教材数学九年级上册第 $111 \sim 112$ 页，学习研究弧长和扇形的面积.

要求：初步了解弧长和扇形的面积的有关知识.

（设计意图：通过回顾复习，唤起学生对小学阶段所学过的圆的周长和面积等知识的回忆，为探究弧长和扇形的面积做好铺垫. 同时，通过求 $\overset{\frown}{AB}$ 的长的问题，引导学生认识弧长是圆的一部分，并从旧知自然过渡到新知的学习中，激发学生探究新知的欲望）

（二）交流分享

1. 如图 $13-2-18$ 所示，⊙O 的半径为 R，如何计算 $\overset{\frown}{AB}$ 的长？

提示：设 $\overset{\frown}{AB}$ 所对的圆心角为 $n°$.

由于圆心角为 $1°$ 的弧长是圆的周长的 $\dfrac{1}{360}$，圆心角为 $n°$ 的

图 $13-2-18$

弧长就是圆的周长的 $\dfrac{n}{360}$，所以 $\overset{\frown}{AB}$ 的长为：$l = \dfrac{n}{360} \cdot 2\pi R$

$= \dfrac{n\pi R}{180}$.

由此得到：弧长的公式为 $l = \dfrac{n\pi R}{180}$.

2. 什么叫扇形？如何表示扇形？

提示：由组成圆心角的两条半径和圆心角所对的弧围成的图形叫作扇形.

如图 $13-2-18$ 所示，表示为：扇形 OAB.

3. 如何计算扇形的面积？试类比计算弧长的方法探究扇形的面积公式.

提示：如图 $13-2-19$ 所示，

设扇形 OAB 的圆心角为 $n°$，

由于圆心角为 $1°$ 的扇形的面积是圆面积的 $\dfrac{1}{360}$，圆心

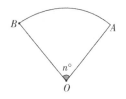

角为 $n°$ 的扇形的面积就是圆的面积的 $\dfrac{n}{360}$，所以扇形 OAB

图 $13-2-19$

的面积为：$S = \dfrac{n}{360} \cdot \pi R^2 = \dfrac{n\pi R^2}{360}$.

由此得到扇形的面积公式为 $S = \dfrac{n\pi R^2}{360}$.

4. 比较扇形的面积公式 $S = \dfrac{n\pi R^2}{360}$ 和弧长的公式 $l = \dfrac{n\pi R}{180}$. 你能否用弧长 l 表示扇形的面积?

提示: $S = \dfrac{n\pi R^2}{360} = \dfrac{1}{2} \times \dfrac{n\pi R}{180} \times R = \dfrac{1}{2}lR$.

由此得到求扇形面积的另一个公式, 即 $S = \dfrac{1}{2}lR$.

想一想: 扇形的两个面积公式有何不同?

(设计意图: 通过以上问题的交流分享, 让学生经历求弧长和扇形面积公式的探索过程, 并理解掌握公式, 从中体会整体与部分, 特殊与一般的数学思想方法, 发展学生数学运算、数学推理和数学建模的核心素养)

(三)引导提升

1. 制造弯形管道时, 通常要先按中心线计算"展直长度", 再下料, 试计算如图 13 - 2 - 20 所示的管道的展直长度 L(即图中虚线的长度, 要求结果取整数).

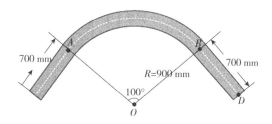

图 13 - 2 - 20

提示: 注意审清题意, 读懂图形中的条件, 再利用弧长公式进行计算.

2. 如图 13 - 2 - 21 所示, 水平放置的圆柱形排水管道的截面半径是 0.6 m, 其中水面高 0.3 m, 求截面上有水部分的面积(结果保留小数点后两位).

提示: 先仔细审题, 弄清楚截面上有水部分是什么图形, 该图形是如何构成的, 再结合已知条件寻求解题思路, 最后写出解答过程.

图 13 - 2 - 21

(设计意图: 通过以上问题, 使学生运用所学的扇形面积公式解决生活中的实际问题, 体现所学知识的价值, 同时也达到巩固和掌握新知, 发展学生数学建模和数学运算的素养)

(四)归纳总结

1. 通过本节课的学习, 你能写出弧长和扇形面积的公式吗? 说一说它们是怎样推导出来的.

2. 在本节课的学习中, 你体会到了哪些数学思想方法? 在计算弧长和扇形面积时需要注意哪些问题?

(五)达标反馈

1. 已知扇形的圆心角为 30°, 半径为 3, 则这个扇形的弧长是_____.

2. 已知扇形的圆心角为 80°, 半径为 4, 则这个扇形的面积是_____.

3. 如图 $13-2-22$ 所示, 扇形 OAB 的圆心角为 60°, 半径为 6 cm, C, D 分别是 $\overparen{AB}$ 的三等分点, 求图中阴影部分的面积.

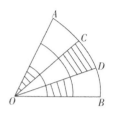

图 13 - 2 - 22

第三节   圆自主评估

圆自主评估试题

(时间: 45 分钟   满分: 100 分)

一、选择题(每小题 5 分, 共 30 分)

1. 下列命题正确的是(　　)

A. 长度相等的两条弧是等弧　　　B. 半径相等的两个圆是等圆

C. 平分弦的直径垂直于这条弦　　　D. 切线垂直于圆的半径

2. 如图 $13-3-1$ 所示, 已知 $\odot O$ 的直径 $CD = 10$ cm, AB 是 $\odot O$ 的弦, $AB \perp CD$, 垂足为 M, $OM : OC = 3 : 5$, 则 AB 的长为(　　)

A. 10 cm   B. 8 cm

C. 6 cm   D. 4 cm

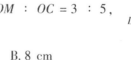

图 13 - 3 - 1

3. 如图 13 - 3 - 2 所示, 已知⊙O中, 弦 AB 与 CD 相交于点 P, 若∠A = 40°, ∠APD = 75°, 则∠B 等于( )

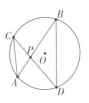

    A. 15°   B. 40°

    C. 75°   D. 35°

4. 在△ABC 中, ∠C = 90°, AC = 1, BC = 2, M 是 AB 的中点, 以点 C 为圆心, 1 为半径作⊙C, 则下列说法正确的是( )

图 13 - 3 - 2

    A. 点 M 在⊙C 上   B. 点 M 在⊙C 内

    C. 点 M 在⊙C 外   D. 点 M 与⊙C 的位置关系不能确定

5. 如图 13 - 3 - 3 所示, PA, PB, CD 是⊙O 的三条切线, 切点分别为 A, B, E, 直线 CD 交 PA 于 C 点, 交 PB 于 D 点, 若∠APB = 40°, 则∠COD 的度数为( )

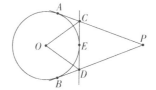

    A. 50°   B. 60°

    C. 70°   D. 75°

图 13 - 3 - 3

6. 如图 13 - 3 - 4 所示, 在△ABC 中, ∠C = 90°, AC = 8, BC = 4, 分别以 AC, BC 为直径画半圆, 则图中阴影部分的面积为( )

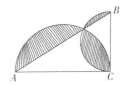

    A. $10\pi - 8$ B. $10\pi - 16$

    C. 10π D. 5π

图 13 - 3 - 4

二、填空题(每小题 5 分, 共 30 分)

7. 如图 13 - 3 - 5 所示, OA, OC 是⊙O 的半径, 点 B 在⊙O 上, 连接 AB, BC, 若∠ABC = 40°, 则∠AOC = _____.

8. 如图 13 - 3 - 6 所示, 在⊙O 中, C 是 $\overset{\frown}{AB}$ 的中点, ∠A = 50°, 则∠BOC = _____.

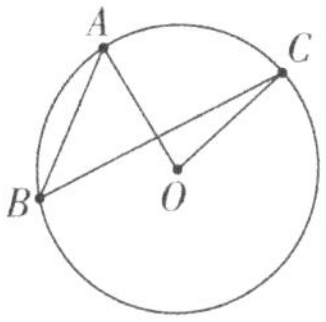

图 13 - 3 - 5

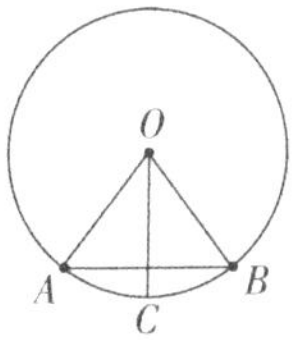

图 13 - 3 - 6

9. 如图 13-3-7 所示，已知 AB 是 $\odot O$ 的直径，点 P 在 AB 的延长线上，PC 切 $\odot O$ 于点 C，连接 AC，若 $\angle CPA = 20°$，则 $\angle A = $ _____.

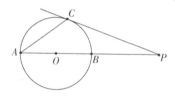

图 13-3-7

10. 已知一条弧所对的圆心角为 $135°$，且弧长等于半径为 5 cm 的圆的周长的 3 倍，则这条弧所在圆的半径为 _____.

11. 已知圆的半径为 2，则该圆的内接正三角形与内接正四边形的边心距之比为 _____.

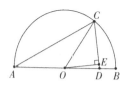

12. 如图 13-3-8 所示，AB 是半圆 O 的直径，$AC = AD$，$OC = 2$，$\angle CAB = 30°$，则点 O 到 CD 的距离 $OE = $ _____.

图 13-3-8

三、解答题(每小题 8 分，共 40 分)

13. 如图 13-3-9 所示，已知 $\odot O$ 的直径 AB 和弦 CD 相交于点 E，且 $AE = 2$，$EB = 6$，$\angle DEB = 30°$，求弦 CD 的长.

14. 如图 13-3-10 所示，AB，AC 是 $\odot O$ 的弦，D 是 CA 延长线上的一点，$AD = AB$，$\angle ADB = 25°$，求 $\angle BOC$ 的度数.

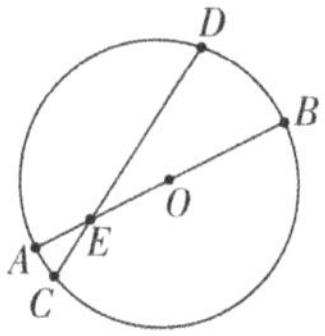

图 13-3-9

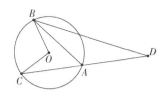

图 13-3-10

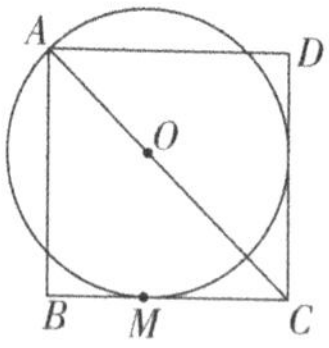

图 13-3-11

15. 如图 13-3-11 所示，O 是正方形 $ABCD$ 对角线上一点，以点 O 为圆心，OA 长为半径的 $\odot O$ 与 BC 相切于点 M.

(1) 求证：CD 与 $\odot O$ 相切；

(2) 若正方形 $ABCD$ 的边长为 1，求 $\odot O$ 的半径.

16. 如图 13 - 3 - 12 所示，已知 BC 是 $\odot O$ 的直径，AC 切 $\odot O$ 于点 C，AB 交 $\odot O$ 于点 D，E 为 AC 的中点，连接 DE.

（1）若 $AD = DB$，$OC = 5$，求 AC 的长；

（2）求证：ED 是 $\odot O$ 的切线.

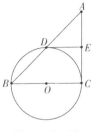

图 13 - 3 - 12

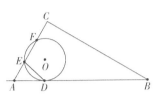

图 13 - 3 - 13

17. 如图 13 - 3 - 13 所示，$\odot O$ 与 Rt$\triangle ABC$ 的斜边 AB 相切于点 D，与直角边 AC 相交于 E，F 两点，连接 DE，已知 $\angle B = 30°$，$\odot O$ 的半径为 12，$\overset{\frown}{DE}$ 的长度为 4π.

（1）求证：$DE // BC$；

（2）若 $AF = CE$，求线段 BC 的长度.

自主评估说明

请在规定时间内独立完成自主评估试题，并在老师的引导下与同伴相互批阅. 成绩 80 分以上为优秀，$60 \sim 79$ 分为合格，低于 60 分为不合格.

自我评估结果为：_____（选填：优秀、合格、不合格）.

若评估为优秀，则祝贺你可顺利进入下一单元《概率初步》的学习.

若评估为合格，则建议你及时纠错，查漏补缺，再进入下一单元的学习.

若评估为不合格，则希望你在老师和同学的帮助下找出问题，给予弥补，重新评估合格后再进入下一单元的学习.

（本章内容由刘欣撰写）

第十四章

概率初步

第一节　概率初步总体构思

【单元内容说明】

本单元主要包括必然事件、不可能事件、随机事件、概率、列表法求概率、画树状图法求概率和用频率估计概率等内容.

本单元属于《课程标准》中"统计与概率"的课程内容，是学生在小学已学过"不确定现象"和"可能性"，进入中学又学习了"数据的收集、整理与描述"和"数据的分析"等统计与概率知识基础上的深化学习，主要研究随机事件的概念、概率的定义以及计算简单事件概率的方法，利用频率估计概率. 本单元内容的学习，可发展学生的随机观念，为正确认识客观世界提供重要的思维模式和解决问题的方法，同时也为统计学的发展提供理论基础. 这些知识既是学生必备的常识，也是后续高中学习几何概率、统计概率和公理化概率的基础，因此，本单元内容在中学数学学习中起着承上启下的作用.

学习的重点是随机事件和概率的概念，用列举法计算概率. 难点是求相关事件的概率，特别是对某些事件的概率要用频率来估计的理解.

【单元课标要求】

1. 能通过列表、画树状图等方法列出简单随机事件所有可能的结果，以及指定事件发生的所有可能结果，了解事件的概率.

2. 知道通过进行大量的重复试验，可以用频率来估计概率.

【核心素养要求】

1. 数学抽象：通过对事件、概率等概念的学习，强化学生的数据分析意识，发展学生数学抽象的核心素养.

2. 数学运算：在运用列表法、画树状图法计算简单事件概率的过程中，发展学生数学运算的核心素养.

3. 数学建模：在运用概率有关知识解决实际问题中，发展学生数学建模和应用意识的核心素养.

【单元教学设想】

人教版数学九年级上册教材将本单元划分为三节：第一节随机事件与概率；第二节用列举法求概率；第三节用频率估计概率. 根据本单元的知识结构特点和学生的认知特点，以及教学实际，我们在保持课程内容不变的情况下，设想将原教材的三节内容进行适度的整合，重新建构为如下两个模块：

模块一　事件与概率

模块二　概率的计算

本单元知识框架图，如图 14－1－1 所示.

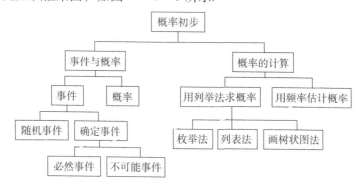

图 14－1－1　概率初步知识框架图

附：

表 14－1－1　人教版《教师教学用书》教学课时安排与单元教学课时安排对比表

人教版《教师教学用书》教学课时安排	单元教学课时安排
25.1　随机事件与概率(3 课时)	模块一　事件与概率(3 课时)
25.2　用列举法求概率(2 课时)	模块二　概率的计算(3 课时)
25.3　用频率估计概率(2 课时)	
合计：7 课时	合计：6 课时

第二节　概率初步教学实施

一、模块内容解析

本模块主要包括必然事件、随机事件、不可能事件以及概率的定义等内容.

本模块首先通过抛硬币、抽签、掷骰子、摸球等数学活动,引出必然事件、随机事件和不可能事件. 感悟生活现象中,有些事件的发生是必然的,有些事件的发生是不确定的,有些事件的发生是不可能的,并用列举、试验等方法逐步形成对随机事件发生可能性大小的初步认识. 在此基础上,进一步学习概率的定义及应用. 正确认识并理解这些概念是学习本模块的基础和关键. 本模块的重点是对必然事件、随机事件、不可能事件的判断和概率的概念及应用. 难点是随机事件的判断和对大量重复试验的必要性的理解.

本模块内容的学习不仅能促进学生随机观念的发展,而且能让学生感受随机观念的应用价值,领悟概率思想和数学建模等数学思想方法. 因此,本模块在中学数学学习中具有十分重要的地位和作用.

模块知识线索图,如图 14 - 2 - 1 所示.

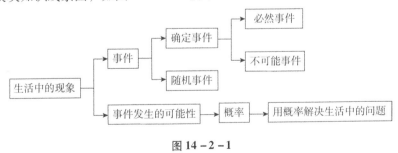

图 14 - 2 - 1

二、模块教学目标

1. 通过生活中的实际例子,体会学习随机事件的必要性.

2. 了解必然事件、不可能事件、随机事件的有关概念.

3. 能借助具体的例子理解随机事件的意义，并能判断必然事件、不可能事件、随机事件.

4. 理解随机事件的概率，认识概率是反映随机事件发生可能性大小的量.

5. 掌握求概率的方法，并能求出简单问题的概率，渗透概率定义中蕴含的辩证思想，感受数学与现实生活的联系，体会数学在现实生活中的应用价值.

6. 通过对事件、概率等知识的学习，增强学生的随机观念，发展其数学抽象和数据分析的核心素养.

三、模块教学建议

1. 课时安排建议

本模块的教学，建议安排 3 课时完成. 其中，第 1 课时学习随机事件；第 2 课时学习概率及简单应用；第 3 课时对本模块内容进行综合复习.

2. 内容教学建议

对于随机事件的教学，教师要注意引导学生弄清所学知识与第一、二学段所学统计与概率知识的联系与区别，正确理解必然事件、随机事件、不可能事件等概念，特别是在进行随机事件判断时，注意强调两点：①让学生充分经历数学活动的过程，给学生留足操作、猜测、检验等活动的时间，通过探究和讨论，形成对随机事件概念的理性认识；②在探索得出随机事件的相关概念后，要让学生举出一些现实生活中的必然事件、随机事件、不可能事件，养成仔细观察生活和事物的习惯，感受到生活中处处充满了数学，培养学生的随机观念，增强其学习数学的兴趣. 同时，让学生认识到在现实世界中存在着许多现象，有的我们无法事先断定其结果. 比如，向上抛出一枚硬币，落地时其结果是正面向上，还是背面朝上，事先是无法准确断言的. 像这类事件还有很多，但它们具有一些共同的特点，即：在相同的条件下，重复同一试验时，会得到不同的结果，就一次或少数几次试验来看，其结果是不确定的、无规律的，但当大量重复试验时，其结果就整体来说呈现出某种规律性. 比如，将上述抛硬币的试验大量重复时，就可以发现正面朝上或反面朝上的次数总是大致相等的. 另外，在引出必然事件、不可能事件、随机事件的概念后，三者之间的区别与转化关系，学生理解起来有一定困难，突破它的难点主要是学生用观察的方法去认识身边的随机现象，清楚应用随机事件等知识去分析、解决身边的问题，提高学生应用数学的能力.

对于"概率"定义的教学，需要强调概率是从数量上反映随机事件发生可能性大小的量，理解"事件 A 发生的概率 $P(A) = \dfrac{m}{n}$（在一次试验中有 n 种可能的结果，其中事件 A 含 m 种）"的求概率的方法，并能求出简单事件的概率. 对概率的理解，学生可能会产生一定的困难，比如概率的取值范围是怎么确定的，学生独立思考往往还是比较茫然，这时可引导学生从概率的定义入手进行说明，多次从实际问题出发，进一步强化学生理解概率的定义. 还有一点需要注意：即使某事件发生的概率是 1，也并不意味着该事件必然会发生一次，尽管概率值本身是精确的. 这个事实说明：必然性和偶然性（即随机性）是对立统一的，偶然性蕴含在必然的规律中；反过来被断定为必然的东西，是由纯粹的偶然性构成的. 通过对概率这几个重要方面的阐述，使学生的认知结构得到优化，知识体系得到完善，初步会求随机事件发生的概率，发展学生的随机的观念和应用意识.

3. 难度要求建议

对于"概率"的教学，要注意遵循循序渐进的原则，不能急于求成. 比如，概率包括：古典概率、几何概率、统计概率、公理化概率. 但义务教育阶段只要求学生理解掌握古典概率，对其他三个概率要到高中和大学时再学习，因此在本模块的教学中，最好不要涉及其他三个概率的知识和相关练习题，以免加重学生的学习负担，挫伤其学习概率的信心.

四、模块教学案例

随机事件

一、教学目标

1. 通过生活中的实际例子，感受引入随机事件的必要性.

2. 知道必然事件、不可能事件、随机事件的相关概念.

3. 能借助具体的例子理解随机事件的意义，并能判断必然事件、不可能事件、随机事件，感受数学与生活的联系.

二、教学重难点

1. 学习重点：必然事件、不可能事件、随机事件的概念.

2. 学习难点：随机事件的判断及求简单事件发生可能性的大小.

三、教学过程

(一)自主学习

1. 探索生活中的随机现象:

(1)抛一枚硬币,当硬币落到手上时,是正面朝上还是反面向上? 多试验几次,其结果是否确定?

(2)大家随意翻开数学书,你知道左边的页码是奇数还是偶数? 结果是否能确定?

2. 请再列举几个生活中这样的例子,这些现象隐藏着什么数学问题?

3. 阅读人教版教材数学九年级上册第127~129页,学习研究随机事件的有关概念.

要求:结合实例初步了解必然事件、不可能事件、随机事件的概念及事件发生可能性的意义.

(设计意图:通过以上问题,让学生感知生活中有些事情的发生是确定的,有些事情的发生是不确定的,同时说明数学和生活密不可分,从中体会学习随机事件的必要性. 通过阅读教材,初步了解随机事件的有关概念,培养学生的自学能力)

(二)交流分享

1. 什么叫事件? 试举例说明.

提示:生活中会出现各种现象,有些现象有结果,有些现象没有结果,把有结果的现象叫作事件.

比如:"掷一枚硬币",只是一种现象,但没有结果,故它不叫作事件. 而"掷一枚硬币,正面朝上",是一个事件.

2. 探究下列问题,从中判断事件可能有哪几类?

问题1:五名同学参加演讲比赛,以抽签方式决定每个人的出场顺序. 为了抽签,我们在盒子中放五个看上去完全一样的纸团,每个纸团里面分别写着表示出场顺序的数字1,2,3,4,5. 把纸团充分搅拌后,小军先抽,他任意(随机)从盒子中抽取一个纸团,请思考以下问题:

(1)他抽到的数字有几种可能的结果?

(2)他抽到的数字小于6吗?

(3)他抽到的数字会是0吗?

(4)他抽到的数字会是1吗?

提示:组织学生开展抽签活动,让学生真实地去体验,通过抽取的结果初

步感悟事件发生的各种情况. 由此发现:

(1)数字1, 2, 3, 4, 5都有可能抽到, 因此有5种可能的结果, 但是事先无法预料一次抽取会出现哪一种结果;

(2)抽到的数字一定小于6;

(3)抽到的数字不会是0;

(4)抽到的数字可能是1, 也可能不是1, 事先无法确定.

思考: 在上面的四个事件中, 你发现有几种不同的情况?

问题2: 小伟掷一枚质地均匀的正方体骰子, 骰子的六个面上分别刻有1到6的点数. 请思考以下问题: 掷一次骰子, 在骰子向上的一面上:

(1)可能出现哪些点数?

(2)出现的点数大于0吗?

(3)出现的点数会是7吗?

(4)出现的点数会是4吗?

提示: 引导学生分组做掷骰子试验, 进一步感知事件发生的各种可能情况. 由此发现:

(1)可能出现的点数为1, 2, 3, 4, 5, 6, 但事先无法预知会出现哪一个点数;

(2)出现的点数一定大于0;

(3)出现的点数不会是7;

(4)出现的点数可能是4, 也可能不是4, 但事先无法确定.

思考: 在上面的四个事件中, 你发现有几种不同的情况?

3. 通过上面问题1和问题2的探究, 你认为事件可分为哪几类? 请结合上面的事件说明什么是必然事件? 什么是不可能事件? 什么是随机事件? 什么是确定事件?

提示: 事件 $\begin{cases} \text{确定事件} \begin{cases} \text{必然事件} \\ \text{不可能事件} \end{cases} \\ \text{随机事件(不确定事件)} \end{cases}$

(设计意图: 通过以上问题的交流分享, 让学生了解生活中的现象与事件的关系, 并通过两个探究试验进一步体验事件发生的可能情况, 理解必然事件, 不可能事件和随机事件的概念及其分类, 从中领悟随机观念, 发展学生数学抽象和简单的逻辑推理的数学素养)

（三）引导提升

1. 判断下列事件哪些是必然事件，哪些是不可能事件，哪些是随机事件.

（1）某篮球明星，投篮一次就进球；

（2）向上抛一物体，必然会下落；

（3）经过某红绿灯路口，恰好遇到绿灯；

（4）没有空气，人也能生存；

（5）王红现在的身高为 1.5 米，一年后将达到 1.6 米；

（6）冰箱不接通电源，无法制冷.

2. 请再列举一些生活中的必然事件，不可能事件和随机事件.

3. 某袋子中装有 4 个黑球、2 个白球，这些球的形状、大小、质地等完全相同，只有颜色不同. 在看不到球的情况下，随机从袋子中摸出 1 个球.

（1）这个球是白球还是黑球？

（2）若两种球都有可能被摸出，则摸出黑球和摸出白球的可能性一样大吗？

（设计意图：通过以上问题的解答，使学生进一步理解随机事件在日常生活中的用途，体会学习事件的价值. 同时通过判断和列举生活中必然事件、不可能事件、随机事件，培养学生的应用意识. 通过摸球问题，让学生感知随机事件发生的可能性是有大小的，培养学生的随机观念和应用意识，发展其数学抽象和逻辑推理的数学素养）

（四）归纳总结

1. 通过本节课的学习，你能谈一谈必然事件、不可能事件、随机事件的区别和联系吗？

2. 如何计算随机事件发生可能性的大小？你从中领悟到了哪些数学思想方法？这些思想方法在生活中有哪些体现？

（五）达标反馈

1. 下列事件中，必然发生的事件是（　　　）

A. 打开电视机，正在转播世界杯足球比赛

B. 小麦的亩产量一定为 1000 千克

C. 在只装有 5 个红球的袋中摸出 1 球，一定是红球

D. 农历十五的晚上一定能看到圆圆的月亮

2. 在一个不透明的口袋中，装着 10 个大小和外形完全相同的小球，其中有 5 个红球，3 个蓝球，2 个黑球，把它们搅匀. 试判断下列哪些事件是必然事件，哪些是不可能事件，哪些是随机事件.

（1）从口袋中任意取出一个球，它刚好是黑球；

（2）从口袋中一次取出 3 个球，它们恰好全是蓝球；

（3）从口袋中一次取出 9 个球，恰好红、蓝、黑三种颜色全齐；

（4）从口袋中一次取出 6 个球，它们恰好是 1 个红球，2 个蓝球，3 个黑球.

3. 同时抛掷两枚质地均匀的正方体骰子，骰子的六个面上分别刻有 1 到 6 的点数，下列事件中是不可能发生的事件是（　　）

　A. 点数之和为 12　　　　　　　　B. 点数之和小于 2

　C. 点数之和大于 3 且小于 9　　　　D. 点数之和为 13

4. 电脑福利彩票中有两种方式"22 选 5"和"29 选 7"，若选中号码全部正确则获一等奖，你认为获一等奖可能性较大的是（　　）

　A."22 选 5"　　　　　　　　　　B."29 选 7"

　C. 一样大　　　　　　　　　　　D. 不能确定

模块二　概率的计算

一、模块内容解析

本模块主要包括用列表法、画树状图法求概率和用频率估计概率等内容.

本模块内容是在学生已经对事件发生的可能性有了初步认识，并且会计算简单事件发生的概率的基础上的进一步学习. 首先在回顾古典概型的两个特点和用概率的概念进行计算的基础上，引出用列举法求概率的方法，然后通过具体例子介绍了枚举法、列表法和画树状图法求概率，让学生在解决具体问题的过程中去比较各种方法的优劣以及不同方法之间的相互转化. 接着，研究某些不能用列举法计算的随机事件的概率的求法，通过学生熟知的抛硬币试验，说明某些不确定事件的每一次结果都是随机的，但通过大量的重复试验，其结果会呈现出一定的规律，可以把稳定在某个常数附近的频率作为该事件发生的概率，从中体会随机事件发生的概率的含义，领悟概率的本质是估计，用频率估计概率的目的是解释现象、解释生活，而不是为了得到一个准确的数值.

本模块内容的学习可使学生进一步了解概率的意义，掌握计算概率的多种方法，发展学生根据频率估计概率的能力，进一步认识概率是描述随机事件规律的有效数学模型，渗透转化和估算的思想方法，发展概率的观念.

概率的计算既是概率教学中的基本运算，也是后续学习高中概率内容的重要基础，因此，这部分内容既是本模块学习的重点，也是本单元学习的重点，它在中学数学学习中具有重要的地位和作用.

模块知识线索图，如图 14－2－2 所示.

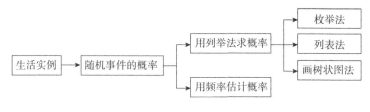

图 14－2－2　模块知识线索图

二、模块教学目标

1. 能够运用列举法（包括列表、画树状图）计算简单事件的概率.

2. 能够通过试验，获得事件发生的频率；知道大量重复试验时频率可作为事件发生概率的估计值；理解频率与概率的区别与联系.

3. 通过实例进一步丰富对概率的认识，并能解决一些实际问题. 了解进行模拟试验的必要性，能根据问题的实际背景设计合理的模拟试验，发展学生数学运算和数据分析的素养.

三、模块教学建议

1. 课时安排建议

本模块的教学，建议安排 3 课时完成. 其中，第 1 课时学习用列举法求概率；第 2 课时学习用频率估计概率；第 3 课时对本模块内容进行综合复习.

2. 内容教学建议

在实施用列举法求概率的教学时，建议采用单元整体教学法，将用列举法求概率的三种方法——枚举法、列表法和画树状图法介绍给学生，让学生有一个总体的认识. 首先，找准学生的认知起点，回顾复习古典概型的特点和计算方法，为新知学习做好铺垫. 在此基础上，通过具体问题的分析，引导学生自主探索得出求简单随机事件概率的方法. 人教版教材给出了三个例题，例 1 介绍用枚举法求概率；例 2 介绍用列表法求概率；例 3 介绍用画树状图求概率. 实施单元教学时，建议减少例题，精选其中的 1~2 个例题，采用不同的方法求概率，再通过练习让学生理解掌握各种求解方法，从中比较用哪一种方法求概率更优、更简便. 这样教学既体现一题多解、一题多法，又体现几种方法的相互关联，还可以有效减轻师生教与学的负担.

在实施用频率估计概率的教学时，应先复习用列举法求概率的方法，然后给出生活中某些不能用列举法计算随机事件的概率的例子(比如，买彩票中奖)，引发认知冲突，感悟学习新知的必要性，激发学生探究新知的欲望. 接着，利用学生熟知的抛硬币试验，探究如何用频率估计概率的方法. 事实上，学生在试验前，通过前面的学习，已经知道抛硬币的概率的结果，而再次做试验，主要是将频率与概率进行对比，通过"若投掷 10 次硬币，是否一定是 5 次正面朝上? 若投掷 50 次，投掷 100 次呢?"这样的问题，引导学生亲自经历试验的过程，收集试验的数据，分析试验的结果，并将试验所得的结果与自己的猜测(或已知的概率)进行比较，不断修正自己的猜测. 在学生试验的基础上，教师可以再运用教学软件中的工具做"抛硬币"试验，从大量的试验结果让学生发现频率具有一定的稳定性，从而引出可以把稳定在某个常数附近的频率作为事件发生的概率，帮助学生体会频率与概率的关系. 这部分内容的教学主要是通过大量重复试验，引导学生积极参与试验活动，在试验中还可以利用教材中树苗成活率和柑橘的腐烂率等问题强化用频率估计概率的认识和利用.

3. 难度要求建议

对于概率的计算，《课程标准》只要求学生掌握用列举法或用频率估计概率，教学时不要增加高中的概率乘法等知识，也不要在计算概率的繁难上做过高要求，如果所列举的结果数目较多，除了增加列举的难度外，对学生理解概率的意义并没有什么帮助，所以教师在教学时要注意把握重点，控制好难度.

四、模块教学案例

用列举法求概率

一、教学目标

1. 在具体情境中了解概率的意义，经历枚举法、列表法、画树状图法等方法求概率的过程，能够运用列举法(包括枚举法、列表法、画树状图法)计算简单事件发生的概率，培养学生的随机观念.

2. 能够根据实际问题，恰当选用枚举法或列表法或画树状图法解决问题，感受分步分析对解决复杂问题所起到的重要作用.

二、教学重难点

1. 教学重点：用枚举法、列表法和画树状图法计算简单事件发生的概率.

2. 教学难点：用列表法或画出树状图法求概率.

三、教学过程

(一) 自主学习

1. 抛掷一枚质地均匀的硬币 A，其反面朝上的概率为多少？

由此回顾：怎样求随机事件 A 发生的概率？

2. 如果同时抛掷两枚质地均匀的硬币 A，B，求这两枚硬币都是反面朝上的概率？你能尝试求解吗？

3. 阅读人教版教材数学九年级上册 136~137 页，学习研究列举法求概率的方法.

要求：初步了解用列举法求概率的方法.

(设计意图：通过回顾概率的意义及计算方法，为用列举法求概率的学习做好铺垫，通过问题的尝试解决引发认知冲突，激发探求新知的欲望，再通过阅读教材，培养学生自主学习的能力)

(二) 交流分享

1. 对于前面的第 2 个问题："同时抛掷两枚质地均匀的硬币 A，B，求这两枚硬币都是反面朝上的概率?"请谈一谈你的求解思路和方法.

提示：引导学生列出同时抛掷两枚硬币的所有可能的结果，即：正正、正反、反正、反反共四种；然后根据概率的意义进行计算，得出结果为 $P(A，B$ 同时反面朝上$) = \dfrac{1}{4}$.

追问：除了用枚举的方法求概率外，你能否再设计一种更直观的方式，将事件发生的所有可能的结果列举出来？因此，引导学生设计出如表 14-2-1 所示的表格：

表 14-2-1

第二枚 B ＼ 第一枚 A	正	反
正	正正	反正
反	正反	反反

变式：如果将上述问题变为"同时抛掷两枚质地均匀的硬币 A，B，求这两枚硬币一枚正面朝上，一枚反面朝上的概率?"又如何求解？

提示：由前面的分析可知，$P(A，B$ 一正一反$) = \dfrac{2}{4} = \dfrac{1}{2}$.

2. 什么叫列举法?

提示:在一次试验中,如果可能出现的结果只有有限个,且各种结果出现的可能性大小相等,那么我们可以通过列举试验结果的方法,求出随机事件发生的概率,这种求概率的方法叫作列举法. 列举法包括枚举、列表、画树状图等.

3. 同时抛掷两枚质地均匀的骰子,运用列表法计算下列事件的概率:

(1)两枚骰子的点数相同;

(2)两枚骰子点数的和是9;

(3)至少有一枚骰子的点数为2.

提示:

(1)引导学生认真审题,弄清试验中涉及了哪几个要素?

(2)用什么方法列举试验中所有可能的结果? 如果用枚举法,那么如何做到不重不漏? 如果用列表法,那么如何列表? 可先让学生尝试用枚举法,从中感悟其繁杂性,再尝试用列表法,探索得出如表 14 - 2 - 2 所示的表格:

表 14 - 2 - 2

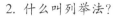 第1枚 第2枚	1	2	3	4	5	6
1	(1, 1)	(2, 1)	(3, 1)	(4, 1)	(5, 1)	(6, 1)
2	(1, 2)	(2, 2)	(3, 2)	(4, 2)	(5, 2)	(6, 2)
3	(1, 3)	(2, 3)	(3, 3)	(4, 3)	(5, 3)	(6, 3)
4	(1, 4)	(2, 4)	(3, 4)	(4, 4)	(5, 4)	(6, 4)
5	(1, 5)	(2, 5)	(3, 5)	(4, 5)	(5, 5)	(6, 5)
6	(1, 6)	(2, 6)	(3, 6)	(4, 6)	(5, 6)	(6, 6)

(3)如何根据表格中提供的结果,求出上述三个事件的概率?

(4)由表格可知,同时掷两枚质地均匀的骰子共有36种结果,其中点数相同的结果总共有6个,所以 $P($两枚骰子的点数相同$) = \frac{6}{36} = \frac{1}{6}$;同理,可求出 $P($两枚骰子点数的和是9$) = \frac{4}{36} = \frac{1}{9}$; $P($至少有一枚骰子的点数为2$) = \frac{11}{36}$.

思考:上面第3题抛掷骰子问题与第1题抛掷硬币问题有哪些异同? 在解决问题时,如何更优地选择列举的方法求概率? 何时用枚举法? 何时用列表法?

（设计意图：通过问题引导学生思考，从中探索得出用列举法求概率的方法，并运用枚举法和列表法两种列举法解决较复杂的涉及两个因素的事件的概率问题，从中感受用列表法更有利于不重不漏地列举出可能的结果，体现列表法在解题中的优势，以此发展学生数学运算、数学抽象和几何直观的数学素养）

（三）展示提升

1. 甲口袋中装有两个相同的小球，它们分别写有字母 A 和 B；乙口袋中装有 3 个相同的小球，它们分别写有字母 C，D 和 E；丙口袋中装有两个相同的小球，它们分别写有字母 H 和 I，从 3 个口袋中各随机地取出 1 个小球.

（1）取出的 3 个小球上，恰好有 1 个，2 个和 3 个元音字母的概率分别是多少？

（2）取出的 3 个小球上全是辅音字母的概率是多少？

提示：①先审题，弄清楚问题中涉及了哪些要素？什么叫元音字母？什么叫辅音字母？②尝试用前面所学的枚举法和列表法表示出所有可能的结果. 如果列表困难，你能否找到用其他的方法不重不漏地列出所有可能的结果？试一试；③引导学生画出如图 14-2-3 所示的树状图.

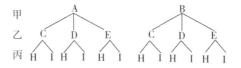

图 14-2-3

（4）由树状图可以直观得出所有可能出现的结果，共有 12 种，从而容易算出所求各事件的概率.

思考：什么叫画树状图法？用画树状图法求概率的意义是什么？

提示：通过画树状图列举试验结果，求出随机事件发生的概率，这种求概率的方法叫作画树状图法. 其意义是：用画树状图列举的结果看起来一目了然，当事件要经过多个步骤（三步或三步以上）完成时，用画树状图法求事件的概率问题就能够非常有效地解决了.

2. 想一想：计算事件的概率时，何时使用"列表法"，何时使用"画树状图法"更方便？

提示：当试验涉及两个因素（或两个步骤），并且可能出现的结果数目较多时，适合采用"列表法"；当一次试验涉及 3 个因素或 3 个因素以上（或三步及三步以上）时，列表法就不方便了，为不重复不遗漏地列出所有可能的结果，通常采用画树状图法.

（设计意图：通过上述问题，进一步巩固用列表法求概率，从中引出画树状图法求概率的新方法，使学生认识到画树状图是解决较复杂问题的有效方法，从而培养学生应用概率知识解决问题的能力，发展其数学运算和数学建模的素养）

（四）归纳总结

1. 通过本节课的学习，你掌握了哪几种用列举法求概率的方法？

2. 用列举法求概率时，其中枚举法、列表法和画树状图法求概率各有什么优劣？如何选择才能使解题更优化？

（五）达标反馈

1. 让图 14 - 2 - 4 中两个转盘分别自由转动一次，当转盘停止转动时，两个指针分别落在某两个数所表示的区域内（若指针落在区域分界线上，则需重新转动转盘），则这两个数的和是 2 的倍数或是 3 的倍数的概率等于（　　）

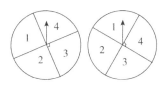

图 14 - 2 - 4

A. $\dfrac{3}{16}$　　　　B. $\dfrac{3}{8}$　　　　C. $\dfrac{5}{8}$　　　　D. $\dfrac{13}{16}$

2. 如图 14 - 2 - 5 所示，电路图上有四个开关 A，B，C，D 和一个小灯泡，闭合开关 D 或同时闭合开关 A，B，C 都可使小灯泡发光，则任意闭合其中的两个开关，小灯泡发光的概率为（　　）

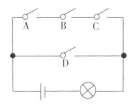

图 14 - 2 - 5

A. $\dfrac{1}{2}$　　　　　　　　　　B. $\dfrac{1}{3}$

C. $\dfrac{1}{4}$　　　　　　　　　　D. $\dfrac{1}{6}$

3. 关于 x 的方程 $x^2 - px - 2q = 0(p，q$ 是正整数），若它的正根小于或等于 4，则正根是整数的概率为（　　）

A. $\dfrac{5}{12}$　　　　B. $\dfrac{1}{4}$　　　　C. $\dfrac{1}{3}$　　　　D. $\dfrac{1}{2}$

4. 同时抛掷两枚大小形状都相同，且质地均匀的骰子，计算下列事件的概率：

（1）点数之和为 4 的概率；（2）至少有一个点数为 5 的概率.

第三节　概率初步自主评估

概率初步自主评估试题

(时间：45分钟，满分：100分)

一、选择题(每小题5分，共30分)

1. 下列事件中，属于必然事件的是(　　　)

A. 实数 a 的绝对值大于0　　　　B. 实数 a 的相反数小于它本身

C. 实数 a 一定有平方根　　　　D. 实数 a 一定有立方根

2. 随机抛掷一枚质地均匀的硬币两次，落地后至少有一次正面向上的概率为(　　　)

A. $\dfrac{3}{4}$　　　　B. $\dfrac{2}{3}$　　　　C. $\dfrac{1}{2}$　　　　D. $\dfrac{1}{4}$

3. 某校开展"文明小卫士"活动，从学生会"督察部"的3名学生(2男1女)中随机选两名进行督导，恰好选中两名男生的概率为(　　　)

A. $\dfrac{1}{3}$　　　　B. $\dfrac{2}{3}$　　　　C. $\dfrac{2}{9}$　　　　D. $\dfrac{4}{9}$

4. 如图 14-3-1 所示的是四张卡片的正面，将这四张卡片背面朝上放置，从中任取一张，卡片正面的图形是中心对称图形的概率是(　　　)

图 14-3-1

A. 0　　　　B. $\dfrac{3}{4}$　　　　C. $\dfrac{1}{2}$　　　　D. $\dfrac{1}{4}$

5. 李红与王英用两颗骰子玩游戏，但是她们不用骰子上的数字，而是将这两颗骰子的一些面涂上了红色，其余的面则涂上了蓝色．两人轮流掷骰子，游戏规则如下：两颗骰子朝上的面颜色相同时，李红是赢家；两颗骰子朝上的面颜色相异时，王英是赢家．已知第一颗骰子各面的颜色为5红1蓝，如果要使两人获胜机会相等，那么第二颗骰子上蓝色的面数应是（　　）

A. 6　　　　　　B. 5　　　　　　C. 4　　　　　　D. 3

6. 某学校在进行预防溺水安全教育活动中，将以下几种在游泳时的注意事项写在纸条上并折好，内容分别是：①互相关心；②互相提醒；③不要相互嬉水；④相互比潜水深度；⑤选择水流湍急的水域；⑥选择有人看护的游泳池．小颖从这6张纸条中随机抽出一张，你认为抽到内容描述正确的纸条的概率是（　　）

A. $\dfrac{1}{2}$　　　　B. $\dfrac{1}{3}$　　　　C. $\dfrac{2}{3}$　　　　D. $\dfrac{1}{6}$

二、填空题（每小题5分，共30分）

7. 请写出一个随机事件：_____．

8. 已知正方形 $ABCD$ 的边长为 $\sqrt{2}$，分别以 B，D 为圆心，以 AB 为半径在正方形内画弧，得到如图 $14-3-2$ 所示的阴影部分，若随机向正方形 $ABCD$ 内投掷一颗石子，则石子落在阴影部分的概率为_____．（结果保留 π）

图 $14-3-2$

9. 在一个不透明的布袋中装有 4 个白球和 m 个红球，它们除颜色不同外，其余均相同．若从中随机摸出一个球，摸到红球的概率是 $\dfrac{4}{5}$，则 $n=$_____．

10. 一个十字路口的交通信号灯每分钟红灯亮 30 秒，绿灯亮 25 秒，黄灯亮 5 秒，当你抬头看信号灯时是绿灯的概率为_____．

11. 甲、乙、丙三位同学打乒乓球，想通过"手心手背"游戏来决定其中哪两人先打．规则如下：三人同时各用一只手随机出示手心或手背，若只有两人手势相同（都是手心或都是手背），则这两人先打；若三人手势相同，则重新决定．那么通过一次"手心手背"游戏能决定甲先打乒乓球的概率是_____．

12. 从 -1，-2，$\dfrac{1}{2}$，$\dfrac{2}{3}$ 四个数中，任取一个数记为 k，再从余下的三个数中，任取一个数记为 b，则一次函数 $y=kx+b$ 的图像不经过第四象限的概率为_____.

三、解答题(每小题8分,共40分)

13. 端午节吃粽子是中华民族的传统习俗. 五月初五那天早晨,刘星妈妈做了8个粽子,其中3个白味素粽,5个香肠馅粽,这些粽子除内部的馅料不同外,其余均相同. 刘星从中随机拿了两个粽子吃.

(1)求刘星吃的两个粽子恰好都是香肠馅粽的概率.

(2)求刘星吃的两个粽子恰好一个是白味素粽,一个是香肠馅粽的概率.

14. 如图14-3-3所示,在某十字路口,标有汽车可直行、可左转、可右转的三种标识. 若这三种通行方向的可能性相同.

图14-3-3

(1)求两辆汽车经过该路口时同时向右转的概率.

(2)求两辆汽车经过该路口时一辆向左转一辆向右转的概率.

15. 某新婚夫妇计划生育三个孩子,所生孩子是男孩还是女孩的可能性相同.

(1)求生育的三个孩子都是男孩的概率.

(2)求生育两个男孩和一个女孩的概率.

(3)求生育的三个孩子中,至少有一个男孩的概率.

16. 某商场为了吸引顾客,设计了一种促销活动,在一个不透明的箱子里放有4个相同的小球,在球上分别标有"0元""10元""20元""30元"的字样,规定:顾客在本商场同一天内,每消费满500元,就可以在箱子里先后摸出两个球(第一次摸出后不放回). 商场根据两小球所标金额的和,返还相应价格的购物券,可以重新在本商场消费,某顾客刚好消费满500元.

(1)该顾客至少可得到_____元购物券,最多可得到_____元购物券;

(2)请用列举法求出该顾客所获得购物券的金额不低于30元的概率.

17. 如图14-3-4所示,有甲、乙两个可以自由转动的转盘,其中转盘甲被平均分成三个扇形,转盘乙被平均分成五个扇形. 小明与小亮玩转盘游戏,规则如下:同时转动两个转盘,转盘停止后,转盘甲的指针所指数字作为点的横坐标,转盘乙的指针所指数字作为点的纵坐标(当指针指在边界线时视为无效,需重转),从而确定一个点的坐标为 $A(m,n)$. 当点 A 在第一象限时,小明赢;当点 A 在第二象限时,小亮赢. 请你利用画树状图法或列表法分析该游戏规则对甲、乙双方是否公平,并说明理由.

图 14-3-4

自主评估说明

请在规定时间内独立完成自主评估试题,并在老师的引导下与同伴相互批阅. 成绩 80 分以上为优秀,60~79 分为合格,低于 60 分为不合格.

自我评估结果为:_____(选填:优秀、合格、不合格).

若评估为优秀,则祝贺你可顺利进入下一单元《反比例函数》的学习.

若评估为合格,则建议你及时纠错,查漏补缺,再进入下一单元的学习。

若评估为不合格,则希望你在老师和同学的帮助下找出问题,给予弥补,重新评估合格后再进入下一单元的学习.

(本章内容由董正伟撰写)

后 记 ▶

　　本书的编写旨在为从事初中数学教学的教师在研究《课程标准》、研究教材、优化教法等方面提供基本的方法和案例，引导广大初中数学教师从教教材教学生学转变为依据《课程标准》用教材教学生学，从以教师为主的"教程式"教学向适应学生自主学习的"学程式"教学转变，以促进学生数学素养的发展．全国著名特级教师李庾南倡导"自学·议论·引导"教学法，主张"重组教材内容，实施单元教学"．为此，我们在编写这本书的过程中，努力践行这一教学法的理念，并对现行使用的人教版教材七至九年级数学上册各章的教学内容进行了重组建构，并采用单元教学思想进行了实践与探索，但因为理论与实践皆有不足，不一定做得很好，只是努力做了一些教学改革尝试，希望通过本书能引导更多的初中数学教师重视对《课程标准》和教材的研究，不拘泥于教材，勇于创造性地使用教材进行课堂教学改革．同时，我们也希望本书能给初中数学教师提供课堂教学改进的具体程序，力求做到可读、实用、可操作，让读者通过阅读本书从中得到教益．

　　本书编写的作者是从事初中数学教育教学研究的教研员和直接从事初中数学教学的骨干教师，也是"渝中名师吕萍工作室"的导师和成员，他们是：重庆市渝中区教师进修学院吕萍、重庆复旦中学丁庆彬、重庆市求精中学校王靖源、重庆市第二十九中学校文涛、重庆第三十中学校董正伟、重庆市第四十二中学校裴岚、重庆市第五十中学校焦攀、重庆市第五十七中学校任静、重庆市第六十六中学校车鑫、重庆市大坪中学校刘丽华、重庆市实验学校刘欣、重庆市杏林中学校杨高、重庆鼓楼学校傅世莉．吕萍对全书进行了统稿，并题了后记．

　　在本书即将出版之际，衷心感谢重庆市渝中区教师进修学院原副校长况钢研究员，副院长周鸿蜀，科研中心包蔼黎主任，高中数学教研员、正高级教师王跃辉等给予的关心、指导和帮助，衷心感谢吕萍工作室全体学员的辛勤付出，衷心感谢重庆市渝中区教育委员会、渝中区教师进修学院给予的关心与支持！衷心感谢出版社各位编辑为本书的出版所做的大量工作！

　　由于时间仓促，一些内容未及精心斟酌，难免有误，不当之处，敬请指正．

吕 萍

2019 年 6 月